«GUIDE - BENESSERE»

I libri della Zona

BARRY SEARS CON BILL LAWREN
Come raggiungere la Zona

BARRY SEARS
La Zona anti-età

BARRY SEARS
7 giorni con la Zona

GIGLIOLA BRAGA
La Zona italiana

FABRIZIO DURANTI
Supersalute con la Zona

ARONNE E MEMO ROMANO
Vivere in Zona

BARRY SEARS
La Zona Omega 3Rx

GIGLIOLA BRAGA
Più belle con la Zona

BARRY SEARS
La Zona: la nuova alimentazione

BARRY SEARS

IN ZONA CON LA SOIA

SPERLING & KUPFER EDITORI
MILANO

Traduzione di Francesca Guaraldo
The Soy Zone

ISBN 88-200-3799-8
61-I-05

Avvertenza

Questo libro non intende sostituirsi a un parere medico o al vostro specialista. Chi è ammalato, o sospetta di esserlo, dovrebbe farsi visitare. Chi sta assumendo farmaci regolarmente prescritti non modifichi mai la sua dieta (buona o cattiva che sia) senza prima consultare il medico, poiché qualsiasi variazione dietetica può modificare il metabolismo dei farmaci che assume.
La medicina moderna, per quanto potente, è un ben misero sostituto della prevenzione, che rimane il miglior rimedio, ma può realizzarsi solo a livello individuale e con una corretta nutrizione, pilastro di uno stile di vita salutare. Mangiare si deve, perciò tanto vale farlo bene, con intelligenza.
Questo libro riguarda solo l'alimentazione; l'autore e l'editore in ogni modo declinano espressamente ogni responsabilità per eventuali effetti nocivi derivanti dall'applicazione dei consigli qui forniti senza un'appropriata supervisione medica.

Indice

APPENDICI

Prefazione

CON i suoi precedenti libri – il cui successo è stato straordinario anche in Italia – Barry Sears ci ha insegnato la Zona, la strategia alimentare che, come spesso ripeto, costituisce un momento fondamentale della dietologia. D'ora in poi, infatti, non si potrà mai più discutere seriamente di quali siano i criteri di alimentazione più corretti senza tener conto del fatto che i cibi non soltanto ci forniscono calorie e nutrienti, ma determinano nel nostro organismo alcuni fondamentali cambiamenti ormonali. In estrema sintesi, quello che Barry Sears ci ha detto nei precedenti volumi è stato che noi possiamo garantirci benessere e salute proprio scegliendo gli alimenti in maniera tale da ottenere i giusti equilibri fra i vari ormoni.

Con questo suo ultimo libro Barry Sears ci parla degli ulteriori vantaggi per l'efficienza e per la salute che possiamo conquistare se, oltre a seguire i criteri della Zona, consumiamo abitualmente dei prodotti a base di soia.

Dopo averlo letto, ho cercato la letteratura scientifica più recente sulla soia. Dapprima mi sono fatto dare dal dottor Petroni gli atti del recente convegno di Bruges (*Soy and Health*) al quale aveva partecipato. Poi ho raccolto vari articoli pubblicati su alcune riviste scientifiche internazionali dal 2000 in poi. Li ho letti con il massimo interesse e mi sono reso conto di quanta importanza i ricercatori assegnino oggi alla soia; per questo motivo (assieme a Somenzini e Calori) ne ho fatto un ampio riassunto, presente nell'Appendice C di questo libro.

Sebbene si tratti di un legume che è consumato da centinaia di anni e dal quale numerose popolazioni asiatiche traggono una gran parte delle proteine della loro alimentazione, alcune proprietà della soia sono state scoperte negli ultimi anni, se non negli ultimissimi. Fino a qualche anno fa, in Europa a consumarla era una minoranza di persone, quasi soltanto vegetariani e quella parte dei salutisti con spirito orientaleggiante o che, in ogni modo, piuttosto che alla scienza, preferivano fare riferimento alle abitudini e alle tradizioni di popoli lontani. Da parte di molti dei nostri dietologi, invece, c'è sempre stata una certa diffidenza nei confronti della soia: in particolare, essi rilevavano che le sue proteine – come tutte quelle di origine vegetale – non hanno un valore biologico pari a quello delle proteine animali, anche se ammettevano che a esse la soia è quella che più si avvicina.

Includendo gli alimenti a base di soia fra quelli di miglior scelta già nei suoi primi libri, Barry Sears ha di certo avuto il grosso merito di spazzar via alcuni preconcetti nei loro confronti. Ma saranno in molti di più a convertirsi al loro utilizzo dopo aver letto questo libro. Mi ha interessato in maniera particolare la parte che riguarda la popolazione più longeva del mondo, gli abitanti di Okinawa, un'isola dell'arcipelago giapponese che, però, dista alcune centinaia di chilometri da quelle principali. Essi sono consumatori di soia, di pesce (fornitore dei preziosissimi acidi grassi omega 3) e di verdura; mangiano pochi carboidrati ad alto indice glicemico, assumono quotidianamente molte proteine, ma una quantità contenuta di calorie totali. Mi sono chiesto quanto vivrebbero se seguissero un'alimentazione ancora più aderente ai principi della Zona e se, per esempio, invece dell'olio di soia (l'unico prodotto derivato dal prodigioso legume che Barry Sears sconsiglia) consumassero, come condimento, l'olio extravergine d'oliva!

Ecco: la lettura di questo libro ci deve indurre a essere più «zonisti» di quanto siano gli okinawesi, ma anche a cominciare a imitarli, almeno in parte, relativamente al consumo di soia, introducendola nelle nostre abitudini alimentari, magari poco alla volta, per esempio sotto forma di latte di soia, di frollini o di barrette. Pochi grammi di proteine di soia al giorno, del resto, sono già sufficienti per donarci alcuni sostanziali vantaggi per la salute.

ENRICO ARCELLI

Ringraziamenti

Il merito del successo incontrato dai libri sulla Zona che ho scritto negli ultimi cinque anni va attribuito in gran parte ai componenti del mio gruppo di lavoro, che nel mio caso non sono soltanto collaboratori, ma anche i miei amici più cari e i parenti più stretti. Tra di loro, infatti, c'è mia moglie, Lynn Sears, che cura gran parte della redazione dei miei libri, e mio fratello, Doug Sears, che possiede le doti e la lucidità necessarie a tradurre sofisticati concetti scientifici in termini facilmente comprensibili al grande pubblico. In più, sono particolarmente grato a Deborah Kotz per gli eccellenti consigli che mi hanno aiutato a dare la forma finale a questo libro e a Jill Sullivan per i suoi illuminanti commenti.

Ringraziamenti speciali a Shoshana Levinson, che si è specializzata in nutrizione e biologia umana ed esercita la professione di nutrizionista in Connecticut, lavorando, in particolare, sul controllo del peso corporeo e la cura di malattie croniche quali diabete, cardiopatie, allergie e disturbi dell'apparato digestivo. In ultimo, c'è la mia collega di lungo corso, la dottoressa René Espy, che utilizza per i suoi pazienti molti pasti della Zona a base di soia.

Ma io lavoro anche con un altro team, quello della ReganBooks, che ha sempre svolto, e continua a svolgere, una straordinaria opera di perfetto adattamento dei miei libri alle esigenze del grande pubblico. Per questo libro, in particolare, desidero ringraziare specialmente Vanessa Stich, Cassie Jones, Renée Iwaszkiewicz e Doug Corcoran per il loro eccellente lavoro di redazione.

Naturalmente, i miei ringraziamenti più vivi vanno a Judith Regan, che ha avuto il coraggio e la lungimiranza di credere nella Zona e, così facendo, ha anche contribuito a migliorare la vita a milioni di lettori.

Si ringraziano per la collaborazione all'edizione italiana: Enrico Arcelli, Lorenzo Somenzini, Giovanni Calori, Riccardo Pina, Salvatore Garofalo, Fabrizio Duranti, Marina Mei Gentilucci e Mariarosa Milesi.

Introduzione

VOLETE vivere più a lungo e godere di una migliore salute? Anch'io, ovviamente, ho questa aspirazione. Ma, per mia sfortuna, sono anche geneticamente programmato per morire precocemente d'infarto: la maggior parte dei maschi della mia famiglia, nelle due generazioni precedenti, è stata stroncata da un attacco cardiaco a un'età intorno ai cinquantacinque anni. E io ho ereditato i medesimi geni difettosi.

I geni non li posso cambiare, ma forse posso correggere il mio destino genetico modificando l'espressione di alcuni di essi attraverso gli alimenti di cui mi cibo. Forse questo concetto potrà sembrare fantascientifico, eppure è un dato di fatto che il cibo è il farmaco più potente di tutti. Ed è anche facilmente comprensibile, perché alcuni geni possono essere attivati o disattivati dal cibo modulando il livello di certi ormoni. Ho dedicato quasi vent'anni della mia vita a studiare l'influenza sui nostri ormoni degli alimenti che introduciamo nel nostro corpo e la capacità di questi ormoni di modificare il nostro destino genetico. Spero che il percorso scientifico che ho intrapreso con l'obiettivo originario di prolungare la mia vita e migliorarne la qualità possa aiutare anche tutti voi a raggiungere i medesimi risultati.

I principi del programma dietetico della Zona si ispirano alle conclusioni tratte dai miei studi precedenti sui sistemi di somministrazione per via endovenosa di farmaci antitumorali. Imparai, infatti, che se la dose di farmaco somministrata è troppo scarsa, il cancro si sviluppa senza trovare veri ostacoli e il paziente soccombe. Se, invece, la dose è eccessiva, il paziente viene stroncato dalla tossicità del farmaco stesso. L'obiettivo della cura diventa, allora, quello di mantenere il livello del farmaco presente nell'organismo in una zona terapeutica: né troppo alto, né troppo basso. Mi accorsi, in seguito, che la medesima filosofia era applicabile anche per mantenere alcuni ormoni influenzati dagli alimenti in analoghe zone terapeutiche e che quell'obiettivo si poteva conseguire agendo sull'equilibrio tra le proteine, i carboidrati, o glucidi, e i grassi, o lipidi, mangiati a ogni pasto.

In Zona con la soia rappresenta l'ultima tappa del viaggio scientifico che ho avviato in quel momento e che poi ho descritto in tutti i libri sulla Zona pubblicati negli ultimi anni. Questo, in particolare, vi spiegherà come sia possibile avvicinarsi ancora di più al difficile obiettivo di una vita più lunga e di migliore qualità privilegiando, nel programma alimentare della Zona, le proteine provenienti dalla soia. E da questo ulteriore aggiustamento della dieta della Zona ricaverete enormi benefici anche nell'immediato, perché potrete affrontare le vostre sfide quotidiane con più forza e concentrazione mentale. Se avete grasso superfluo, lo perderete e non lo riacquisterete mai più. Senza alcun dubbio, la dieta della Zona con la soia è la più potente versione fin qui sviluppata della mia tecnologia della Zona. Utilizzando proteine di origine vegetale, si adatta perfettamente alle esigenze dei vegetariani (e persino dei vegani, o vegetariani puri, quelli che non mangiano neppure uova e latticini) che aspirano a entrare nella Zona.

Oggi, l'umile soia viene acclamata da molti come il nuovo magico elisir che contribuirà a salvarci la vita. E per certi versi è proprio così, perché sostituendo una buona parte delle proteine animali della nostra dieta con le proteine di soia sicuramente ci sentiremo meglio. Tuttavia l'obiettivo di vivere più a lungo e in migliore salute si potrà raggiungere soltanto adottando un regime alimentare complessivo corretto dal punto di vista ormonale, ovvero mantenendo gli ormoni in una zona definita: né troppo alti, né troppo bassi. In altre parole, occorre combinare i benefici alla salute apportati dalla soia con un programma alimentare complessivo, come quello della Zona, capace di bilanciare gli ormoni. Così facendo, entrerete nella Zona con la soia, cioè in quello che, sono convinto, è il regime alimentare più salutare del mondo.

1

La soia fa bene alla salute

«PERCHÉ devo entrare 'in Zona'?» È una domanda che mi sono sentito rivolgere mille volte, ma che pongo anche a me stesso tutti i giorni, nella mia attività di ricercatore e oratore impegnato a illustrare in tutto il paese i benefici della Zona. Di solito rispondo proponendo a mia volta un'altra domanda: volete vivere più a lungo e godere di una migliore salute?

Probabilmente avete già sentito dire che «voi siete quello che mangiate» e che una dieta nutriente è la chiave della buona salute. Oggigiorno, siamo bombardati da una miriade di consigli dietetici spesso contraddittori e siamo circondati da una frastornante varietà di scelte alimentari. Abolendo completamente i grassi, bisogna ancora preoccuparsi delle calorie? La soluzione giusta è una dieta ricca di glucidi? O non è meglio, invece, optare per le diete ad alto tenore proteico?

Guardiamo in faccia la realtà: su come dovete cibarvi, probabilmente oggi avete le idee più confuse che mai. In effetti, per lo meno per quanto riguarda noi americani, abbiamo del tutto perso l'orientamento e, per aver dato retta a raccomandazioni nutrizionali sbagliate, ci troviamo a fronteggiare la crescente piaga dell'obesità, con il 50% della popolazione nettamente sovrappeso.

Ma vediamo di lasciare i dietologi alle loro diatribe per concentrarci su un concetto fondamentale: mangiando in modo bilanciato, donerete equilibrio anche al vostro organismo, con il risultato di vivere più a lungo e di godere di una migliore salute. La dieta della Zona vi assicura un apporto calibrato di carboidrati, proteine e grassi, facendovi compiere il 90% del vostro viaggio verso la buona salute. Sostituendo, poi, una parte delle proteine magre di origine animale consigliate dalla dieta della Zona (carne bovina, pollo, pesce, latticini, bianco d'uovo) con proteine di soia, coprirete il restante 10% del vostro ideale percorso dietetico.

Ritengo che la Zona con la soia sia la dieta più salutare di tutte: è un regime alimentare che porta all'equilibrio il sistema ormonale del vostro corpo, mantenendo l'organismo a livelli di massima efficienza. Vi sentirete meglio e correrete meno rischi di sviluppare malattie perniciose, come cardiopatie, cancro e diabete. Allo stesso tempo, vi sentirete pieni di energia e mentalmente lucidi e concentrati per tutta la giornata. Se siete sovrappeso, questa dieta è lo strumento ideale per eliminare il grasso superfluo e non riacquistarlo mai più.

È giunto il momento, dunque, di fare ingresso nella Zona con la soia, una versione più avanzata della Zona. Ma che cos'è la Zona?

È il bilanciamento dei sistemi ormonali realizzato ogni volta che vi cibate. Potete entrare nella Zona mangiando in modo equilibrato attraverso il programma dietetico descritto nel mio libro del 1999, *Come raggiungere la Zona* e successivamente perfezionato in quello del 2004, *La Zona: la nuova alimentazione*. La Zona è una dieta che assicura un adeguato apporto calorico, nella quale il 40% delle calorie proviene da glucidi, il 30% da proteine e il 30% da lipidi. Come vedete, un simile regime alimentare non si può definire né ad alto contenuto di proteine né di glucidi: è, piuttosto, una dieta che punta a ripristinare il giusto equilibrio tra proteine, glucidi e lipidi, quello che occorre al vostro corpo per funzionare con piena efficienza.

La Zona non è né un luogo misterioso né un'accattivante trovata commerciale. La Zona si basa su un presupposto fondamentale: bilanciando correttamente i cibi è possibile mantenere certi ormoni in una zona terapeutica. È una realtà sorprendente, eppure avete veramente la possibilità di controllare con precisione il funzionamento del vostro organismo attraverso la scelta degli alimenti con cui vi cibate. Avete, dunque, il potere di prolungare la durata della vostra vita e prevenire le malattie croniche.

E la soia, come entra in questo scenario? La soia è una forma di proteina vegetale perfettamente confacente alla dieta della Zona. E, difatti, ne potenzia gli effetti, facilitando il conseguimento dell'equilibrio ormonale che serve al vostro corpo. Se già conoscete le regole della Zona, non vi riuscirà difficile adottare la versione con la soia: non avete che da sostituire parte delle proteine magre di origine animale che mangiate normalmente con prodotti proteici di soia. Se, invece, non avete ancora sperimentato la Zona, seguite passo passo le istruzioni fornite nel prossimo capitolo. Vedrete che non farete molta fatica a entrare nella Zona. E, una volta entrati, vorrete rimanerci per sempre.

Negli ultimi anni, in America i prodotti alimentari a base di soia sono diventati estremamente popolari. I quotidiani citano con crescente frequenza studi che documentano i benefici effetti della soia sulla salute. Come è naturale, gradireste, innanzitutto, provare qualche alimento a base di soia, se non avete ancora avuto occasione di farlo.

Può darsi, però, che abbiate già adocchiato sui banchi del vostro supermercato qualche confezione di tofu o di hamburger di soia, e che vi siate chiesti come introdurre questi nuovi ingredienti nei vostri piatti prediletti.

È proprio per voi che ho deciso di scrivere questo libro. Lo troverete sicuramente utilissimo se rientrate in una di queste tre categorie:

- Desiderate aggiungere più soia alla vostra dieta perché avete sentito dire che fa bene, ma temete che questo cambiamento alimentare si riveli troppo difficile o restrittivo, oppure pensate di non avere tempo sufficiente per realizzarlo. A voi mostrerò come sia possibile preparare un'ampia varietà di raffinati pasti a base di soia, semplici da cucinare seppur attraenti sia per l'occhio sia per il palato. Più importante ancora, è garantito che ogni pasto della Zona con la soia vi manterrà nella Zona per un periodo di quattro-sei ore.
- State già seguendo la dieta della Zona, ma desiderate aumentare il numero di pasti a base di soia, per assicurarvi più varietà alimentare e massimo controllo dei vostri ormoni.
- Siete vegetariani, ma non avete avvertito i benefici attesi dallo stile di vita che avete prescelto. Può darsi che stiate ingrassando, o che vi stiate indebolendo e vi sentiate perennemente affaticati. Non è il caso di rinunciare al vostro stile di vita vegetariano, né di rassegnarvi a sentirvi spesso con le pile scariche. Avete soltanto bisogno di qualche piccolo ritocco, quali l'aggiunta delle proteine di soia alla vostra dieta o la riduzione della dose di cereali dei vostri pasti. Questi semplici aggiustamenti vi proietteranno direttamente nella Zona.

Il problema della dieta vegetariana classica

Le diete vegetariane tradizionali fanno perno su cereali e amidi e sono relativamente scarse di proteine. Dal punto di vista ormonale, questi regimi alimentari sono sbilanciati, in quanto contengono grandi quantità di carboidrati e poco altro. Una dieta basata quasi esclusivamente su glucidi suscita un'impennata dell'insulina che, a sua volta, fa calare rapidamente i livelli dello zucchero ematico, o glicemia. Il risultato è che molti vegetariani si sentono fiacchi e hanno perennemente voglia di continuare a mangiare (soprattutto altri carboidrati, per ripristinare temporaneamente i livelli della glicemia nel sangue). A volte, succede che prendano peso. L'insidiosa conseguenza a lungo termine di una dieta vegetariana basata sui cereali è il continuo innalzamento dei livelli dell'insulina. Malauguratamente, una dieta di questo tipo è proprio quella comunemente prescritta a pazienti sofferenti di cardiopatie, diabete e cancro, tutte malattie chiaramente associate a livelli d'insulina troppo elevati.

Come vi sentirete dopo due settimane di permanenza nella Zona con la soia

Cominciando a seguire le regole della Zona con la soia, entro le prime due settimane avvertirete già alcuni immediati benefici. Ecco che cosa potete aspettarvi.

1. *Ragionerete meglio.* Mantenendo stabili per tutta la giornata i vostri livelli glicemici, scoprirete di riuscire a concentravi con maggiore facilità, evitando l'annebbiamento mentale che spesso sopravviene due o tre ore dopo aver consumato un pasto ricco di carboidrati.

2. *Vi sentirete più forti.* Mangiando più proteine (ma senza eccedere), favorirete la crescita dei livelli dell'ormone glucagone, che consente al vostro corpo di mantenere costante la concentrazione dello zucchero ematico che sostiene l'efficienza cerebrale. La mattina, vi alzerete dal letto più riposati e durante la giornata vi sentirete più forti e pieni di energia. Il calo mentale tipico del pomeriggio diventerà per voi soltanto un ricordo del passato.
3. *Migliorerà il vostro aspetto, perché gli abiti incominceranno a vestirvi meglio.* Naturalmente sarebbe irrealistico aspettarsi di calare di quattro chili nella prima settimana, ma con tutta probabilità potrete perdere da mezzo chilo a un chilo di grasso e un chilo o un chilo e mezzo di liquidi, cioè in totale fino a due chili e mezzo di peso. La ritenzione di acqua è imputabile a livelli eccessivi dell'insulina, che vengono ridotti non appena passerete a una dieta contenente meno glucidi e più proteine.
4. *Proverete una maggiore sensazione di benessere.* Negli intervalli tra i pasti vi sentirete meno nervosi, perché non verrete colpiti dal calo della glicemia che rende fiacchi, affamati e irritabili. Nel complesso, avrete l'impressione che la vostra vita sia diventata più equilibrata, un segnale che anche i vostri ormoni si stanno stabilizzando.
5. *Avrete meno voglia di mangiare carboidrati.* Con la Zona con la soia, introdurrete nel vostro organismo meno calorie del solito eppure, sorprendentemente, vi sentirete meno affamati. Il ripristino dell'equilibrio ormonale manterrà costanti i livelli zuccherini del vostro sangue, sicché non sarete più spinti ad andare a caccia di carboidrati per soddisfare la domanda immediata di energia.

6. *Modulerete con precisione i livelli dell'insulina.* I risultati di una serie di recenti ricerche dimostrano che seguendo la dieta della Zona è possibile ridurre con effetto quasi immediato ogni eccesso d'insulina, che è la causa scatenante di diabete e cardiopatie. Uno studio australiano del 1998 ha trovato che alcuni pazienti diabetici, dopo aver seguito la dieta della Zona per soli tre giorni, registravano già una diminuzione del 36% dei loro livelli d'insulina. Nel medesimo studio, in soggetti non diabetici ma sovrappeso si è riscontrato un calo del 40% dei livelli insulinici, in precedenza molto elevati. Uno studio ancora più recente condotto dalla Harvard Medical School ha documentato che i benefici derivanti dal controllo dell'insulina compaiono già dopo un solo pasto della Zona.

Durante la giornata ragionerete meglio, perché manterrete costanti nella circolazione sanguigna i livelli dello zucchero che serve al cervello per mantenere la lucidità mentale (pensate a quanto vi sentite fiacchi e annebbiati tre ore dopo aver ingurgitato un sostanzioso piatto di pasta). Per le medesime ragioni biochimiche, non avvertirete più i morsi della fame, giacché il cervello riceve con regolarità tutto il carburante necessario al suo buon funzionamento. Miglioreranno anche le vostre prestazioni fisiche, potendo accedere liberamente alle riserve di grasso corporeo, sfruttabili come fonte di energia praticamente illimitata. Ne trarrà giovamento anche il vostro aspetto, dato che perderete il grasso superfluo rafforzando, al contempo, la vostra massa muscolare. Alla bilancia, almeno nell'immediato, non registrerete grandi cambiamenti, ma al momento di indossare gli abiti vi accorgerete che vi vestiranno molto meglio, perché la composizione del vostro corpo, in termini di rapporto tra massa grassa e massa muscolare, si avvicinerà gradualmente a quella dell'età giovanile. Oltre a tutti questi benefici, aumenterete di gran lunga la probabilità di vivere più a lungo. Come risultati, non sono male, tanto più che, per ottenerli, non avrete che da operare alcuni semplici aggiustamenti al vostro regime alimentare.

La soia

Il tofu fece la sua comparsa sulle tavole dei ristoranti americani alla moda nel corso degli anni Settanta. A quei tempi, i consumatori americani incominciarono a introdurre questo prodotto di soia nelle verdure fritte e a mescolarlo, dopo averlo schiacciato, anche nelle insalate, ma si resero rapidamente conto che era troppo insipido per essere mangiato da solo. Per questa ragione, per qualche anno il tofu cadde nel dimenticatoio, ma i progressi compiuti di recente dall'industria alimentare hanno riproposto la soia all'attenzione del grande pubblico.

Al giorno d'oggi, sugli scaffali dei supermercati americani sono esposti centinaia di prodotti che contengono proteine di soia, dagli hamburger per vegetariani ai formaggi senza caseina, fino alla carne trita di origine non animale. I semi di soia sono reperibili sia miscelati con altri vegetali nelle confezioni di verdura congelata di marca sia essiccati sotto forma di noci di soia. Nel Capitolo 3 troverete l'elenco completo dei tipi di soia disponibili commercialmente e vi verrà spiegato dove reperirli e come utilizzarli.

Il successo dei prodotti a base di soia è nato dalla domanda di molti consumatori per alimenti nutrienti e poveri di grassi ma ricchi di proteine e, soprattutto, che non costringessero a rinunciare al piacere del gusto. La soia, l'unico vegetale esistente che contiene più proteine che glucidi, è l'ingrediente ideale per assicurarsi un apporto adeguato di proteine da un pasto vegetariano. Da questo punto di vista, è un alimento proteico pressoché completo, nel senso che fornisce gran parte degli amminoacidi essenziali, cioè di quelle sostanze proteiche che è indispensabile acquisire attraverso l'alimentazione per conservarsi in buona salute. Bisogna tenere conto, tuttavia, che il corpo umano è in grado di metabolizzare più agevolmente le proteine provenienti dai prodotti di soia fortemente trattati (come le proteine in polvere, il tofu e il tempeh) rispetto alla soia naturale. A tutti gli effetti, gli amminoacidi presenti nei prodotti di soia trattati sono quasi equivalenti in qualità a quelli che si trovano nelle proteine provenienti da carni animali, latte e uova. Ecco perché non penso che possiate ottenere tutti i benefici della Zona con la soia senza inserire nella vostra dieta alcuni dei prodotti di soia trattati, scelti tra quelli compresi nell'elenco del Capitolo 3.

Oltre a essere ricca di proteine, la soia possiede anche la peculiare proprietà di aiutare il vostro organismo a mantenere costanti i livelli insulinici, anche più di altri alimenti fortemente proteici, come la carne bovina o quella di pollo. Anche se di questo argomento tornerò a parlare dettagliatamente più avanti nel libro, fin da ora desidero spiegarvene, in breve, la ragione fondamentale: la soia è ricca di un amminoacido che stimola il corpo a rilasciare glucagone, l'ormone anti-insulina che mobilizza i carboidrati stivati nel fegato per fornire all'organismo l'energia di cui necessita, eliminando quindi la sensazione della fame. Per giunta, la soia è molto più povera di amminoacidi «cattivi», quelli che tendono a stimolare la secrezione dell'insulina.

La soia, poi, offre un ulteriore vantaggio: contiene isoflavoni, sostanze che combattono le malattie e che si trovano esclusivamente nelle piante (per questo sono dette «fitochimiche»). Gli isoflavoni presentano attività simili a quelle dell'ormone estrogeno femminile. Secondo alcuni studi, queste sostanze sono in grado di contrastare l'insorgenza di una serie di malattie, come cardiopatie, cancro e osteoporosi, oltre ad alleviare le vampate di calore e altri sintomi della menopausa.

Prendendo atto dei risultati di una lunga serie di ricerche che attestano i benefici effetti della soia sulla salute, il governo americano raccomanda di consumare 25 grammi di soia al giorno (circa metà della quantità di soia prescritta in questo libro ma, almeno, un primo passo nella giusta direzione). In più, l'anno scorso la Food and Drug Administration (FDA) ha deciso di consentire che alcuni dei benefici della soia vengano pubblicizzati sulle etichette alimentari delle confezioni: sui prodotti che contengono consistenti quantitativi di proteine di soia è oggi permesso indicare che il loro consumo può ridurre il rischio cardiopatico. Dal punto di vista scientifico, non c'è dubbio che la soia ha un potente effetto nutrizionale capace di moltiplicare i benefici procurati alla salute dalla dieta della Zona. Ecco una rassegna delle più recenti ricerche condotte in questo campo.

I benefici effetti della soia sulla salute

Negli ultimi anni, la ricerca scientifica ha portato alla luce gli ampi benefici derivanti dal consumo di alimenti a base di soia, soprattutto attraverso lo studio di popolazioni mondiali che ne mangiano quantitativi rilevanti. Benché gli studi effettuati non provino direttamente che la soia sia un elisir di lunga vita, è sicuramente corretto trarne l'indicazione che questo legume giova alla salute delle persone che se ne cibano regolarmente. Ecco alcuni dei benefici specifici che sono stati attribuiti alla soia:

- *Riduce il rischio di sviluppare malattie cardiache.* È ben noto che nei paesi in cui vengono consumati regolarmente prodotti a base di soia i tassi di incidenza delle cardiopatie risultano bassi. Ricerche condotte negli ultimi trent'anni hanno mostrato che il consumo dei prodotti di soia favorisce un calo sia del colesterolo totale sia, in particolare, di quello LDL (il cosiddetto colesterolo «cattivo»). Un'analisi di 38 studi clinici pubblicata nel 1995 sul *New England Journal of Medicine* ha documentato che il consumo di una media di 50 grammi di soia al giorno fa calare del 9% i livelli del colesterolo. Un abbassamento di questa portata dovrebbe riflettersi in una riduzione del 20% del rischio cardiopatico.
- *È una protezione contro il cancro al seno.* L'incidenza del cancro al seno è di gran lunga inferiore nei paesi asiatici, dove si mangia molta soia. Per esempio, tra le donne giapponesi l'incidenza del cancro al seno è appena un quarto del dato americano.
- *Riduce il rischio del cancro alla prostata.* L'incidenza del cancro alla prostata è di gran lunga inferiore tra i maschi giapponesi (che consumano grandi quantitativi di soia) che tra i maschi americani.
- *Allevia i sintomi della menopausa.* Recenti ricerche hanno mostrato che gli alimenti a base di soia possono attenuare la maggior parte dei disturbi della menopausa, come sudori notturni e vampate di calore. Uno studio ha documentato un calo del 40% di questi sintomi in donne che avevano consumato prodotti di soia. La soia contiene sostanze (gli isoflavoni) che agiscono in modo simile agli estrogeni, aiutando a compensare il calo

naturale della produzione di estrogeni durante la menopausa.

- *Aiuta a prevenire l'osteoporosi.* È stato dimostrato che una dieta ricca di proteine di soia rallenta il tasso di riduzione della densità ossea, e in uno studio si è addirittura riscontrato un *aumento* della densità. Oltre agli isoflavoni, alcuni prodotti a base di soia contengono significative quantità di calcio, l'elemento cruciale per la crescita delle ossa. Una tazza di tofu contiene circa il 20% (204 mg) della quantità giornaliera raccomandata dalle autorità sanitarie americane, mentre una tazza di tempeh ne fornisce il 15% (154 mg).

Nota: cardiopatie, cancro, menopausa e osteoporosi sono tutte malattie o disfunzioni intimamente connesse alla dieta complessiva individuale. Le proteine di soia esercitano sicuramente alcuni effetti benefici sulla salute, ma soltanto se inserite come elemento centrale di una dieta ben equilibrata, come quella della Zona.

L'indagine sulla longevità

Anziché tentare di ipotizzare quale tipo di dieta sia più efficace per raggiungere l'obiettivo di una vita più lunga, ritengo più corretto prendere in esame culture differenti con abitudini alimentari diverse per determinare se esiste un rapporto diretto tra dieta e longevità. Pertanto, avviamo l'indagine domandandoci semplicemente che cosa mangiano i popoli più longevi sulla faccia della Terra.

Una volta si riteneva che i popoli più longevi fossero quelli che nelle valli del Tibet settentrionale o sui monti della Russia meridionale si cibano principalmente di yogurt. Ma poi si è scoperto che i casi di incredibile longevità registrati in quelle aree erano fasulli, perché inquinati dalla naturale propensione degli anziani ad aggiungersi qualche anno combinata con la carenza di un'affidabile documentazione sulle reali date di nascita dei soggetti coinvolti.

La longevità può essere definita in termini di minore probabilità di morte, espressa dal tasso di mortalità di una popolazione. Più questo è basso, maggiore è la longevità di quella popolazione. Concentrandosi sui soggetti adulti (tra 35 e 74 anni di età), vengono eliminati molti dei fattori di mortalità infantile e giovanile che complicherebbero l'analisi. Una volta esclusi questi effetti, possiamo assumere che la popolazione con tasso di mortalità più basso sia anche quella con il regime alimentare ottimale agli effetti della durata della vita.

Prendiamo in esame, quindi, quattro diverse popolazioni che seguono diete nettamente differenziate:

1. i cinesi delle campagne, che si alimentano principalmente con una dieta vegetariana basata sui cereali e contenente limitati quantitativi di proteine (ma in gran parte provenienti dalla soia);
2. gli americani, che mangiano troppo di tutte le categorie alimentari;
3. i francesi, la cui cucina è la più raffinata d'Europa;
4. i giapponesi, che seguono una dieta ricca di proteine di soia e di pesce.

L'American Heart Association, nel suo *Statistical Supplement* del 1997, ha raccolto i tassi di mortalità di uomini e donne in queste quattro aree mondiali con abitudini alimentari molto differenti. I dati sono riportati nella *Tabella 1.1*.

Paese	Tasso di mortalità degli uomini	Tasso di mortalità delle donne
Cina (aree rurali)	1433	914
Stati Uniti	1209	688
Francia	1065	438
Giappone	814	380

Tabella 1.1 - Tassi di mortalità (per 100.000 abitanti) dei soggetti adulti (età fra 35 e 74 anni).

Il tasso di mortalità più elevato è quello dei cinesi delle zone di campagna, che seguono una classica dieta vegetariana basata sui cereali (anche se integrata con un po' di proteine provenienti dalla soia). Come mai? Una ragione potrebbe essere proprio la scarsità delle proteine fornite dalla loro dieta: un sistema immunitario efficiente necessita di un adeguato apporto proteico per sostenere la sua incessante lotta contro gli agenti infettivi.

Rispetto ai cinesi che vivono nelle aree rurali, gli americani fanno registrare dati soltanto di poco migliori. Il minore tasso di mortalità degli americani rispetto ai cinesi delle campagne può essere attribuito alla maggiore dose di proteine tipica della loro dieta abituale. Tuttavia, gli americani mangiano comunque troppe calorie, molte delle quali tratte da carboidrati complessi, come riso, pasta e pane.

Come è noto, gli americani destinano alle spese sanitarie una quota molto più consistente del loro reddito, specialmente per gli interventi di emergenza che prolungano la vita. Perciò, la loro minore mortalità potrebbe essere semplicemente frutto di una spesa sanitaria eccezionalmente elevata.

E i francesi? Nessuno ha mai osato dire che i francesi mangiano male e, analizzando i dati della mortalità, si giunge anche alla conclusione che vivono più a lungo e probabilmente meglio sia dei cinesi delle campagne sia degli americani. Rispetto a quella americana, la dieta francese contiene adeguate (ma non eccessive) dosi di proteine e molti più carboidrati semplici (frutta e verdura). In più, i francesi non hanno la fobia dei grassi. Il risultato finale? I francesi hanno il tasso di mortalità più basso d'Europa, non sono troppo sovrappeso e spendono per la sanità una quota di prodotto interno lordo di gran lunga inferiore a quella degli americani. Si direbbe, quindi, che non basta spendere di più in servizi sanitari per garantirsi una vita più lunga.

Tirate le somme, si direbbe che i vincitori assoluti di questa gara di longevità siano i giapponesi. Rispetto alla dieta dei cinesi delle campagne, quella dei giapponesi è più ricca di proteine (i giapponesi consumano il triplo di proteine di soia e più pesce) e contiene più carboidrati semplici, come le verdure, il cui consumo è cresciuto parallelamente a un calo di quello complessivo di riso. Il netto aumento della vita media verificatosi in Giappone dopo la seconda guerra mondiale è stato attribuito proprio alla combinazione di crescita del consumo proteico e riduzione del contenuto di riso della dieta. E, come i francesi, anche i giapponesi spendono per i servizi sanitari una quota del loro prodotto interno lordo nettamente inferiore a quella degli americani.

La popolazione più longeva del mondo

C'è, tuttavia, una popolazione che vive ancora più a lungo dei giapponesi. Ma, allora, potrebbe essere una buona idea prendere a modello le loro abitudini alimentari per stabilire la composizione della dieta ideale per prolungare la vita. La popolazione in questione è quella che vive nell'isola di Okinawa, che fa parte del Giappone ma da cui è separata da circa 600 km di oceano. Il tasso di mortalità adulta degli abitanti di Okinawa è circa la metà di quello della popolazione giapponese complessiva e in quell'isola del Pacifico la percentuale di anziani che superano il traguardo dei cent'anni è la più elevata al mondo.

In che cosa si differenzia, dunque, la dieta degli abitanti di Okinawa da quella tipica degli altri giapponesi? In primo luogo, contiene più proteine di soia (*Figura 1.1*).

Come potete facilmente verificare esaminando il diagramma, gli abitanti di Okinawa mangiano più proteine di soia sia degli americani sia degli altri giapponesi. Ciò spiega, almeno in parte, la loro incredibile longevità, es-

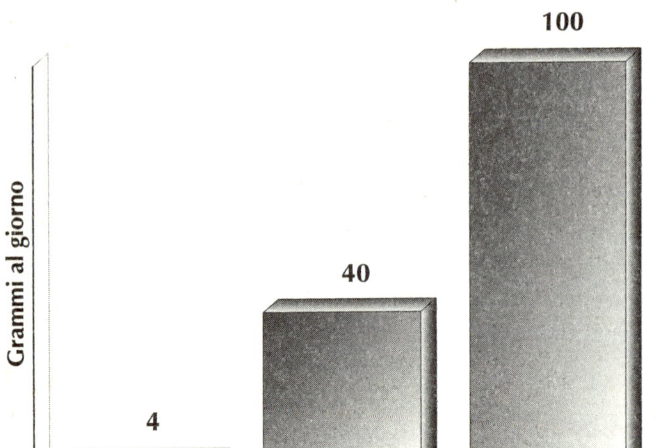

Figura 1.1 - Consumo di proteine di soia.

sendo noto che le popolazioni che assumono dosi superiori di proteine di soia risultano molto meno soggette a cardiopatie, cancro (sia del seno sia della prostata) e osteoporosi. Più avanti spiegherò i precisi meccanismi biochimici che rendono le proteine provenienti dalla soia agenti terapeutici così potenti. Come è ovvio, la minore incidenza di queste malattie provoca un impatto positivo molto rilevante sulla longevità media della popolazione.

Più sorprendente è il fatto che gli abitanti di quell'isola mangiano complessivamente moltissime proteine, benché molte di esse provengano dalla soia: rispetto agli altri giapponesi mangiano il doppio di pesce, che fornisce loro notevoli dosi di acidi grassi omega 3 a catena lunga, molto salutari per il cuore. Inoltre, consumano molta più verdura (da due a tre volte di più).

In ogni caso, a mio modo di vedere, il fattore determinante per la loro longevità è quello relativo alle calorie: la dieta degli abitanti di Okinawa è meno calorica di quella degli altri giapponesi (dal 20 al 30% in meno). Ma come è possibile mangiare più proteine di soia, più pesce e più verdura, e assumere meno calorie? La risposta è semplice: rispetto agli altri giapponesi, gli abitanti di Okinawa mangiano meno carboidrati complessi, come il riso.

La riduzione delle calorie realizzata mantenendo un apporto adeguato di proteine, acidi grassi essenziali, vitamine e minerali viene detta «restrizione calorica», che è cosa ben diversa dalla denutrizione, in quanto non priva il corpo di alcun nutriente indispensabile. La restrizione calorica è, piuttosto, l'unico metodo che si è dimostrato efficace per aumentare la durata della vita. Nel campo della ricerca sulla longevità, tutti concordano (cosa che negli ambienti scientifici capita di rado) che la restrizione calorica funziona in tutte le specie animali sottoposte a esperimento. E i dati della longevità degli abitanti di Okinawa sembrano indicare che funziona anche per gli esseri umani. Oltre a introdurre meno calorie, quella popolazione mangia più proteine di soia di ogni altra al mondo. Rispetto agli altri giapponesi (un popolo, peraltro, piuttosto in buona salute), gli abitanti di Okinawa sono molto più longevi: la percentuale di ultracentenari è quasi cinque volte più elevata e il tasso di mortalità per cardiopatie, infarto e cancro è dal 30 al 40% inferiore in tutte le classi di età.

Per questa ragione, la dieta della Zona con la soia si basa sul regime alimentare degli abitanti di Okinawa, anche se ho introdotto alcune piccole correzioni per venire incontro ai gusti e alle esigenze dei lettori occidentali. Come la dieta degli abitanti di Okinawa, anche quella della Zona con la soia si basa sulla combinazione di due principi fondamentali: mangiare più proteine di soia e più verdure e incrementare l'assunzione di acidi grassi omega 3 a catena lunga. Sull'altro versante, essa punta a farvi ridurre nettamente i quantitativi di cereali, amidi e glucidi semplici che siete soliti consumare. Non abbiate timore: anche se forse qualcuno alla prospettiva di dover ridurre le calorie storcerà il naso, seguendo questa dieta vi accorgerete di riuscire a farlo senza dover rinunciare a ciò che vi piace né essere costretti a patire la fame. Grazie a un migliore controllo ormonale, perderete i chili di troppo e vi sentirete pieni di energia. Nel complesso, noterete un netto miglioramento della vostra salute.

La dieta della Zona è una strategia alimentare permanente mirata alla prevenzione delle malattie croniche (cardiopatie, diabete, cancro eccetera) associate a un'eccessiva produzione di insulina. La Zona con la soia è molto di più che mangiare semplicemente più proteine di soia. Nel prossimo capitolo vi spiegherò le regole di base e in quelli successivi vi indicherò come rifornire la dispensa e programmare i pasti. Questo libro contiene anche una serie di ricette per spuntini e piatti unici con lo scopo di aiutarvi a pianificare meglio la vostra dieta. Se avrete la costanza di seguire le indicazioni di questo libro, l'apparentemente irraggiungibile obiettivo di assicurarvi una vita più lunga, dinamica e sana diventerà per voi una concreta realtà.

Ciò che voglio evitare, tuttavia, è che mi crediate sulla parola, seguendo acriticamente il mio programma. Preferisco che comprendiate a fondo le ragioni scientifiche dei numerosi effetti benefici esercitati dalla Zona con la soia. Alcuni capitoli del libro, pertanto, sono espressamente mirati a spiegarvi meglio perché vi chiedo lo sforzo di cambiare il vostro modello di alimentazione e di vita. Una volta compreso il funzionamento della dieta, non tarderete a convincervi che quella presentata in questo libro non è una nuova dieta temporaneamente sulla cresta dell'onda, bensì un potente strumento terapeutico. Ippocrate disse una volta: «Lasciate che il cibo sia la vostra medicina, e che la medicina sia il vostro cibo». Ecco perché mi sono impegnato a prepararvi la ricetta per entrare nella Zona con la soia: sono profondamente convinto che questo programma dietetico sia il farmaco più potente di tutti per accedere a una vita più lunga e più sana.

2

Entrate nella Zona con la soia

NEI confronti della Zona con la soia cerco di comportarmi coerentemente con quanto vado predicando. Non essendo un vegetariano puro, tendo a variare la mia dieta intervallando pasti della Zona con pasti della Zona con la soia. In ogni caso, mi sforzo sempre di incorporare nella mia alimentazione almeno due pasti con soia al giorno, per assicurarmi i benefici effetti sulla salute prodotti da questo regime alimentare.

Qualche esempio: a colazione posso decidere di prepararmi un gradevole stuzzichino a base di soia (una miscela di proteine di soia in polvere, frutti di bosco e frutta secca sminuzzata); a pranzo mi posso concedere due hamburger di soia, un po' di purè di ceci con olio d'oliva, qualche verdura bollita e, come dessert, un frutto. A cena, posso cuocermi un piccolo piatto di *chili*, facendo rosolare leggermente pezzi di hamburger di soia in olio d'oliva e aggiungendo un po' di salsa e fagioli, aggiungendo, come contorno, qualche verdura saltata e, per finire, un misto di frutti di bosco.

Non siete convinti che pasti così nutrienti siano anche facili da preparare? La verità è che, una volta modificato il vostro atteggiamento verso il cibo, scoprirete che costruire un pasto della Zona con la soia è un compito semplicissimo. Come primo passo, tuttavia, dovete capire perché il vostro corpo ha bisogno dell'equilibrio acquisibile attraverso la Zona e imparare le regole da seguire per entrare nella Zona.

Con l'equilibrio del corpo diventerete padroni di voi stessi

Entrando nella Zona riuscirete a prendere in mano le redini di voi stessi, liberandovi letteralmente da ogni genere di dipendenza dal cibo. La Zona non è un luogo misterioso, ma uno stato di equilibrio ormonale conseguibile soltanto attraverso l'alimentazione. Potete considerarvi vittime dei cibi cui non sapete resistere: quando vi sentite fiacchi o demoralizzati, correte a ingurgitare un dolce o qualche patatina fritta spinti dal miraggio di riacquistare le forze e sentirvi un po' meglio. Il rimedio, tuttavia, funziona soltanto temporaneamente e poco dopo, non appena si esaurisce l'effetto a breve termine del carico energetico, vi sentite ancora più debilitati di prima. Per certi versi siete come un tossicodipendente alla ricerca disperata di una nuova dose. E in effetti lo siete, anche se la vostra droga sono i carboidrati. La sensazione che vi domina, quella di essere sbilanciato e in balia delle vostre voglie, è una diretta conseguenza dello squilibrio ormonale che si è instaurato nel vostro organismo. Se volete troncare questo circolo vizioso, non avete altra scelta: dovete entrare nella Zona.

La dieta ad alto tenore di glucidi seguita dalla maggioranza degli americani è sbilanciata sul versante ormonale. Da un punto di vista fisiologico, una dieta ricca di pane, pasta, riso e cereali provoca un'impennata dei livelli d'insulina, che restano elevati per tutta la giornata. Ciò avviene perché tutti i glucidi, per poter essere assimilati, devono essere preventivamente scomposti fino a formare una forma di zucchero più semplice, chiamato glucosio. Quando i carboidrati entrano nella circolazione sanguigna, vi sentite euforici, ma soltanto temporaneamente, e cioè fino a quando i livelli dell'insulina non si innalzano bruscamente. Il compito dell'insulina è quello di far entrare nelle cellule i nutrienti, come lo zucchero ematico; il problema è che, non appena l'operazione ha avuto termine, vi sentite daccapo affamati e affaticati. Come forma di automedicazione, siete spinti, allora, a introdurre nel corpo altri glucidi, riavviando nuovamente il circolo vizioso. Il risultato è che tenderete a ingrassare e ad aumentare il rischio di sviluppare malattie cardiache, diabete e cancro, a causa dei livelli insulinici perennemente elevati nel vostro sangue.

Per anni, mi sono sentito frustrato di fronte all'errore che noi americani abbiamo commesso, concentrando i nostri sforzi a lottare contro i grassi alimentari anziché contro l'eccesso d'insulina. Benché una certa quantità di insulina sia indispensabile per rifornire le cellule di nutrienti, questo potente ormone può trasformarsi in una grave minaccia per la salute, non soltanto perché induce il corpo a immagazzinare le calorie in eccesso sotto forma di grasso, ma anche perché danneggia un gran numero di altri sistemi ormonali, favorendo, infine, lo sviluppo di malattie croniche. Il risultato finale è che quanta più insulina producete, tanto più ingrassate e tanto più crescono le probabilità di morire prima del tempo.

Essere nella Zona significa aver stabilizzato i livelli dell'insulina e della glicemia, eliminando le continue oscillazioni dall'alto verso il basso e viceversa. Seguendo le regole della Zona con la soia, acquisirete il controllo dell'insulina e, quindi, non proverete più fame tra un pasto e l'altro e non desidererete più mangiare quando il vostro corpo non ha più bisogno di altro cibo.

Come si fa a entrare nella Zona? Paradossalmente, per raggiungerla dovete attenervi a due parole d'ordine che già le vostre nonne non si stancavano di ripetere: *equilibrio* e *moderazione*. La chiave di accesso alla Zona è consumare un pasto equilibrato contenente una moderata quantità di calorie. Ecco le regole fondamentali.

Regola n. 1: *ogni volta che mangiate, mantenete sempre costante l'equilibrio fra proteine e carboidrati*

A ogni pasto o spuntino, per mantenere stabili i livelli dell'insulina dovete mangiare sempre sia proteine sia carboidrati. Benché non producano effetti diretti sull'insulina, dovete aggiungere a ogni pasto o spuntino anche una piccola dose di grassi, che contribuiscono a rallentare l'ingresso in circolo dei glucidi e, quindi, indirettamente attenuano la risposta insulinica del vostro pasto. I lipidi, inoltre, inviano al cervello il segnale della sazietà, avvertendo che è giunto il momento di smettere di mangiare. Infine, i lipidi migliorano il sapore dei cibi (domandatelo ai francesi). Pertanto, ogni volta che vi sedete a tavola, dovete consumare la *giusta* combinazione di proteine e carboidrati, con l'aggiunta di un pizzico di lipidi. Così facendo, manterrete l'insulina in una zona di stabilità nelle successive quattro-sei ore.

Ma qual è il giusto mix di proteine e carboidrati? Ottenerlo è semplice: basta dividere il piatto in tre parti uguali. Per una prima colazione, un pranzo o una cena secondo i criteri della Zona con la soia, usate un normale piatto per secondi; per gli spuntini, usate un piatto da dessert (*Figura 2.1*).

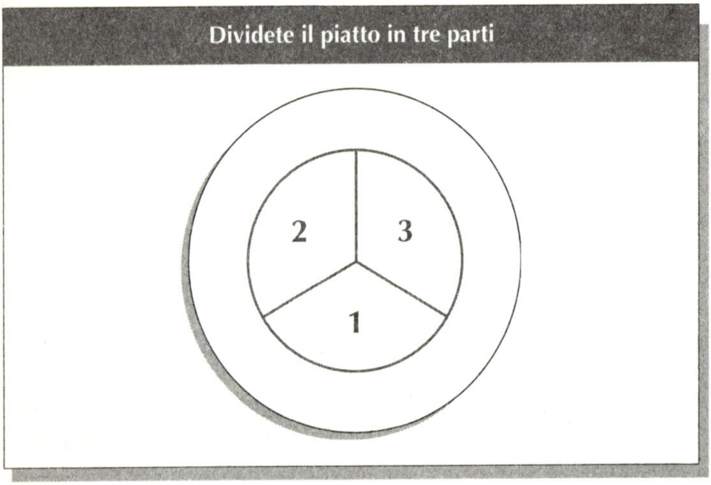

Figura 2.1

Per preparare un pasto della Zona con la soia, riempite un terzo del piatto principalmente con proteine di soia, per esempio con tofu o con hamburger di soia (*Figura 2.2*). I lacto-ovo vegetariani (cioè i vegetariani che mangiano uova e latticini) possono aggiungere a questa parte del piatto, riservata alle proteine magre provenienti dalla soia, anche piccoli quantitativi di uova e qualche latticino a basso contenuto lipidico. Chi non è vegetariano, invece, potrà integrarla con qualche fonte proteica animale magra, come pesce e pollame. La quantità totale di proteine presente nel piatto deve corrispondere alla superficie e allo spessore del palmo della vostra mano.

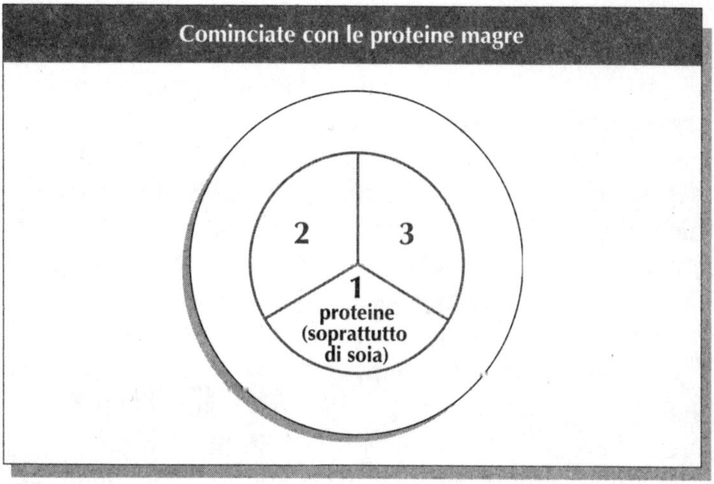

Figura 2.2

Poi riempite gli altri due terzi del vostro piatto (*Figura 2.3*) di carboidrati, soprattutto verdura e, in misura infe-

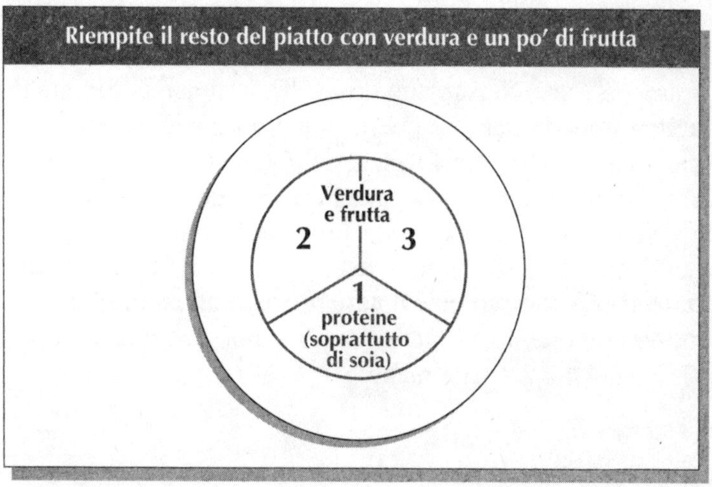

Figura 2.3

riore, frutta. Se non riuscite a rinunciare a pasta, riso, patate o qualsiasi altro amido, riempite soltanto un terzo del piatto con queste categorie di glucidi e lasciate vuoto l'ultimo terzo (l'importante è assicurarsi che il volume degli amidi sia equivalente a quello delle proteine già presenti nel piatto). Vi consiglio, però, di farlo soltanto sporadicamente, perché potrete ricavare molti più nutrienti (senza contare il migliore controllo dell'insulina) da verdura e frutta che non da cereali o da altri amidi. A parità di volume, infatti, i cereali contengono molto meno nutrienti e molti più carboidrati. Ecco perché nella dieta della Zona con la soia i cereali vengono utilizzati con molta parsimonia e quasi esclusivamente come contorni.

L'ultimo componente del vostro pasto sono i lipidi: aggiungete soltanto una piccola dose di grassi monoinsaturi, quelli più benefici per la salute che si trovano nell'olio d'oliva, in certa frutta secca e negli avocado. Fate soffriggere leggermente la verdura prescelta in due cucchiaini di olio d'oliva, cospargetela con una manciata di mandorle sminuzzate o aggiungete alla verdura un ottavo di avocado tagliato a fette. Come vedete, di grassi nella Zona con la soia non se ne consumano molti. Naturalmente, cercate di evitare i grassi saturi e quelli trans (oli parzialmente idrogenati) che possono far salire i livelli del colesterolo e contribuire ad aumentare i rischi per il cuore.

Notate che durante tutta la preparazione di un pasto della Zona con la soia non avete mai dovuto calcolare calorie o misurare grammi, né effettuare alcun'altra operazione complessa. Vi siete semplicemente serviti dell'occhio e del palmo della mano.

Regola n. 2:
preferite i carboidrati semplici a quelli complessi

Se non avete letto i miei libri precedenti sulla Zona, probabilmente avrete difficoltà ad afferrare il senso di questa seconda regola. In sostanza, vi sto consigliando di rifornire la dispensa con frutta e verdura invece che con pasta, pane e riso. Forse qualcuno ignora che tutti gli alimenti che non sono proteine o grassi sono carboidrati, detti anche glucidi. Sì, frutta e verdura forniscono carboidrati, esattamente come dolci, caramelle, riso, pasta, cereali per la prima colazione e patate.

Ma, allora, perché non potete mangiare qualsiasi carboidrato, a condizione di abbinarli alle proteine? La risposta è che in teoria potete farlo, a patto di rispettare rigidamente la giusta proporzione tra proteine e carboidrati. Innanzitutto, però, dovete considerare che la dose di carboidrati fornita da un quarto di barretta dolce o da un quarto di un piatto di pasta equivale a quella di due tazze di verdura o di una tazza di frutti di bosco freschi. Il loro effetto sull'insulina, poi, è molto diverso. Primo, i carboidrati complessi (come gli zuccheri raffinati e gli amidi) contengono molte meno fibre dei carboidrati semplici (frutta e verdura). Le fibre rallentano la velocità di ingresso in circolo di tutti i glucidi, e questo effetto modera la secrezione d'insulina. Secondo, i carboidrati semplici sono le vere copiose fonti di vitamine e minerali; infine, i carboidrati semplici occupano molto spazio nel piatto, cosicché non avrete mai la sensazione di stare facendo troppi sacrifici.

Nella dieta della Zona con la soia, la vostra principale fonte di glucidi dovrà essere sempre la verdura, integrata con quantità più limitate di frutta, che contiene più carboidrati complessi. Attenendovi a questa dieta, difficilmente potrete eccedere in carboidrati. Sappiamo tutti, invece, quanto è facile cadere nella tentazione di mangiare un'altra fetta di pane o di servirsi un'altra forchettata di pasta. Sfortunatamente, questi piccoli supplementi di cibo contengono molti glucidi e provocheranno un'impennata dell'insulina che vi farà immediatamente uscire dalla Zona. Rispettando invece le regole, farete entrare in azione un meccanismo molto sofisticato, sviluppato in milioni di anni di evoluzione per aiutarvi a mantenere equilibrati i valori dell'insulina.

Regola n. 3: *mangiate con moderazione*

Come ho spiegato più dettagliatamente in *La Zona anti-età*, meno calorie assumete, più lentamente invecchiate e più a lungo vivete. Ecco perché il contenuto calorico di un tipico pasto della Zona con la soia è di circa 300 calorie per le donne e 400 per gli uomini. Seguendo questa dieta, consumerete ogni giorno quantitativi adeguati di proteine di soia, grandi quantità di vitamine e minerali provenienti da carboidrati semplici (frutta e verdura) e da 40 a 60 grammi di acidi grassi monoinsaturi, benefici per il cuore (la medesima quantità di lipidi assunta nella maggior parte delle diete vegetariane), ma l'apporto calorico complessivo non supererà le 1200 calorie se siete donne e le 1500 se siete uomini.

Ma quello che è davvero stupefacente con la dieta della Zona con la soia è che potete assumere meno calorie senza dovervi sottoporre a gravi rinunce né sentirvi affamati o debilitati. Questo piccolo miracolo avviene perché acquisite il controllo dei livelli glicemici, assicurando al cervello un apporto costante di glucosio, il suo combustibile fondamentale. Inoltre, non proverete la sensazione di dover rinunciare ad alcunché, dato che a ogni pasto vi servirete consistenti volumi di cibo. In effetti, scoprirete forse di mangiare più cibo del solito.

Regola n. 4: *adattate la Zona con la soia alle vostre preferenze alimentari*

Se siete vegetariani puri (cioè se non mangiate alcuna proteina di origine animale, compresi latte e latticini), ricaverete praticamente tutto il fabbisogno proteico del vostro organismo dalle proteine di soia. In questo caso, probabilmente vi occorrerà inserire in ogni pasto prodotti trattati di soia (come le salsicce o gli hamburger di soia o le proteine di soia in polvere) per assicurarvi una dose sufficiente di proteine. Di proteine di soia ne dovrete consumare circa 75 grammi al giorno se siete donne e circa 100 grammi se siete uomini. Queste quantità sono all'incirca equivalenti a quelle mangiate dagli abitanti dell'isola di Okinawa.

Se non siete vegetariani puri (e soltanto il 2% dei vegetariani lo è), potete permettervi un po' più di flessibilità, inserendo nella vostra dieta anche proteine di altra provenienza. Cercate, comunque, di coprire almeno metà del vostro fabbisogno proteico quotidiano con proteine di soia, il che, in termini pratici, equivale in media a poco meno di 40 grammi di proteine di soia al giorno se siete donne e circa 50 grammi se siete uomini. Potete abbinare e combinare in vario modo pasti vegetariani della Zona con pasti con la soia. Per esempio, se siete lacto-ovo vegetariani, potete preparavi a colazione un'omelette con bianchi d'uovo e verdure (un pasto vegetariano della Zona), a pranzo un'insalata mista addizionata di formaggio molle magro e a cena due hamburger di soia ricoperti di formaggio di soia fuso, qualche verdura bollita e un dessert di frutta (un pasto della Zona con la soia).

Infine, se non siete vegetariani, potete introdurre nei vostri pasti alcune fonti animali a basso tenore lipidico, come pesce, pollame e tagli di carne bovina molto magra, in modo da poter alternare a piacimento pasti della Zona e pasti con la soia. Il mio consiglio, infatti, è di consumare ogni settimana almeno due o tre pasti a base di pesce (preferibilmente salmone, tonno o pesce azzurro), in modo da assumere una dose di acidi grassi omega 3 a catena lunga già in grado di portare giovamento alla salute del cuore. Per ricavare da questi acidi grassi i massimi benefici anche per l'attività cerebrale, dovreste mangiare pesce almeno una volta al giorno o, meglio ancora, aggiungere alla dieta un integratore di acidi grassi omega 3.

Quale che sia la combinazione prescelta di pasti della Zona e della Zona con la soia, attenetevi alla seguente regola pratica: ogni giorno consumate almeno due pasti della Zona con la soia, oppure almeno un pasto e due spuntini. Naturalmente, gli altri pasti e spuntini dovranno risultare tutti conformi alle regole della Zona.*

Regola n. 5: *il vostro stato ormonale dipende dalla qualità dell'ultimo pasto*

La chiave dell'efficacia della Zona sta nel bilanciamento di proteine e carboidrati a *ogni* pasto. Mangiando tutte le proteine prescritte in un pasto e tutti i carboidrati in quello successivo non vi sarebbe possibile entrare nella

* Per pasti e spuntini in Zona, vedi anche G. Braga, *La Zona italiana* e A. e M. Romano, *Vivere in Zona*, entrambi editi da Sperling & Kupfer.

Zona. L'equilibrio realizzato tra proteine e carboidrati in ogni pasto e spuntino determina la risposta ormonale (buona o cattiva) nelle quattro-sei ore seguenti: ecco perché dico che il vostro stato ormonale può essere buono soltanto se lo è il vostro ultimo pasto. L'altra faccia della medaglia è che avete la possibilità di recuperare le forze dissipate da un pasto sregolato semplicemente attenendovi in quello successivo alle regole della Zona. È come quando prendete una medicina: se volete che faccia effetto, dovete prenderla nelle dosi giuste e nei momenti giusti. Con la dieta della Zona, dovete trattare il cibo con la medesima attenzione che dedicate a un farmaco prescritto dal vostro medico di fiducia.

Ma ciò significa anche che, se avete commesso un errore, non avete irrimediabilmente perduto la vostra battaglia: avete lasciato la Zona soltanto temporaneamente e potete rientrarvi già a partire dal vostro pasto successivo. Ecco perché nella dieta della Zona con la soia non c'è spazio per i sensi di colpa: al contrario, vi invito caldamente a mangiare un pasto ad alta concentrazione di glucidi (per esempio, un bel piatto di pasta) una volta al mese. Perché lo faccio? Perché voglio che sperimentiate di persona gli effetti di un'impennata dell'insulina, con tutto l'ingolfamento, la fiacchezza e l'annebbiamento mentale che ne conseguono. Vi convincerete che il cibo è veramente un farmaco molto potente.

Ogni pasto della Zona con la soia si basa sul bilanciamento di proteine e carboidrati con l'aggiunta di un pizzico di grassi. Seguendo il metodo a occhio descritto in questo capitolo, potrete costruire facilmente il giusto equilibrio tra proteine e carboidrati tutte le volte che vi sedete a tavola, mantenendo così l'insulina nella zona appropriata. In realtà, come spiegherò nel Capitolo 10, il mio programma dietetico si basa su concetti scientifici un po' più sofisticati, ma nella maggior parte dei casi questo semplice metodo di misurazione a occhio funziona egregiamente.

Regola n. 6: *non rimanete a digiuno troppo a lungo*

Correre questo rischio potrà sembrarvi impossibile, dal momento che mangerete meno calorie di quante eravate soliti assumere prima di entrare nella Zona. Eppure, credetemi: spesso, al momento in cui dovrete sedervi a tavola per il vostro prossimo pasto o spuntino, non avrete fame. In realtà, è proprio questo il trucco della Zona: mangiare sempre prima di essere affamati. Sapete bene che cosa vi capita quando siete in preda ai morsi della fame: diventate talmente voraci che il vostro stomaco sembra essersi trasformato in un pozzo senza fondo impossibile da colmare. È un'impressione suscitata dal calo dello zucchero ematico destinato al cervello, causato dall'eccesso di insulina circolante nei vasi sanguigni. La carenza di zucchero nel sangue segnala al cervello che avete bisogno di mangiare glucidi, e in dosi massicce. La chiave, allora, è mangiare prima che lo zucchero ematico cali al di sotto del livello di guardia, in modo da non essere spinti a correre rapidamente ai ripari.

Ecco, dunque, l'ultima regola della dieta della Zona con la soia: cercate di mangiare cinque volte al giorno (tre pasti e due spuntini) e non lasciate mai passare più di cinque ore senza consumare un pasto o uno spuntino. Un pasto dovrebbe assicurarvi una permanenza nella Zona per circa quattro-sei ore, mentre con uno spuntino ci resterete per due-tre ore. Pertanto, così come preparate il vostro programma giornaliero per appuntamenti, riunioni e persino per l'assunzione di farmaci, abituatevi a pianificare anche i vostri pasti. Un esempio: se siete soliti alzarvi alle 6, fate una colazione della Zona con la soia alle 7; cinque ore dopo è mezzogiorno, ed è giunto il momento di pranzare, con un altro pasto consistente. I più non cenano prima delle 20, cioè oltre sei-sette ore dopo il pranzo, per cui diventa necessario consumare uno spuntino nel tardo pomeriggio. Dopo aver cenato, fate un ultimo spuntino in tarda serata prima di andare a letto, per dare un'ultima regolata agli ormoni. Questo accorgimento vi aiuterà a mantenere costanti i livelli dell'insulina e dello zucchero nel sangue fino alla mattina successiva. Abbiamo così completato la descrizione di una tipica giornata nella Zona con la soia (*Tabella 2.1*).

Integratori della Zona con la soia

Con la dieta della Zona mangerete dosi abbondanti di frutta e verdura, cioè di alimenti ricchi di vitamine e mine-

Pasto	Scadenza	Orario approssimativo
Colazione	Entro 1 ora dal risveglio	7
Pranzo	Entro 5 ore dalla colazione	12
Spuntino pomeridiano	Entro 5 ore dal pranzo	17
Cena	Entro 2-3 ore dallo spuntino pomeridiano	20
Spuntino serale	Prima di coricarsi	23

Tabella 2.1 - Programmazione dei pasti della Zona.

Quante proteine vi occorrono?

È una domanda da un milione di dollari, visto che le proteine sono la base della vita. Muscoli, sistema immunitario ed enzimi (le fabbriche molecolari che consentono il funzionamento del vostro corpo) sono composti di proteine. Poiché utilizzate continuamente quelle già presenti nel vostro corpo, dovete introdurne dosi adeguate per non far mancare al vostro organismo un nutriente così cruciale. Se non ne mangiate abbastanza, potete involontariamente provocare il blocco di tutte le funzioni del corpo che dipendono dalle proteine. In questo caso, perderete massa muscolare, abbasserete la resistenza del corpo alle malattie e, soprattutto, accorcerete la durata della vostra vita.

Benché le proteine siano una classe di sostanze di importanza vitale, non dovreste mai mangiarne *più* di quanto richiesto dal vostro corpo. D'altra parte, mangiandone *meno* del necessario cadreste in una condizione di denutrizione proteica. Ma quante ne dovete mangiare giornalmente? Fino a poco tempo fa, gli esperti della nutrizione pensavano che se ne dovesse mangiare il meno possibile, vale a dire non più di quelle strettamente necessarie a evitare uno stato di evidente carenza proteica.

Alcune recenti ricerche, però, mettono in dubbio l'opinione tradizionalmente prevalente in campo nutrizionale. Uno studio della Harvard Medical School ha mostrato che le donne che consumano più proteine sono meno soggette a sviluppare cardiopatie (la più diffusa causa di morte tra le donne). Lo stesso, probabilmente, vale anche per gli uomini. Un secondo studio, sempre condotto su soggetti di sesso femminile, ha trovato che più proteine vengono consumate, più si rarefanno i casi di fratture dell'anca. Altre ricerche ancora indicano che l'aumento del consumo di proteine accelera il calo del grasso corporeo in eccesso. Altri ricercatori sono giunti alla conclusione che mangiare più proteine aumenta la probabilità di sopravvivenza delle malate di cancro al seno. Grazie a tutte queste nuove informazioni, è diventato evidente che mangiare più proteine giova alla salute.

➤

Come potete mangiare livelli adeguati di proteine evitando ogni eccesso? Una buona regola pratica è quella che prescrive di non mangiare mai a ogni pasto un volume di proteine magre eccedente la superficie e lo spessore del palmo della vostra mano. Sulla base di questa indicazione, un soggetto medio di sesso femminile necessiterebbe di circa 20 grammi di proteine a pasto, mentre a un soggetto medio di sesso maschile ne verrebbero concessi circa 30 grammi a pasto.

Tre pasti e due spuntini della Zona (questi ultimi contengono circa 7 grammi di proteine ciascuno), forniranno circa 75 grammi di proteine al giorno nel caso della donna media e circa 100 grammi nel caso dell'uomo medio. Queste dosi potranno sembrare elevate, ma sono molto vicine ai livelli proteici consumati oggigiorno dalla maggior parte degli americani (che, però, mangiano molti più glucidi di quanti prescritti dalla Zona). Tenete presente, inoltre, che gli abitanti di Okinawa consumano più di 100 grammi di proteine al giorno, con risultati sicuramente non negativi.

Il fabbisogno proteico, però, non è uguale per tutti. Se siete molto sovrappeso oppure atleti che si allenano intensamente, vi occorreranno più proteine del soggetto medio. Nel Capitolo 5 vi spiegherò come fare a calcolare il vostro esatto fabbisogno proteico. Per la grande maggioranza di voi, tuttavia, i livelli di consumo di proteine appena indicati sono sufficienti a soddisfare le esigenze dell'organismo e a garantire i benefici effetti sulla salute documentati dalle più recenti ricerche cliniche.

rali. Frutta e verdura contengono molti più micronutrienti dei carboidrati complessi, come cereali e amidi. Anzi, pasta, pane e riso sono alquanto scadenti, come fonti di vitamine e minerali: se, secondo questo parametro, stilassimo una classifica, in testa troveremmo la verdura e al secondo posto la frutta, mentre i cereali si piazzerebbero soltanto terzi e, per giunta, nettamente distaccati dai primi due. Nella *Tabella 2.2* vengono posti a confronto i nutrienti presen-

Carboidrati	Quantità	Vitamina A	Vitamina C	Acido folico	Magnesio	Calcio	Fibre
Broccoli	3 tazze	6492	348	234	114	210	13,2
Kiwi	1	133	57	1,0	23	19	2,5
Riso integrale	1/5 di tazza	0	0	1,6	21	0,9	0,7

Tabella 2.2 - Contenuto comparato di vitamine e minerali in vari carboidrati (porzioni contenenti 10 grammi di carboidrati).

ti in alcuni rappresentanti di queste tre categorie alimentari. Dato che con la Zona con la soia coprirete con il cibo gran parte del vostro fabbisogno di vitamine e minerali, non sarà il caso di prendere nessun integratore di questi micronutrienti. (Se proprio volete, potete anche farlo, come forma di assicurazione a basso costo, ma probabilmente non ne avrete veramente bisogno.) Ci sono, invece, due nutrienti di vitale importanza assenti in qualsiasi dieta, compresa quella della Zona: vi invito caldamente a prendere tutti i giorni una dose di un integratore di acidi grassi omega 3 a catena lunga e una di un integratore di vitamina B_{12}, specialmente se siete vegetariani puri.

Acidi grassi omega 3 a catena lunga

A meno che non consumiate ogni giorno due pasti a base di pesce, probabilmente non assumete dosi sufficienti di acidi grassi omega 3 a catena lunga. Queste sostanze svolgono un ruolo critico per mantenere a livelli ottimali il funzionamento del cervello, del sistema cardiovascolare e di quello immunitario.

Vi consiglio di prendere da 5 a 10 grammi al giorno di integratori di olio di pesce in forma liquida o in capsule di gelatina (nei prodotti migliori, circa il 60% dell'olio è veramente costituito da acidi grassi omega 3 a catena lunga).

Uno di questi acidi grassi omega 3 è quello chiamato acido docosaesaenoico (DHA). Il DHA si trova in grandi quantità nel tessuto cerebrale e sembra svolgere un ruolo importante nel funzionamento di questo organo. Molte ricerche hanno confermato che bambini con livelli insufficienti di questo acido grasso forniscono risposte neurologiche non ottimali, in particolare in relazione alle facoltà intellettive. Inoltre, un gran numero di disfunzioni neurologiche, come la depressione, i disordini dell'attenzione e la schizofrenia sono anch'esse associate a una carenza di DHA nella circolazione sanguigna. Una prova più decisiva è stata fornita da alcuni ricercatori con la scoperta che pazienti affetti da depressione bipolare (maniaco-depressiva) spesso rispondono molto bene alla somministrazione di dosi elevate di oli ricchi di DHA.

Potete ottenere quantitativi adeguati di DHA mangiando tutti i giorni almeno una porzione (ma due vanno meglio) di pesce ricco di acidi grassi omega 3. In generale, si tratta di pesci come salmone, tonno e sgombro. Un'altra possibilità è quella di assumere degli integratori alimentari a base di olio di pesce, per assicurarvi di assumerne a sufficienza.*

* Per maggiori indicazioni sugli acidi grassi omega 3, vedi il Capitolo 11 del presente volume e B. Sears, *La Zona Omega 3 Rx*, Sperling & Kupfer, Milano 2003.

Vitamina B_{12}

Se siete vegani o lacto-ovo vegetariani, probabilmente vi conviene integrare la vostra dieta Zona con la soia anche con la vitamina B_{12}. Questa vitamina aiuta a sostenere la produzione di globuli rossi nel midollo osseo e a mantenere normale il funzionamento del sistema nervoso. Essa si trova principalmente nella carne bovina, nel pollame e nella carne di maiale, quantunque sia presente anche nelle uova e nei latticini, ma in misura inferiore. I vegetariani puri sono i soggetti che corrono il rischio maggiore di patire la carenza di vitamina B_{12}, una deficienza che può sfociare in uno stato di debilitazione e scatenare la depressione. La mia raccomandazione: dato che, sfortunatamente, gli integratori di vitamina B_{12} non vengono assorbiti bene dal corpo, ne dovete prendere circa 50 microgrammi al giorno per essere sicuri di assimilare la dose giornaliera raccomandata di 2 microgrammi, corrispondente alla quantità che introdurreste naturalmente mangiando proteine animali.

A questo punto, abbiamo completato, almeno nei suoi tratti fondamentali, la *road map* verso la Zona con la soia. Attenetevi alle regole descritte in questo capitolo e integrate la dieta con gli acidi omega 3 a catena lunga; se siete vegetariani, aggiungete anche un integratore di vitamina B_{12}; se non siete in condizione di mangiare un ampio assortimento di verdure (specialmente di quelle a foglia verde) e di frutta, prendete ogni giorno una capsula multivitaminica con minerali, come forma di assicurazione a basso costo. Tenete presente, tuttavia, che non basta mangiare grandi dosi di vitamine e minerali per rimediare ai guasti ormonali provocati da una dieta basata su un eccessivo consumo di glucidi. Impegnatevi, piuttosto, a preparare e consumare regolarmente pasti della Zona con la soia, senza esagerare con gli integratori.

Ora che conoscete le regole per entrare e rimanere nella Zona, vediamo come potete metterle in pratica. È giunto il momento di apportare qualche ritocco alla vostra cucina. Quando avrete terminato di leggere il prossimo capitolo, essa sarà perfettamente predisposta a rispondere adeguatamente alle prescrizioni della Zona con la soia.

3

Come organizzare la vostra cucina

DICIAMOLO francamente: la maggior parte di noi non è affatto disposta a modificare le proprie abitudini alimentari, a meno che i cambiamenti da introdurre diano pochissimi problemi. Viviamo in un mondo frenetico in cui siamo schiavi delle scadenze e non possiamo permetterci di perdere ore e ore in cucina per preparare a ogni pasto piatti troppo complessi.

Quando ho creato la dieta della Zona con la soia ho tenuto conto di questa esigenza: ero perfettamente conscio che il programma avrebbe dovuto risultare semplicissimo ed estremamente facile da realizzare. Non preoccupatevi se in vita vostra non avete mai cucinato un pasto vegetariano o magari anche un qualsivoglia pasto: nel Capitolo 4 troverete numerose ricette e tutto quanto dovete sapere per preparare pasti della Zona praticamente all'istante. Prima di tutto, però, dovete predisporre adeguatamente la vostra cucina.

Che cosa eliminare

La prima cosa da fare è avere spazio in dispensa eliminando (o sigillando in uno scatolone in cantina) tutti i carboidrati complessi, come pasta, riso e pane, che sono stati finora i pilastri della vostra alimentazione. Non vi sto dicendo che non li mangerete mai più, tant'è vero che potrete farlo ancora, anche se con molta più moderazione. Quello che desidero è che facciate il possibile per astenervi da questi alimenti per alcune settimane, in modo da avere tempo di abituarvi a rimanere nella Zona con la soia. Quando sentirete di esservi familiarizzati con il programma, potrete reintrodurli, anche se soltanto in piccole dosi: vi invito, infatti, a trattarli come accompagnamento, invece che come primi piatti o (anche peggio) come portate principali. Togliendo di torno questi cibi non solo terrete lontane dalla cucina le tentazioni mentre vi state impadronendo dei fondamentali della dieta della Zona, ma farete anche spazio a tutti i nuovi alimenti con cui dovrete rifornire la cucina. La lista dei cibi che dovete bandire (almeno temporaneamente) dalla vostra cucina è la seguente:

- riso bianco e integrale;
- pasta;
- cereali per la prima colazione;
- purè;
- polenta, cuscus, bulghur e altri cereali (a parte orzo e avena);
- pane (compreso quello integrale) e grissini;
- gelati, sorbetti, gelati di tofu e ghiaccioli;
- patatine, popcorn, salatini e cracker;
- torte, caramelle e altri dolci;
- farina bianca e integrale;
- zucchero;

- succhi di frutta (compresi quelli di arancia e mela);
- bibite zuccherate;
- yogurt zuccherato;
- miele.

Cibi da mettere in dispensa

Ora che avete molto più spazio a disposizione, potete apprestarvi a riempire dispensa e frigorifero con i nuovi prodotti che vi aiuteranno a preparare rapidamente e facilmente equilibrati pasti in Zona. Oltre a frutta, verdura, carni bianche e latticini magri, naturalmente dovete prepararvi a utilizzare proteine di soia, carboidrati e grassi, che qui vi descriverò, oltre a indicarvi dove reperirli, come prepararli e dove conservarli.

Proteine di soia

Le proteine sono l'elemento cruciale della dieta della Zona con la soia e almeno metà del vostro fabbisogno proteico giornaliero dovrebbe essere soddisfatto con prodotti derivati dalla soia. A ogni pasto e spuntino dovete assicurarvi un rifornimento adeguato di queste proteine vegetali, specialmente se siete vegetariani puri e rifiutate ogni genere di proteine provenienti da fonti animali. Come ho già detto, le proteine di soia possono offrirvi un grado di controllo dell'insulina persino superiore a quello delle proteine animali. Indipendentemente dalle vostre abitudini alimentari correnti, confido che quando avrete terminato di leggere questo libro avrete già incrementato nettamente il vostro consumo di prodotti contenenti proteine di soia.

Quando scegliete i prodotti di soia, tenete conto che non tutti sono equivalenti in termini di contenuto proteico.

Molti di quelli più tradizionali, come i semi di soia bolliti, il latte di soia e alcune forme di tempeh, oltre alle proteine contengono anche consistenti quantitativi di glucidi. Al pari del latte vaccino e dello yogurt naturale, questi prodotti contengono già di per sé un *corretto* rapporto tra proteine e carboidrati. Pertanto, potete utilizzarli direttamente come spuntini o pasti, ma se aggiungete un po' di frutta o verdura correte il rischio di consumare troppi glucidi e, quindi, di uscire dalla Zona.

Oltre a latte e yogurt possono essere utilizzati come spuntino anche alcuni tipi di «soya drink». In questo caso, tuttavia, fate attenzione alla quantità di acidi grassi polinsaturi, che deve essere più bassa di quella di acidi grassi monoinsaturi.

Sostituti della carne

Le alternative alla carne basate sulla soia contengono proteine di soia o tofu e altri ingredienti aggiunti per conferire ai prodotti l'aspetto e il sapore di vari tipi di carne. Questi prodotti sono venduti come alimenti congelati, inscatolati o essiccati e generalmente possono essere utilizzati con le stesse modalità adottate per gli alimenti che si intendono sostituire. I sostituti della carne disponibili al consumo sono numerosi e il loro valore nutrizionale varia ampiamente. Normalmente contengono meno grassi, ma è bene accertarsene leggendo con attenzione l'etichetta nutrizionale.

Ecco alcuni dei prodotti in commercio:

- *Carne trita di soia.* Considero questo prodotto come il progresso più significativo compiuto nel campo della tecnologia di trasformazione della soia, poiché riproduce perfettamente l'aspetto e il sapore della carne trita animale. Con questo prodotto è possibile imitare in modo soddisfacente molti dei piatti che utilizzano la carne trita tradizionale. È semplicissima da usare perché si può prelevare dal congelatore o dal frigorifero e metterla direttamente in casseruola, senza alcun trattamento intermedio. Generalmente è reperibile nei negozi di alimenti naturali.

- *Hamburger di soia.* Gli hamburger di soia di ultima generazione sono molto saporiti. Io cerco di scegliere quelli con il migliore rapporto proteine/carboidrati (anche se non raggiungono mai il livello delle carni trite di soia) e verifico che siano incartati individualmente, per minimizzare gli eventuali danni determinati dal congelamento. Leggete attentamente le etichette, perché molti hamburger di soia contengono glucidi quasi allo stato puro. Li potete trovare anche nei supermercati più forniti.
- *Salsicce e hot dog di soia.* Le salsicce di soia sono di solito più saporite di altri prodotti di soia. Ultimamente, gli hot dog di soia sono stati molto migliorati ma, francamente, il loro gusto non è ancora all'altezza di quelli di carne animale. Aggiungete un po' di senape per renderli più simili a quelli normali.

Farina di soia

La farina di soia viene preparata macinando i semi di soia tostati fino a ottenere una polvere impalpabile. Se ne trovano in commercio tre tipi: la farina di soia *naturale* o *con grassi* contiene tutti gli oli naturali presenti nei semi di soia, ma l'alto contenuto lipidico può favorire l'irrancidimento precoce del prodotto; quella *sgrassata* viene privata degli oli durante il trattamento ed è, quindi, più stabile durante la conservazione; la farina di soia *lecitinata* viene addizionata di lecitina di soia per renderla più miscelabile.

La farina di soia può essere utilizzata in varie cotture al forno per aumentare il contenuto proteico delle ricette. Dato che, però, non contiene glutine (al contrario della farina di grano) si può usare soltanto in piccola quantità, altrimenti il prodotto non cresce.

Proteine di soia estruse

Le proteine di soia estruse sono preparate a partire dalla farina di soia sgrassata e hanno una struttura rigida e consistente. Per produrle, la farina di soia sgrassata viene bollita ad alta pressione e poi estrusa sotto pressione. Dalla trafila posta all'estremità dell'estrusore si possono ottenere granuli di diverse forme e dimensioni, che vengono poi posti a essiccare per formare il prodotto finale.

Prima di cucinare le proteine di soia estruse, occorre idratarle immergendole in acqua bollente e quindi eliminare l'acqua in eccesso. Le proteine di soia estruse richiedono un tempo di preparazione molto lungo e contengono più carboidrati di altri prodotti a base di soia. Il mio consiglio è di scegliere quelle di più recente commercializzazione, che offrono anche il vantaggio di un sapore più gradevole.

Proteine di soia in polvere

Quelle che consiglio sono note come proteine di soia *isolate*. Sono i prodotti a raffinazione più spinta, e contengono oltre il 90% di proteine. I concentrati di soia, un'altra forma di proteine di soia in polvere, offrono una concentrazione proteica leggermente inferiore (intorno al 70%). Queste polveri possono essere aggiunte praticamente a qualunque alimento per incrementarne il rapporto tra proteine e carboidrati. Un altro punto a loro favore è che sono prodotti molto stabili, per cui non è necessario conservarli in frigorifero.

I lacto-ovo vegetariani e i non vegetariani dispongono di un più vasto assortimento di proteine in polvere. Le più diffuse sono le proteine in polvere deionizzate provenienti dal siero del latte: esse generalmente hanno un sapore migliore rispetto agli equivalenti prodotti di soia. Un buon accorgimento, pertanto, è quello di mescolare i due prodotti fino a ottenere il sapore desiderato, badando a impiegare il massimo possibile di proteine di soia raffinate. Come tutte le proteine di soia in polvere, anche le polveri proteiche isolate provenienti da uova e latte possono essere conservate a temperatura ambiente, con il vantaggio di essere sempre a portata di mano per incrementare il contenuto proteico di qualsiasi pasto. Le proteine EnerZona Whey al 90% sono prive di aromi ed edulcoranti; fra i prodotti Enervit, quelle Big al 90% sono ottenute dal latte per ultrafiltrazione; quelle Gym Line Cross al 90% dal siero di latte per microfiltrazione cross flow. Ci sono, infine, le compresse di albumina.

Soia granulare

La soia granulare viene ottenuta tostando leggermente semi di soia secchi e poi frantumandoli in piccoli pezzi. Può essere utilizzata in sostituzione della farina in alcune ricette o come additivo per salse quando se ne vuole incrementare il contenuto proteico.

Tempeh

Il tempeh è di origine indonesiana, e viene preparato facendo fermentare con un fungo semi di soia privati del baccello e cotti (o una miscela di semi di soia e cereali) fino a formare una tavoletta solida di materiale morbido. Il tempeh, un prodotto più facilmente digeribile di altri alimenti tradizionali a base di soia, può essere marinato e cotto alla griglia e aggiunto a zuppe, pasticci e spezzatini. Dato che il tempeh crudo assorbe molto olio, conviene spennellare leggermente ogni singolo pezzo con poco olio per poi rosolarlo in una padella antiaderente.

Normalmente, il tempeh viene venduto in fette da 250 o 500 grammi confezionate sotto vuoto, refrigerate o congelate. È reperibile nei negozi che vendono prodotti asiatici o naturali. Non preoccupatevi se notate in superficie delle macchie grigie o nerastre: sono soltanto residui del fungo utilizzato e possono essere eliminati prima della cottura.

Il tempeh è disponibile in molte forme, a seconda degli ingredienti aggiunti ai semi di soia. Il tempeh di pura soia ha un sapore più marcato, mentre quelli contenenti anche cereali sono più indicati per preparare piatti delicati o per chi non è abituato al sapore di questo alimento. Non mancate, comunque, di esaminare con cura l'etichetta dei prodotti a base di tempeh, perché quelli a composizione mista contengono più carboidrati e non si prestano a essere utilizzati come fonte ricca di proteine.

Tofu

Il tofu è il re dei prodotti di soia più tradizionali. Grazie all'elevato contenuto proteico e alla estrema versatilità, è il componente ideale per bilanciare i glucidi nei pasti della Zona con la soia. Il tofu, noto anche come cagliata di soia, è un alimento che rassomiglia a un formaggio molle, preparato facendo cagliare a caldo il latte di soia fresco con un coagulante. A seconda della quantità di liquido che viene estratta dalla cagliata, il tofu viene classificato come molle, medio, duro e molto duro. *Più il tofu è duro, più il rapporto proteine/carboidrati è elevato*. Il tofu molle è un prodotto che può essere utilizzato per sostituire la panna acida in molte ricette ma, rispetto al tofu a pasta dura, contiene più carboidrati e meno proteine.

Il tofu fresco naturale di stile cinese è facilmente disponibile in blocchi da mezzo chilo confezionati sotto vuoto in vaschette refrigerate. Il tofu conservato in confezioni sigillate e refrigerate è preferibile ai cubetti immersi in acqua a temperatura ambiente reperibili nei negozi di prodotti alimentari asiatici che restano a contatto con l'aria e con possibili contaminanti e che normalmente non sono preparati a partire da soia biologica.

Quando acquistate il tofu, badate alla data di scadenza. (Se la data di scadenza è antecedente a quella in cui prevedete di cuocerlo, riponete la vaschetta sigillata nel congelatore e seguite le istruzioni che vi fornirò tra poco su come cucinare il tofu congelato.) Una volta aperta la confezione, tenete al fresco gli avanzi immergendoli in acqua in un contenitore ben sigillato, cambiando l'acqua tutti i giorni. Con questo accorgimento, il tofu si conserverà per circa cinque giorni. L'odore del tofu fresco è leggermente dolciastro e ricorda lontanamente quello dei fagioli. Come qualsiasi altro alimento fresco, il tofu può sviluppare batteri e deve essere sempre maneggiato con cura e con le mani pulite. Se avvertite un odore acido o il tofu diventa scuro ai bordi, non esitate a scartarlo.

Il tofu è l'equivalente del pollo nel regno vegetale: ha un gusto delicato e acquisisce facilmente un'ampia varietà di sapori. Per ottimizzarne sapore e consistenza, dovete tenere conto di molti fattori. Prima di tutto, quale tipo bisogna scegliere? Quello fresco a pasta dura o molto dura di stile cinese è il più adatto per fritture, kebab, costolette o altri piatti che richiedono più sapore e maggiore consistenza. Il tofu morbido di stile giapponese è una buona scelta per preparare salse, condimenti, purè vegetali e simili.

Spuntini di soia

- *Barrette dietetiche alla soia.* Esistono in commercio molte barrette che contengono proteine di soia. Se intendete consumarne, consiglio di leggere l'etichetta

Come preparare e conservare il tofu

Asciugatura: prima di usare il tofu dovete sgocciolarlo, togliendolo dall'acqua e mettendolo in un colino.

Pressatura: se utilizzate tofu a pasta dura o molto dura, può essere conveniente pressarlo, per aumentarne ulteriormente la consistenza ed evitare di ritrovarsi con un fritto o uno stufato troppo acquoso. Il tofu pressato, inoltre, diventa più spugnoso e assorbe meglio i sapori. Il modo più semplice per pressarlo è quello di avvolgerlo strettamente in parecchi strati di carta da cucina e poi metterlo direttamente sotto una pesante casseruola, dove bisogna lasciarlo per almeno un quarto d'ora.

Congelamento: in attesa di utilizzarlo, potete conservare il tofu in congelatore nella sua vaschetta sigillata. Non congelate, invece, il tofu morbido, perché potreste danneggiarne la struttura. Per scongelare rapidamente il tofu, fate una decina di buchi nel coperchio della vaschetta, appoggiate il contenitore su un piatto con coperchio e fatelo scongelare in un forno a microonde per 5-7 minuti. In alternativa, potete scongelarlo a temperatura ambiente, ma si impiegano circa tre ore. Sgocciolate il tofu e pressatelo con forza tra due piatti per estrarne tutto il liquido. Il tofu che è stato congelato risulta un po' più scuro di quello fresco, ha una struttura molto consistente e assorbe benissimo i sapori. È un buon sistema per conferire al tofu un gusto del tutto diverso.

con particolare attenzione: verificate sempre il rapporto calorico 40-30-30, che corrisponde al rapporto in peso 9-7-3.

- *Formaggio e yogurt di soia.* Entrambi questi prodotti derivano dal latte di soia. La loro consistenza cremosa li rende adatti a sostituire la panna acida o i formaggi freschi. Si possono trovare in un buon assortimento di gusti nei negozi di alimenti naturali. Tra i prodotti che utilizzano il formaggio di soia come ingrediente ci sono la pizza di soia e i cheeseburger di soia. Quando acquistate gli yogurt di soia, esaminatene con cura l'etichetta, perché molti produttori li addizionano con glucidi, di solito zucchero, per migliorarne il sapore, proprio come si fa con gli yogurt normali.

- *Latte di soia.* Per preparare il latte di soia, i semi di soia tritati vengono sobbolliti in acqua, sgocciolati e infine pressati fino a estrarne un liquido beige ricco di nutrienti. Il latte di soia è venduto in cartoni conservabili a temperatura ambiente finché restano chiusi; assicuratevi, comunque, di utilizzarli entro la data di scadenza indicata sulla confezione. In frigorifero, i cartoni già aperti si conservano integri per alcuni giorni. Quando si acquista il latte di soia, è buona norma porre a confronto le varie marche disponibili in commercio esaminando le etichette nutrizionali: in particolare, fate attenzione alla quota di acidi grassi polinsaturi, che deve essere inferiore a quella degli acidi grassi monoinsaturi.
- *Noci di soia.* Sono l'equivalente di soia delle arachidi e costituiscono, da sole, un ottimo spuntino. Potete trovarle nei negozi di alimenti naturali, oppure prepararvele da voi facendo macerare in acqua i semi di soia per 3 ore. Avvolgeteli, poi, in carta oleata da dolci e metteteli a cuocere in forno caldissimo, rivoltandoli ogni pochi minuti finché non sono ben tostati.
- *Semi di soia verdi bolliti.* Ce ne sono centinaia di varietà, ma le tre principali sono quelli verdi, beige e neri. I semi di soia verdi freschi sono quelli raccolti ancora giovani e dolci e possono essere serviti come spuntino o come piatto principale di verdura. Bolliteli in po-

ca acqua salata per 15-20 minuti e serviteli direttamente dopo averli sgranati. Conservati in frigorifero, sono ottimi anche come spuntini. I semi di soia verdi, freschi o congelati, sono venduti nei negozi di alimenti asiatici e naturali, sgranati o ancora nei loro baccelli. Quelli beige e neri vengono venduti o secchi o cucinati e inscatolati. Sono anche disponibili, in scatola e pronti all'uso, semi di soia biologici di buona qualità.

Condimenti e salse di soia

- *Miso.* Il miso è un condimento saporito e un po' salato che incarna l'essenza stessa della cucina giapponese. È un impasto ben amalgamato di semi di soia cotti, cereali, sale e una coltura di muffe che viene invecchiato in vasche di cedro per un periodo di 1-3 anni. Conservatelo in frigorifero e impiegatelo per insaporire zuppe, salse, condimenti, marinate e pâté. Si può acquistare nei negozi di prodotti asiatici.
- *Natto.* Il natto viene ricavato da semi di soia integrali fermentati e cotti. Dato che il processo di fermentazione scinde le proteine complesse della soia, il natto è più digeribile dei semi di soia integrali da cui deriva. È appiccicoso e viscoso e, come consistenza, rassomiglia a un formaggio. Nei paesi asiatici, il natto viene servito come condimento per il riso, nelle zuppe di miso oppure mescolato con le verdure. Si può trovare nei negozi di alimenti asiatici e naturali.
- *Shoyu.* È la salsa di soia utilizzata in Estremo Oriente. Come il miso, lo shoyu viene preparato lasciando in salamoia per 12-18 mesi una miscela di semi di soia cotti, un cereale e una coltura di un fungo. In Occidente, invece, trovate un prodotto composto di farina di soia sgrassata e farina di grano mescolate con additivi. Aggiungendo caramello per darle colore e un po' di

sciroppo di mais, in pochi giorni si può ottenere una salsa di soia che, però, ha un sapore di gran lunga inferiore allo shoyu.

- *Tamari*. È il liquido raccolto dopo la fermentazione del miso. Può essere utilizzato come una forma di shoyu.

Fibre di soia

Ci sono due tipi principali di fibre di soia: l'okara e la crusca di soia. Questi prodotti sono fonti di fibre alimentari di alta qualità e basso costo, e si trovano facilmente nei negozi di alimenti naturali. L'*okara* è una pasta ricca di fibre ottenuta come sottoprodotto del latte di soia. Contiene meno proteine della soia integrale, ma quelle presenti sono di alta qualità. L'okara ha un sapore che ricorda quello del cocco e può essere cotto al forno o aggiunto come fibra a muesli e dolci. Essendo molto deperibile, va utilizzato entro pochi giorni anche se conservato in frigorifero. La *crusca di soia* viene prodotta con i baccelli (il rivestimento esterno) dei semi di soia, contenenti un materiale fibroso che viene estratto e raffinato per essere impiegato come ingrediente alimentare.

Germogli di soia

I germogli di soia sono un'eccellente fonte alimentare, dato che contengono più proteine e vitamina C degli altri germogli. Si possono far germogliare con i medesimi sistemi utilizzati per altri fagioli e semi e bisogna cuocerli brevemente e a bassa temperatura per evitare di spappolarli. Possono essere utilizzati anche crudi aggiungendoli a insalate o zuppe, oppure a piatti fritti, saltati o al forno.

Yuba

Quando il latte di soia viene riscaldato, in superficie si forma una pellicola, che viene chiamata yuba. La yuba viene seccata fino a formare fogli che, dopo essere stati immersi in acqua, possono venire impiegati per avvolgere alcune verdure. I fogli secchi di yuba (chiamati cagliata secca di soia, fogli di cagliata di soia o pelle di cagliata di soia) sono reperibili nei negozi di alimenti asiatici.

Prodotti EnerZona (40-30-30) a base di soia

Fra i prodotti EnerZona che sono in commercio in Italia e che hanno i corretti rapporti fra carboidrati (40% delle calorie), proteine (30%) e grassi (30%) ce ne sono alcuni le cui proteine sono tutte di soia:

- la barretta al gusto mela verde, non ricoperta di cioccolato, da 1 blocco;
- la barretta al gusto arancia, ricoperta di cioccolato amaro, da 1 blocco;
- la barretta al gusto di frutti rossi, ricoperta di cioccolato al latte, da 2 blocchi;
- i frollini 40-30-30 (4 frollini equivalgono a 1 blocco);
- soya drink 40-30-30.

Fra i prodotti EnerZona, inoltre, ci sono le polveri solubili di proteine di soia al 90%.

Carboidrati

Ora che vi siete fatti una scorta sufficiente di un ampio assortimento di prodotti contenenti proteine di soia, siete pronti a mettere in dispensa i carboidrati (quelli semplici, naturalmente) che vi serviranno per bilanciare i vostri pasti della Zona con la soia. Avendo l'obiettivo di mantenere nella Zona i livelli dell'insulina, dovrete consumare soprattutto verdure, integrandole con un po' di frutta e limitando al massimo amidi e cereali. Tenete conto che persino la scelta della verdura e della frutta va fatta con una certa attenzione: le molecole elementari di carboidrati che derivano, dopo la digestione, da alcuni frutti (come le banane e le angurie) e da alcune verdure (come le carote e le barbabietole) entrano in circolo a grande velocità, provocando un aumento dei livelli d'insulina più rapido di altri. (Si veda l'Appendice A per l'elenco dei frutti e delle verdure da privilegiare nella preparazione dei pasti della Zona con la soia.)

Quando scegliete la frutta e la verdura da consumare, puntate a comporre un'ampia varietà di colori. Come mai? Perché i colori indicano la presenza di certe sostanze fitochimiche e antiossidanti che possono risultare utili, in associazione con la dieta della Zona con la soia, per ridurre il rischio di sviluppare certe malattie, come cardiopatie e cancro. Per la frutta, vi consiglio di preferire mele, albicocche, pere, arance, prugne, kiwi, lamponi, mirtilli, fragole, uva e pompelmi. Tra le verdure, le più consigliabili sono quelle a foglia verde e broccoli, cavolfiori, pomodori, funghi e peperoni.

Per rifornire di frutta e verdura la vostra cucina, avete due possibilità. La prima è recarvi al supermercato due o tre volte alla settimana per acquistare prodotti freschi. Dato che frutta e verdura deperiscono rapidamente, non commettete l'errore di comperarne troppa, per non correre il rischio di ritrovarvi in breve il frigorifero pieno di prodotti inutilizzabili. Per evitare un lungo lavoro di preparazione, prendete in considerazione la possibilità di acquistare confezioni di verdura pronta all'uso due volte alla settimana, oppure di acquistare al banco dell'insalata del supermercato tutti i prodotti già tagliati e sbucciati che rispondono alle vostre esigenze.

La seconda possibilità è fare ricorso ai prodotti congelati. Durano più a lungo, evitano di dover correre conti-

Prodotti biologici

Se temete il pericolo di possibili contaminazioni dei prodotti da parte di pesticidi ed erbicidi (una preoccupazione sicuramente giustificata), acquistate prodotti biologici. Preparatevi, però, a spendere di più e a disporre di una scelta più limitata. Se avete difficoltà a reperire verdure biologiche, eccovi alcune utili indicazioni per minimizzare il rischio di potenziali contaminazioni:

1. Quando è possibile, eliminate la buccia.
2. Nel caso di frutta o verdura non sbucciabile, spazzolate la superficie esterna del prodotto con uno spazzolino e poi lavatelo con acqua fredda.
3. Scartate le foglie esterne di verdure come la lattuga e lavate bene le rimanenti.
4. Frutti di bosco o altri prodotti che non possono essere sbucciati vanno lavati ripetutamente con acqua fredda.

nuamente al supermercato, costano meno e si preparano rapidamente. Fortunatamente, grazie ai progressi tecnologici compiuti in campo alimentare, anche il loro sapore è oggi molto migliore che in passato. Forse vi stupirete ad apprendere che i prodotti congelati sono *più* nutrienti di molti di quelli freschi, perché vengono trattati praticamente appena raccolti, preservandone così gran parte dei nutrienti presenti. Nel caso dei prodotti freschi, invece, dal momento della raccolta a quello in cui li riponete in frigorifero può trascorrere anche qualche settimana e può succedere che durante il lungo viaggio che dal frutteto e dall'orto li ha portati a raggiungere la vostra tavola abbiano perso gran parte del loro contenuto vitaminico.

Grassi

Nella dieta della Zona con la soia, dovete impegnarvi a mangiare soprattutto acidi monoinsaturi, limitando al massimo il consumo dei lipidi dannosi per la salute, tra cui, in particolare, i grassi saturi (che si trovano nel burro, nel latte intero, nei latticini grassi e nelle carni rosse) e gli acidi grassi trans (presenti soprattutto nella margarina e negli oli parzialmente idrogenati). Come è noto, entrambe queste famiglie di sostanze fanno aumentare il tasso di colesterolo, aggravando così il rischio di incorrere in problemi cardiaci. Un'altra categoria di lipidi da evitare è quella degli oli contenenti alte concentrazioni di acidi grassi omega 6 (oli di soia, cartamo, girasole e mais). Se i livelli degli acidi grassi omega 6 salgono troppo, infatti, possono svanire molti dei benefici della Zona, perché queste sostanze stimolano la produzione di un gruppo di ormoni chiamati eicosanoidi che possono danneggiare seriamente l'organismo. (Ho descritto dettagliatamente questi ormoni e i loro effetti in *Come raggiungere la Zona* e *La Zona anti-età*.)

Per cuocere in padella e in forno dovete privilegiare l'uso dell'olio d'oliva, meno costoso e più resistente all'ossidazione ad alta temperatura (la cottura favorisce la produzione di radicali liberi) rispetto all'olio extravergine d'oliva. Per la cottura, l'olio di sesamo è una buona alternativa a quello d'oliva, essendo anch'esso assai resistente all'ossidazione. Per condire le insalate, potete usare l'olio extravergine d'oliva, dal momento che quando non viene riscaldato non è soggetto a ossidazione. Altri oli ricchi di grassi monoinsaturi sono quelli di canola, di macadamia, di mandorle e di anacardi.

Conservate le confezioni già aperte in un locale buio, perché l'esposizione alla luce ne può ridurre la durata. In gene-

Gli oli da scegliere per la Zona con la soia

I migliori per cuocere
Olio d'oliva raffinato
Olio di sesamo

Il migliore a crudo
Olio extravergine d'oliva

Da evitare (ricchi di acidi grassi omega 6)
Olio di soia
Olio di girasole
Olio di cartamo
Olio di mais

rale, gli oli d'oliva conservano le loro caratteristiche soltanto per circa quattro mesi, per cui è bene acquistarne piccole quantità alla volta. Nel riquadro seguente trovate la lista degli oli consigliati per la cucina della Zona con la soia.

Lecitina di soia

È la frazione fosfolipidica estratta dall'olio di soia. La lecitina viene impiegata dall'industria alimentare come agente emulsionante per prodotti con elevato contenuto lipidico e oli e può sostituire il tuorlo d'uovo (anch'esso ricco di lecitina).

La lecitina per uso alimentare si presenta generalmente sotto forma di granuli.

Olio di soia

È l'unico prodotto di soia che non incontra il mio favore. Venduto nei negozi sotto il nome generico di olio vegetale, evitatene l'utilizzo, perché contiene molti acidi grassi omega 6, dannosi per la salute.

Altri ingredienti importanti

Carboidrati

Come abbiamo visto, nella dieta della Zona con la soia frutta e verdura sono la fonte principale di carboidrati, ma non è detto che debbano necessariamente rimanere anche l'*unica* fonte. Vi è permesso, al contrario, includerne anche altre, con la sola avvertenza di limitarne il consumo, perché contengono carboidrati a densità più elevata. Eccone alcuni esempi.

Legumi

I legumi risultano uno dei cibi preferiti nella Zona con la soia, perché contengono molte fibre solubili che contribuiscono a rallentare la velocità di ingresso dei glucidi nella circolazione sanguigna, moderando così la secrezione d'insulina. Inoltre, contengono più proteine di altri prodotti di origine vegetale. Sfortunatamente, il nostro corpo è in grado di assorbire soltanto il 70% circa del contenuto proteico indicato in etichetta, perché una parte delle proteine legata alle fibre non digeribili presenti nei legumi transita nell'apparato digerente.

In più, dato chc i legumi (salvo i semi di soia) contengono più carboidrati che proteine, non possono essere consumati liberamente se l'obiettivo è tenere sotto controllo i livelli d'insulina. La *Tabella 3.1* mette a confronto il contenuto dei carboidrati e delle proteine metabolizzabili di vari legumi.

Come si vede, soltanto i semi di soia contengono più proteine che carboidrati, mentre la maggior parte dei legumi (meno le lenticchie) è *molto* più ricca di carboidrati che di proteine. Ecco perché dovete considerare la maggior parte dei legumi (con l'eccezione dei semi di soia) soprattutto come fonte di carboidrati, e non di proteine. Se desiderate mangiare legumi, riempite un terzo del piatto con proteine di soia ad alto contenuto proteico e un altro terzo con i vostri legumi preferiti. Il restante terzo, però, dovrete lasciarlo vuoto, oppure riempirlo con verdure a foglia verde (che contengono minime quantità di glucidi).

Orzo e avena

A causa dei loro carboidrati complessi, nella dieta della Zona con la soia vi consiglio di impiegare in minima quantità la maggior parte dei cereali. I due cereali che prediligo

	Grammi di proteine	Grammi di carboidrati
Ceci (2/3 di tazza)	7	27
Fagioli (2/3 di tazza)	7	18
Lenticchie (1/2 tazza)	7	13
Fagioli bianchi (2/3 di tazza)	7	27
Fagioli borlotti (2/3 di tazza)	7	18
Fagioli rossi (2/3 di tazza)	7	18
Semi di soia (1/3 di tazza)	7	6

Tabella 3.1 - Carboidrati e proteine presenti nei legumi bolliti.

sono l'avena decorticata (i tipi a cottura lenta) e l'orzo, entrambi ricchi di fibre solubili che ne rallentano l'ingresso in circolo, limitando l'aumento dell'insulina. Entrambi durano a lungo se conservati in contenitori ben sigillati e al buio. Ciò nonostante, sono pur sempre carboidrati molto densi, per cui dovete badare a non consumarne troppi.

Frutta secca e burro di semi

Benché contengano qualche proteina, questi prodotti sono essenzialmente fonti di grassi. Tra la frutta secca, cercate di scegliere quella più ricca di grassi monoinsaturi, come le noci di macadamia; altre fonti consigliabili sono mandorle, pistacchi, nocciole e anacardi. Come prevedibile, la frutta secca più costosa è anche quella che contiene più grassi monoinsaturi. Il miglior burro di semi è quello di mandorle, che contiene una quota elevata di grasso monoinsaturo.

Anche il burro di arachidi naturale ne contiene parecchio, benché non tanto quanto quello di mandorle. Il burro di semi di soia è prodotto dai semi integrali di soia tostati e poi sminuzzati e miscelati con olio di soia e altri ingredienti. Il burro di semi di soia ha un sapore lontanamente somigliante a quello delle noci e contiene molto meno grassi del burro di arachide. Ciò nonostante non mi sento di consigliarlo, in quanto è ricco di acidi grassi omega 6.

Spezie ed erbe aromatiche

La chiave della cucina della Zona con la soia (come, del resto, di ogni altra cucina) è l'uso accorto di spezie ed erbe aromatiche. Ogni cucina regionale ha sviluppato una sua particolare miscela di aromi che conferisce a tutti i suoi piatti un sapore immediatamente distinguibile. Lo stesso vale per la cucina della Zona. Usando la giusta combinazione di aromi potete riprodurre all'istante le varie cucine nazionali.

Ecco alcune delle sostanze aromatiche impiegate nelle diverse tradizioni. Ne ritroverete alcune tra gli ingredienti impiegati nelle ricette della Zona con la soia.

- Cucina cinese: anice, aglio e zenzero.
- Cucina francese: foglie di alloro, aglio, rosmarino, dragoncello e timo.
- Cucina greca: cannella, aglio, menta e origano.
- Cucina indiana: cardamomo, semi di coriandolo, cumino, curry, trigonella, zenzero, semi di senape e curcuma.
- Cucina italiana: basilico, alloro, semi di finocchio, aglio, maggiorana, origano, peperoncino, rosmarino e salvia.
- Cucina messicana: peperoncino, coriandolo, cannella, cumino e origano.
- Cucina mediorientale: cannella, cumino, aglio, menta, prezzemolo e origano.

Congratulazioni! Ora disponete di una dispensa ben rifornita.

4

La Zona con la soia a tavola

a cura di Salvatore Garofalo*

Consigli pratici

QUI di seguito troverete alcuni suggerimenti che faciliteranno la corretta esecuzione delle ricette. Nel Capitolo 5, invece, leggerete una dettagliata spiegazione del metodo dei blocchi.

La Zona vuole cotture che richiedano pochi grassi. L'uso del forno e, di conseguenza, delle teglie foderate con carta da forno, serve a permettere l'esecuzione di ricette gustose nonostante i pochi condimenti a disposizione. Sempre per lo stesso motivo è opportuno utilizzare padelle e pentole antiaderenti.

In generale 1 blocchetto o miniblocco di grassi equivale a 1,5 g di olio extravergine d'oliva. Poiché risulta davvero difficile pesare una quantità così piccola ricordate che corrisponde a 1/3 di cucchiaino da tè.

* Salvatore Garofalo, diplomato all'Istituto alberghiero Artusi di Casale Monferrato, ha lavorato, tra gli altri, per Gualtiero Marchesi, Ezio Santin e nel ristorante di alta cucina naturale *Joia* di Pietro Leeman a Milano. Attento all'uso delle materie prime, è particolarmente interessato alla realizzazione di piatti vegetariani che comprendono l'utilizzo della soia.

È bene tenere presente che alcuni elementi usati in piccole dosi (come il vino, che serve a insaporire ma evapora, o il limone, o minime quantità di verdure) non vengono conteggiati nel calcolo dei blocchetti di carboidrati.

Spesso viene richiesto l'uso del *brodo vegetale*. Va detto che, come per ogni altro tipo di brodo, è essenziale partire dall'acqua fredda; questo perché le verdure abbiano il tempo di rilasciare tutte le loro proprietà nutritive e gustative nel brodo. Per 1 litro di brodo occorrono:

- 1 cipolla (magari tostata, cioè tagliata a metà e lasciata ad arrostire in una padella di ferro o antiaderente. Questo conferirà al brodo un colore ambrato e un sapore leggermente più intenso)
- 1 gambo di sedano e qualche foglia (senza eccedere, perché le foglie di sedano possono rendere amaro il brodo)
- 1 carota pelata
- 2-3 gambi di prezzemolo
- 1 foglia d'alloro
- 3-4 grani di pepe.

Versare un litro d'acqua fredda in una pentola, unire le verdure sopra elencate, portare sul fuoco e lasciar raggiungere l'ebollizione, ma a fiamma moderata. Anche il bollore del brodo dovrà essere molto contenuto. Di tanto in tanto poi, con un mestolino, liberare il brodo dalle impurità che affiorano in superficie (cioè schiumarlo). Lasciarlo così a fuoco basso per almeno 90 minuti, quindi spegnere e filtrarlo passandolo a un colino fine.

Alcuni termini usuali per chi lavora nei ristoranti lo sono molto meno per chi non cucina di professione. Qui di seguito ne sono riportati alcuni che troverete frequentemente nelle ricette del libro.

- *Arrostire*: cuocere a fuoco vivace e con pochi grassi un alimento che andrà a colorarsi, prendendo il cosiddetto aspetto arrostito. Si pensi al tofu, che arrostito dà il meglio di sé.
- *Bagnomaria*. Questo metodo di cottura (utilizzato frequentemente in pasticceria) o di semplice riscaldamento di vivande, altro non è che l'immersione, in un contenitore d'acqua calda o in ebollizione, di un altro contenitore contenente il cibo da riscaldare o la preparazione che si intende fare.
- *Julienne*: tagliare a julienne un alimento (anche in questo caso, quasi sempre un vegetale) significa tagliarlo a coltello molto finemente.
- *Sbianchire*: immergere un alimento (spesso un vegetale) in acqua bollente per pochissimo tempo (che varia a seconda dell'alimento, ma in genere si va da un minimo di 30 secondi a un massimo di 2-3 minuti).
- *Sbollentare*: è un sinonimo di sbianchire, lo si usa quasi sempre con le verdure, ma anche per alcune preparazioni a base di carne (sbollentare la trippa, per esempio).
- *Spadellare*: cuocere velocemente in padella un alimento.
- *Tagliare a coltello*: in cucina sono molti i modi in cui si può tagliare un alimento. Preparare un ragù di carne tagliando la carne a coltello, usando la mezzaluna o passandola nel tritacarne, presenta delle notevoli differenze.
- *Zeste di agrumi*. È la buccia degli agrumi pelata, privata della pellicina bianca interna (che rilascerebbe l'amaro) e tagliata a julienne. Le zeste di agrumi vanno sempre sbianchite in acqua prima di essere utilizzate.

E, per finire, qualche consiglio sui prodotti di soia presenti nelle ricette.

I prodotti di soia si trovano normalmente nei negozi di cibi biologici e naturali, ma anche, ormai, nei supermercati più forniti:

- la *salsa di soia*, qui usata naturalmente in moltissime ricette, ha, nella cottura del tofu, la capacità di renderlo più digeribile, oltre a conferirgli un sapore più marcato e deciso, quindi più appetibile;
- il *seitan* migliore è quello nei vasi di vetro, in soluzione di acqua e soia. Si presta alle più svariate preparazioni e ha un gusto decisamente migliore di quello sottovuoto;
- il *tempeh*, tra gli alimenti utilizzati nelle ricette è il meno facile da reperire, almeno nella grande distribuzione. Ma è normale trovarlo nei negozi di alimenti naturali;
- il *tofu* migliore è quello fresco, e lo si trova nei negozi specializzati in alimenti asiatici. La grande distribuzione presenta però delle buone alternative.

Spuntini dolci da 1 blocco*

85 g di tofu
1 kiwi

☆

200 g di yogurt di soia
170 g di fragole
8 pinoli

☆

* Ricordiamo che ogni blocco è composto da 1 blocchetto (o miniblocco) di carboidrati, 1 di proteine e 1 di grassi.

1 caffè d'orzo
1 misurino di proteine EnerZona Soia 90%
1 mandarancio
3 nocciole

✯

145 g di spremuta di pompelmo (pari a 1/2 pompelmo) con 1 misurino di proteine EnerZona Soia 90%
3 mandorle

✯

1 EnerZona snack arancia ricoperto cioccolato fondente

✯

200 g di yogurt di soia, 3 mandorle sminuzzate, 85 g di fragole tagliate a cubetti, 2 foglie di menta tagliate a julienne, scorzetta di 1/2 limone grattugiata

✯

Frullato di latte di soia: 240 g di latte di soia, 70 g di lamponi, 1/2 cucchiaio di fruttosio, 2 grani di pepe di Sechuan, 3 mandorle

✯

Sandwich dolce di tofu e mirtilli: 85 g di tofu, 80 g di mirtilli, 1/2 cucchiaio di fruttosio, 1 cucchiaio di lecitina di soia, 1/2 cucchiaio di salsa di soia, 2 fogli di colla di pesce.
Tagliare il tofu in due fette a mo' di pane da sandwich, metterlo in un piatto e condirlo con la salsa di soia. A parte, in un pentolino, cuocere i mirtilli, aggiungere il fruttosio e far disfare bene la frutta. In un altro pentolino, in 1 dl d'acqua, far sciogliere bene la colla di pesce precedentemente messa a mollo e strizzata; unire

quindi la colla di pesce – compresa l'acqua in cui l'abbiamo fatta sciogliere – ai lamponi, mescolare bene con una frusta e riporre in un recipiente in frigorifero perché raffreddi il tutto. Una volta notato che la colla di pesce comincia a tirare, sistemare con un cucchiaio la composta di mirtilli tra le due fette di tofu e richiudere.

Distribuire la lecitina in un piatto, passarvi il sandwich di tofu come se volessimo impanarlo e lasciar riposare in frigorifero almeno un paio d'ore prima di consumarlo.

✯

Mousse di tofu: 45 g di tofu fresco, 40 g di ricotta di latte vaccino, una grattata di noce moscata, un pizzico di cannella in polvere, 90 g di pere tagliate a cubetti e condite con il succo di mezzo limone.

✯

Pesche ripiene di tofu: 150 g di pesche, 85 g di tofu fresco, 3 mandorle, 4 bacche di cardamomo, 1 cucchiaio di lecitina di soia, 1/2 stecca di cannella, 1/2 scorzetta d'arancia, 3 foglie di menta.

Lavare le pesche, pelarle e mettere la buccia in un pentolino con 5 dl d'acqua. Aggiungere nel pentolino il cardamomo, la cannella e la scorzetta d'arancia. Portare a ebollizione e lasciar ridurre della metà il liquido. Tagliare le pesche a metà e privarle del nocciolo, quindi metterle in una pirofila da forno versandovi l'acqua aromatizzata. Infornare a 140 °C per 30 minuti. A parte, in una bacinella, lavorare con un cucchiaio di legno il tofu, le mandorle tritate, la menta tagliata a julienne e la lecitina di soia. Estrarre quindi le pesche dal forno e farcirle, nel buco lasciato togliendo il noc-

ciolo, con il tofu così lavorato. Riportare in forno la pirofila e lasciar cuocere per altri 30 minuti. Il tempo di cottura, va detto, può variare in base al grado di maturazione delle pesche. Poiché questa preparazione necessita del forno, sarebbe meglio effettuarla moltiplicando i numeri di blocchi e conservando poi le pesche ripiene in frigorifero, così da consumarle in più spuntini.

✯

250 ml di latte di soya drink Enervit Protein

✯

4 frollini alla soia Enervit Protein

✯

EnerZona Snack mela verde

Spuntini salati da 1 blocco

45 g di pâté di tofu alle erbe
1 galletta di segale integrale

✯

1/2 fetta di pane alla soia
85 g di tofu
3 olive

✯

40 g di tempeh
1 galletta di segale integrale

✯

20 g di bresaola
1 noce
1/2 fetta di pane integrale

☆

Spuma di ricotta al curry: 80 g di ricotta di latte vaccino, 1 cucchiaino di lecitina di soia, 10 g di fiocchi d'avena, 1 cucchiaino di curry, qualche foglia di dragoncello, sale e pepe.
Lavorare energicamente con una frusta in una bacinella la ricotta unita a tutti gli altri ingredienti.

☆

Piccoli canapè al formaggio: 20 g di pan carré integrale, 25 g di formaggi light, 40 g di tofu fresco, 1 noce, 1 cucchiaino di curcuma, 1/2 cucchiaino di cumino.
Tostare il pane in un tostapane o in padella. Amalgamare in una bacinella il formaggio light e tutti gli altri ingredienti. Spalmarli sul pane tostato.

☆

Uova ripiene ai pistacchi: 1 uovo sodo, 12 g di fiocchi d'avena, 6 pistacchi, una grattata di noce moscata, un cucchiaino di salsa di soia, sale, pepe.
Tagliare a metà l'uovo sodo e freddo. Mettere il tuorlo in una bacinella, unire i pistacchi sminuzzati, la salsa di soia, il sale e il pepe e la noce moscata. Amalgamare bene gli ingredienti fino a ottenere la farcia con cui riempire le due metà dell'uovo. Completare con i fiocchi d'avena sistemati sulla farcia. Sarebbe opportuno moltiplicare il numero di blocchi per questa preparazione e, conservando le uova in frigorifero, consumarne uno alla volta.

★

Spiedini di tofu e melone: 85 g di tofu, 120 g di melone, 1 cucchiaino di lecitina di soia, 1 cucchiaio di salsa di soia, 3 foglie di menta, 1/2 limone spremuto, scorzetta di 1/2 limone.
Tagliare a cubi il tofu e il melone. Metterli in un piatto, condirli con la salsa di soia, la scorzetta di limone grattugiata e il succo di limone. Procurarsi degli stuzzicadenti per spiedini. Infilzare nello stuzzicadenti, alternandoli, i cubi di melone e tofu. Mettere in un piatto la lecitina di soia, farvi rotolare gli spiedini che raccoglieranno così la lecitina di soia. Completare infilzando sulla punta degli spiedini la menta.

Spuntini dolci da 2 blocchi

200 g di yogurt di soia, 50 g di kiwi, 85 g di fragole, 1/2 cucchiaio di fruttosio, 6 mandorle, 2 foglie di menta tagliate a julienne, 1 misurino di EnerZona Proteine alla soia.
Tagliare a pezzetti la frutta e unirla con il resto degli ingredienti allo yogurt.

★

240 g di latte di soia, 1 misurino di proteine in polvere, 20 g di orzo solubile, 2 cucchiaini di lecitina di soia, 1 cucchiaio di fruttosio

★

Spuma di tofu e ricotta con melagrana: 85 g di tofu, 75 g di ricotta di pecora, 55 g di melagrana, 1 cucchiaio di fruttosio, 2 foglioline di menta tagliate a julienne.
Mescolare bene il tofu e la ricotta, incorporare la melagrana sgranata, la menta e il fruttosio.

✯

Frullato di fragole e lamponi: 85 g di fragole, 70 g di lamponi, 1 cucchiaio di fruttosio, 1/2 limone spremuto, 6 mandorle, 2 misurini di EnerZona Proteine alla soia.

✯

Bavarese di pesche: 240 g di latte di soia, 200 g di yogurt di soia, 1/2 cucchiaio di fruttosio, 150 g di pesche, 1/2 stecca di cannella, 1/2 baccello di vaniglia, scorzetta grattugiata di 1/2 limone, 6 g di colla di pesce.
Lavare le pesche, pelarle e mettere la buccia in un pentolino. Versare nello stesso pentolino il latte di soia, aggiungere il fruttosio, la cannella e la vaniglia. Portare a ebollizione e filtrare. Tenere da parte 1 dl di latte caldo filtrato e usarlo per sciogliere la colla di pesce precedentemente ammollata e strizzata. Tagliare le pesche a pezzetti e frullarle insieme al latte, alla scorzetta di limone e alle mandorle. Unire la colla di pesce e lasciar raffreddare. A preparazione fredda, incorporare lo yogurt di soia, versare negli stampi da bavarese e riporre in frigo per almeno un paio d'ore prima di consumare.

✯

250 ml di Protein Latte di soia
4 frollini all'avena EnerZona

✯

200 g di yogurt di soia
1 misurino di proteine EnerZona Soia 90%
170 g di fragole
145 di lamponi
16 pinoli

☆

145 g di spremuta di pompelmo (pari a 1 pompelmo)
2 misurini di proteine EnerZona Soia 90%
6 mandorle

☆

1 caffè d'orzo
1 cucchiaio di fruttosio
2 misurini di proteine EnerZona Soia 90%
1 mandarancio
6 nocciole

☆

1 Nutrition Bar Frutti Rossi

☆

1 misurino di proteine EnerZona Soia
1 cucchiaio di fruttosio
3 mandorle
4 frollini EnerZona

Spuntini salati da 2 blocchi

80 g di tempeh
2 gallette di segale integrale

☆

90 g di pâté di tofu alle erbe
2 gallette di segale integrale

☆

120 g di soy burger
2 gallette di segale integrale
130 g di pomodoro

✯

80 di tempeh
1 fetta di pane di soia
1 cucchiaino di maionese light

✯

Omelette bianca alle erbe: 2 albumi, 30 g di seitan, 2/3 di cucchiaino di olio extravergine d'oliva, scorzetta grattugiata di 1/2 limone, qualche foglia di timo, di maggiorana, di dragoncello, di aneto e 2 fili di erba cipollina, sale e pepe.

Battere bene gli albumi e l'uovo, tritare finemente le erbe, unirle agli albumi. Unire anche il seitan tagliato a dadini, la scorzetta grattugiata di limone, il sale e il pepe. Scaldare bene un padellino antiaderente, ungerlo con l'olio, versarvi le uova e formare un'omelette aiutandosi con un cucchiaio di legno. Accompagnare con 1 mela.

✯

Uova strapazzate con tempeh: 1 uovo, 35 g di tempeh, 2/3 di cucchiaino di olio extravergine d'oliva, 1 foglia di menta, 1/2 cucchiaino di 5 spezie, sale e pepe.

Battere l'uovo, mescolarlo bene al tempeh e aromatizzarlo con la menta tagliata a julienne e le 5 spezie, che, se non dovessero essere a disposizione, potrebbero essere sostituite con un'altra miscela di spezie a proprio piacimento. Scaldare bene una padella antiaderente, ungerla con l'olio e versarvi l'uovo battuto e il tempeh. Strapazzare aiutandosi con un cucchiaio di legno.

☆

Composta di mele speziate e tofu: 90 g di mele, 1/2 cucchiaio di fruttosio, 170 g di tofu fresco, 2 cucchiai di lecitina di soia, 3 grani di pepe di Sechuan, 3 bacche di cardamomo, una spolverata di cannella in polvere, 1/2 limone spremuto, 1/2 cucchiaio di salsa di soia, sale, olio.

In una pentola versare un bicchiere d'acqua, il pepe di Sechuan, il cardamomo, la cannella e infine le mele tagliate a fettine sottili. Portare sul fuoco, aggiungere il succo di limone, il fruttosio e la lecitina di soia. Rimestare fino a quando le mele non cominceranno a essere cotte. In circa 5 minuti dovremmo avere la composta pronta. Lasciarla raffreddare. Scaldare una padella antiaderente, ungerla con l'olio e arrostirvi il tofu. Insaporirlo con la salsa di soia e servire accompagnato alla composta di mele.

☆

Insalata di finocchi, arance, tofu e avocado: 900 g di finocchi, 115 g di arance, 85 g di tofu, un misurino di proteine di soia, 12 g di avocado, scorzetta grattugiata di 1/2 limone, un ciuffo di aneto, sale e pepe.

Lavare i finocchi e tagliarli a julienne. Metterli in un una bacinella. Pelare a vivo l'arancia facendo cadere il succo sui finocchi. Una volta ottenuti gli spicchi pelati a vivo, spremere il succo rimasto e versarlo sempre sui finocchi. Tagliare a cubetti il tofu. Unire ai finocchi il tofu, gli spicchi d'arancia pelati a vivo, la scorzetta di limone, le proteine di soia, l'avocado tagliato a cubettini, l'aneto, il sale e il pepe.

☆

Seitan alla piastra con insalata di carciofi: 60 g di seitan, 360 g di carciofi, 1/2 limone spremuto, 12 g di fiocchi d'avena, 6 nocciole tritate, 1 cucchiaio di salsa di soia, un rametto di santoreggia o timo limone, sale, pepe.
Tagliare il seitan a fettine e cuocerlo su una piastra ben calda o una padella di ferro. Pulire e privare della barba i carciofi, tagliarli a julienne e metterli in una bacinella. Condirli con sale e pepe, il succo di limone, le nocciole tritate e la santoreggia o il timo limone. Accompagnarli al seitan e completare con i fiocchi d'avena.

RICETTE

BACCALÀ SFOGLIATO CON PUREA DI RAPE E SALSA DI POMODORO ACIDULATO

3 blocchi

90 g di baccalà ammollato
240 g di rape
130 g di pomodori maturi
1/2 cucchiaio di fruttosio purissimo
1 limone spremuto
1 cucchiaino di Worcester sauce
1 tazzina di vino bianco
1 cucchiaino di aceto di mele
1 cucchiaino di olio extravergine d'oliva
1 cucchiaino di salsa di soia
erba cipollina
sale e pepe

Tagliare il baccalà seguendo la nervatura, in modo da ottenere delle fettine più tenere; con l'aiuto di un batticarne appiattire le fettine ponendole fra due fogli di pellicola e sistemarle in una pirofila.
Tagliare finemente qualche filo d'erba cipollina.

Unire al succo di mezzo limone la salsa di soia. Condire il baccalà con il succo di limone e la salsa di soia, l'olio, il pepe e l'erba cipollina tagliata; lasciarlo in questa marinatura per almeno mezz'ora. Pelare le rape e tagliarle a cubetti.

In una casseruola versare le rape così tagliate, unire il vino bianco, il succo di mezzo limone, il fruttosio, sale e pepe e un bicchiere d'acqua; far cuocere a fuoco dolce, rimestando spesso e coprendo con un coperchio. Occorreranno 20 minuti perché le rape siano ben cotte. Se durante la cottura dovessero asciugarsi molto, aggiungere tranquillamente acqua. A cottura ultimata le rape dovranno essere quasi asciutte. Frullare le rape così cotte con un frullatore e lasciar raffreddare. Sbollentare i pomodori, frullarli, aggiungere l'aceto, la Worcester sauce, sale e pepe.

Presentare il piatto disponendovi al centro un cucchiaio di purea di rape, quindi disporre le fettine di baccalà marinato e completare con un giro di salsa di pomodoro acidulato.

CANNELLONI DI MELANZANE

6 blocchi

1,4 kg di melanzane
520 g di pomodori maturi
2 cucchiaini di olio extravergine d'oliva
210 g di mozzarella light
10 fili di erba cipollina
3 spicchi d'aglio
1 cucchiaio di salsa di soia
10 foglie di basilico
cimette di basilico per guarnizione
sale e pepe

Lavare le melanzane. Privarne una del picciolo e tagliarla a fettine sottilissime per il lungo (per chi l'avesse a disposizione, usare un'affettatrice).

Scaldare bene una padella di ferro o antiaderente e cuocervi le fettine di melanzana avendo cura di non lasciarle seccare troppo. In una padella ben calda, se le fettine saranno state tagliate sottilmente come indicato, occorreranno 30 secondi di cottura per lato.

Poggiare le melanzane direttamente sui fuochi del fornello e farle arrostire bene girandole per dar loro una cottura omogenea. Il tempo di cottura varierà in base alla pezzatura delle melanzane e alla forza della fiamma; consiglio comunque di tenere la fiamma non troppo aperta.

Quando le melanzane potranno essere toccate senza scottarsi, pelarle con cura eliminando ogni residuo di buccia arrostita. Versare la polpa delle melanzane così preparate in una bacinella. Salare e pepare. Condire con un cucchiaino di olio e le foglie di basilico tagliate finemente.

Tagliare a dadini la mozzarella e unirla alle melanzane mischiando bene.

In una pentola, portare a ebollizione dell'acqua, immergervi i pomodori per 30 secondi, scolarli e raffreddarli immergendoli in una bacinella con acqua e ghiaccio oppure lasciandoli sotto l'acqua corrente fredda. Pelarli, tagliarli in quarti e privarli della polpa. Tagliarli quindi a dadini e porli in una bacinella.

Condire i pomodori così tagliati con 3 cucchiaini di olio, la salsa di soia, sale, pepe e l'erba cipollina tagliata finemente; mescolare bene. Aggiungere gli spicchi d'aglio pelati. Lasciare così marinare i pomodori per almeno mezz'ora, quindi togliere l'aglio prima di utilizzare questo intingolo.

Stendere le fettine di melanzane accostandole in modo da formare qualcosa di simile a un foglio di pasta fresca e, con l'aiuto di un *sac à poche* (se a disposizione) o di un cucchiaio, sistemarvi sopra la farcia di melanzane e mozzarella; arrotolare formando i cannelloni, che in questo caso, saranno fatti esclusivamente di melanzane, senza pasta quindi.

Foderare una teglia con della carta da forno e poggiarvi i cannelloni. Infornare a 160 °C per 5 minuti circa.

Stendere l'intingolo di pomodori su piatti piani e sistemarvi sopra 2 o 3 cannelloni per persona. Guarnire il piatto con una cimetta di basilico.

CARPACCIO DI PERE E GRANA ALL'ACETO BALSAMICO E SOIA

2 blocchi

200 g di pere martine
40 g di formaggio grana in scaglie
5-6 fili di erba cipollina
1 cucchiaio di salsa di soia
1 cucchiaino di aceto balsamico
1 cucchiaino da tè scarso di olio extravergine d'oliva
sale e pepe
cerfoglio

Lavare le pere senza pelarle; tagliarle a metà, privarle dei semi e affettarle finemente.

In un ciotolino preparare il condimento unendo l'olio, la salsa di soia, l'aceto balsamico, emulsionare bene e salare leggermente.

Tagliare finemente l'erba cipollina.

In un piatto piano disporre a mo' di carpaccio le pere, condirle con il condimento, aggiungervi le scaglie di grana, l'erba cipollina e guarnire con qualche ciuffo di cerfoglio.

CASSOLETTA DI FUNGHI PORCINI IN FOGLIE DI VITE

3 blocchi

900 g di funghi porcini
160 g di cipollotti
45 g di topinambur
70 g di tempeh
85 g di tofu fresco
1 cucchiaino di olio extravergine d'oliva
1 dozzina di foglie di vite
foglie di prezzemolo
sale e pepe

Lavare (poco!) i funghi porcini, pulirli e tagliarli a pezzettoni; pelare i topinambur, lavarli e tagliarli a pezzettoni come i funghi.

Lavare e pulire i cipollotti, quindi tagliarli a metà per il lungo.

In una pentola, portare a ebollizione dell'acqua salata e sbollentare per un paio di minuti i cipollotti, quindi scolarli con una schiumarola e porli su un piatto a parte. Nella stessa acqua, cuocere i topinambur per 5 minuti, quindi scolarli e unirli ai cipollotti.

Tagliare a pezzettoni il tempeh e il tofu fresco.

Foderare una teglia bassa con un foglio di carta da forno; ungere aiutandosi con un pennello o con le dita le foglie di vite e sistemarle sulla teglia, avendo cura di tenerle separate fra loro.

Sulle singole foglie di vite poggiare i pezzettoni di funghi, tempeh, tofu, topinambur, le foglie di prezzemolo e i cipollotti, cercando di alternare bene fra loro gli ingredienti.

Salare, pepare e porre in forno preriscaldato a 160 °C lasciando cuocere per 25 minuti circa.

La temperatura non elevata del forno permetterà alle foglie di colorare senza bruciare e del loro aroma si arricchiranno soprattutto i funghi porcini e il tofu, essendo elementi «spugnosi». Naturalmente le foglie di vite hanno lo scopo di profumare questa preparazione e non vanno mangiate.

Servire la cassoletta su piatti piani aiutandosi con una spatola.

CREMA DI CAVOLFIORE, CIPOLLE ROSSE DI TROPEA ALL'ARANCIA E ZENZERO, CON TRIGLIE DI SCOGLIO

4 blocchi

660 g di cavolfiore
200 g di latte parzialmente scremato
135 g di filetti di triglia di scoglio
80 g di cipolle rosse di Tropea
60 g di arancia spremuta
5 g di zenzero fresco grattugiato
1 cucchiaino di olio extravergine d'oliva
sale e pepe

Pulire, lavare e tagliare il cavolfiore utilizzando anche parte del gambo.

In una pentola, portare a ebollizione un litro circa d'acqua e 200 g di latte e salare leggermente. Cuocervi il cavolfiore per almeno 20 minuti. Frullare quindi il cavolfiore e aggiungere il liquido di cottura fino a ottenere una crema. Continuare a frullare, aggiungere l'olio e finire di gusto con sale e pepe.

A parte tagliare finemente le cipolle rosse di Tropea, salarle e lasciarle «marinare» per un'ora circa, quindi lavarle bene sotto l'acqua corrente (operazione importante, questa, perché non risultino salate) e strizzarle; condirle con il succo d'arancia e lo zenzero tritato.

Foderare una teglia con della carta da forno, poggiarvi i filetti di triglia dalla parte della pancia lasciando quindi in alto la pelle. Infornare a 200 °C per 5 minuti circa e, se il forno possiede una serpentina per il grill, azionarla per fare in modo che la pelle delle triglie rimanga croccante.

In un piatto fondo versare la crema di cavolfiore, al centro le cipolle di Tropea all'arancia e attorno i filetti di triglia.

CREMA DI CRESCIONE CON GAMBERI CROCCANTI

3 blocchi

450 g di crescione
40 g di scalogno
25 g di patata
100 g di code di gamberi freschi sgusciati
1 foglio di pasta fillo
115 g di germogli di soia
1 cucchiaino di olio extravergine d'oliva
maggiorana
sale e pepe

Pulire il crescione e lavarlo; a parte, in una pentola, portare a ebollizione dell'acqua salata e sbianchire per un minuto il crescione, quindi scolarlo conservando l'acqua di cottura e raffreddarlo in una bacinella con acqua e ghiaccio o sotto l'acqua fredda corrente. Una volta freddo, strizzare il crescione come si usa fare per gli spinaci premendolo fra le mani.

Tritare finemente lo scalogno, farlo rosolare in una casseruola con il cucchiaino di olio e aggiungervi il crescione, l'acqua di cottura di quest'ultimo tenuta da parte e la patata tagliata a cubetti; quindi cuocere fino a quando i cubetti di patata saranno cotti, infine togliere dal fuoco e frullare il tutto. Assaggiare la crema ottenuta regolando opportunamente di sale e pepe e, se troppo «granulosa», passarla a un colino fine. Lasciarla raffreddare.

In una pentola, portare a ebollizione dell'acqua salata e sbianchirvi i germogli di soia per 30 secondi, quindi scolarli.

Contare le code di gambero, pulirle privandole del budellino (operazione semplice, fatta incidendo per il lungo con un coltellino le code di gambero), salarle e peparle.

Per ogni coda, ricavare un quadratino dal foglio di pasta fillo, sistemarvi sopra la coda di gambero, un paio di foglioline di maggiorana e richiudere la pasta fillo intorno al pesce sigillando la pasta semplicemente inumidendo i lembi della stessa con dell'acqua, aiutandosi con un pennello da cucina o con le dita; avremo ottenuto un involtino.

Foderare una teglia con della carta da forno e sistemarvi gli involtini di gamberi preparati come sopra;infornare a 200 °C per circa 5 minuti (il tempo di cottura indicato varia a seconda della pezzatura delle code di gambero. Il risultato ottimale si ottiene sempre, trattando il pesce e i crostacei, con cotture brevi che non asciughino il pesce stesso).

Versare la crema fredda di crescione in un piatto fondo e sistemarvi al centro i germogli di soia con attorno le code di gambero croccanti, guarnendo il piatto con delle foglioline di maggiorana.

FIORDILATTE CON INSALATA DI PUNTARELLE, OLIVE TAGGIASCHE, CAPPERI, ACCIUGHE

2 blocchi

35 g di fiordilatte
25 g di acciughe sott'olio
500 g di puntarelle
3 olive taggiasche
4-5 capperi
1/3 di cucchiaino di olio extravergine d'oliva
sale e pepe

Lavare le puntarelle, asciugarle bene, tagliarle e condirle con sale, pepe, olio, quindi aggiungere le olive e i capperi mescolando bene.

In un piatto disporre le puntarelle così condite con i capperi e le olive e sistemarvi al centro il fiordilatte.

FIORI DI ZUCCA FARCITI CON FAGIOLI DI SOIA AL LIMONE E SALSA DI PORRI ALLO ZAFFERANO

6 blocchi

6-8 fiori di zucca
180 g di fagioli di soia (azuki)
la scorzetta di un limone grattugiata
1/2 cucchiaino di cumino
120 g di ricotta di latte vaccino
1/2 carota
1/2 gambo di sedano
1/2 cipolla bionda
1 foglia d'alloro
sale e pepe

Per la salsa:
283 g di porri

240 g di latte di soia
una punta di cucchiaino di zafferano
24 g di fiocchi d'avena
3 dl di brodo vegetale
2 cucchiaini di olio extravergine d'oliva
sale e pepe

Mettere a bagno per 12 ore i fagioli di soia. Sciacquarli sotto l'acqua fredda corrente e metterli in una pentola. Ricoprire d'acqua, aggiungere la carota, il sedano, la cipolla e l'alloro e lasciar cuocere a fuoco moderato fino a quando i fagioli non cominceranno a disfarsi. Salare solo verso la fine della cottura.

Scolare i fagioli conservando parte dell'acqua di cottura ed eliminando le verdure. Frullarli con un frullatore, passarli al setaccio, salare ancora se necessario, pepare e lasciar raffreddare. Una volta freddo il composto, unire la ricotta, il cumino e la scorzetta di limone grattugiata; amalgamare bene. Riempire con questa farcia un *sac à poche*.

Privare i fiori di zucca del pistillo e del gambo, aprirli senza romperli. Con l'aiuto del *sac à poche*, farcirli con la farcia di azuki.

Foderare una teglia con della carta da forno, poggiarvi i fiori e infornare a 180 °C per 5 minuti circa.

Pulire i porri, privarli delle foglie più esterne, lavarli bene e tagliarli abbastanza finemente. In una casseruola, scaldare l'olio, unire i porri, i fiocchi d'avena e il latte di soia. Rimestare con un cucchiaio di legno, salare e pepare. Bagnare con il brodo vegetale, e lasciar cuocere dolcemente i porri per 20 minuti circa. Aggiungere lo zafferano, lasciar cuocere ancora un paio di minuti e frullare il tutto con un frullatore. Passare a un colino a maglia fine.

Servire i fiori di zucca poggiandoli sulla salsa di porri.

FRITTATINA DI ASPARAGINA E PICCOLA INSALATA DI CIPOLLE ALLA SOIA

3 blocchi

3 uova
500 g di asparagina
160 g di cipolle rosse di Tropea
1 limone spremuto
2 foglie di mentuccia
1 cucchiaino di olio extravergine d'oliva
1 cucchiaio di salsa di soia
sale e pepe

Pelare le cipolle, tagliarle finemente a julienne e porle in una bacinella. Salare abbondantemente e lasciarle in marinatura per almeno un paio d'ore. Passato questo tempo, sciacquare per bene e a lungo le cipolle per privarle del sale, asciugarle con cura tamponando tra fogli di carta assorbente e metterle in una bacinella. Condire le cipolle con il succo di limone, la salsa di soia, il pepe e assaggiare per capire se è il caso di salare leggermente.

In una bacinella, rompere e battere le uova, salare e pepare.

Lavare l'asparagina, eliminare la parte finale del gambo più legnosa (nel caso non fosse possibile reperire l'asparagina, ripiegare sugli asparagi. In questo caso, pelarne i gambi). Lavare accuratamente e tagliare non troppo finemente.

In una pentola, portare a ebollizione dell'acqua salata, cuocervi per 4 minuti circa l'asparagina (stesso tempo per gli asparagi eventualmente tagliati a losanghe). Scolare e unire alle uova.

Tagliare finemente la mentuccia e unirla alle uova.

Scaldare il cucchiaino di olio in una padella antiaderente, versarvi le uova battute con l'asparagina, lasciar cuocere per un paio di minuti quindi, con l'aiuto di un coperchio, girare la frittata e cuocerla per altri 2 minuti.

Servirla calda, o eventualmente anche fredda, accompagnandola con l'insalata di cipolle alla soia.

GAMBERI MARINATI ALLO ZENZERO CON INSALATINA DI GERMOGLI PRIMAVERILI E CRESCIONE

3 blocchi

150 g di code di gambero fresche
225 g di crescione
200 g di germogli primaverili (alfa alfa, crescione, senape...)
140 g di indivia belga
100 g di zenzero fresco
1 cucchiaino di olio extravergine d'oliva
1/2 limone spremuto
sale e pepe

Sgusciare le code di gambero, privarle del filamento nero al loro interno e tagliarle a metà per il lungo; disporle in una pirofila, condirle con pepe, sale, olio, lo zenzero fresco grattugiato e il succo di limone, quindi lasciarle in questa marinatura per almeno 10 minuti.

Tagliare a julienne le foglie di indivia belga già lavate e asciugate; porle in un'insalatiera e unirvi le foglie di crescione lavate e asciugate anch'esse.

Quando le code di gambero saranno marinate, raccogliere l'olio della marinatura e condire con questo l'insalatina di indivia e crescione.

In un piatto sistemare l'insalatina e adagiarvi sopra le code di gambero; completare ponendo al centro i germogli primaverili che andranno così a guarnire il piatto.

GASPACHO CON TOFU ARROSTITO

10 blocchi

1040 g di pomodori maturi
280 g di peperoni rossi
320 g di cipolle rosse

500 g di cetrioli
380 g di sedano bianco
3 cucchiai di aceto rosso
8 g di colla di pesce
un pizzico di peperoncino tritato
1 spicchio d'aglio
850 g di tofu fresco
4-5 foglie di basilico
2 cucchiai di salsa di soia
3 cucchiaini di olio extravergine d'oliva
sale

Lavare i pomodori, tagliarli a pezzettoni e metterli in una bacinella capiente; lavare i peperoni, privarli dei semi e tagliare anch'essi a pezzettoni; pelare le cipolle e tagliarle grossolanamente; pelare i cetrioli, tagliarli a metà per la lunghezza, privarli dei semi, quindi tagliarli a fette; lavare il sedano e tagliarlo a pezzettoni; pelare lo spicchio d'aglio, schiacciarlo e unirlo con tutte le altre verdure.

Aggiungere alla miscela di verdure il basilico, l'aceto e il peperoncino. Salare, mescolare bene il tutto e lasciar macerare in frigorifero per almeno un paio d'ore.

Mettere la colla di pesce in ammollo in acqua fredda e lasciarvela almeno 5 minuti.

Riprendere i pomodori e il resto delle verdure preparate, e frullare tutto assieme con un frullatore. Avremo così ottenuto il gaspacho.

In un pentolino, versare un mestolino di gaspacho, strizzare la colla di pesce, unirla al gaspacho e farla sciogliere portando il gaspacho a ebollizione e frustando con una frusta. Versare quindi la colla di pesce sciolta nel restante gaspacho e frustare energicamente il tutto.

Tagliare a fette il tofu.

In una padella antiaderente scaldare l'olio, arrostirvi il tofu lasciandolo cuocere almeno 3 minuti per lato, versarvi sopra la salsa di soia, farla evaporare e spegnere il fuoco.

Infine, versare il gaspacho nei piatti fondi, unire il tofu arrostito e servire.

INSALATA DELLA SALUTE

4 blocchi

200 g di misticanze o di insalatine miste
45 g d'ananas
105 g di frutti di bosco misti (more, lamponi, mirtilli ribes)
1 kiwi
il succo di mezzo limone
1 frutto della passione
1 cucchiaino scarso di olio extravergine d'oliva
4 misurini di proteine Whey 90
foglie di mentuccia
1 cucchiaino di lecitina di soia
sale

Pulire e lavorare le misticanze e asciugarle bene.

Tagliare a metà il frutto della passione, svuotarne la polpa in una ciotola e unire il succo di limone, i misurini di proteine Whey, l'olio, un pizzico di sale e mescolare bene.

Pelare il kiwi, privarlo della parte dura interna e tagliarlo a fettine. Pelare l'ananas e tagliarlo a spicchi.

Sistemare in un piatto le misticanze e disporvi sopra i frutti. Condire con la salsa e spolverare con lecitina di soia. Guarnire con foglie di mentuccia.

MALFATTI DI RICOTTA, BROCCOLI E TEMPEH CON SALSA AL CURRY E NOCI

12 blocchi

400 g di ricotta
70 g di tempeh
145 g di broccoli
157 g di farina d'orzo
3 uova intere e 2 albumi
160 g di scalogno
240 g di latte di soia

1 cucchiaino di olio extravergine d'oliva
9 noci
1 cucchiaio di curry
sale e pepe

Lavare e pulire i broccoli. Separare le cime dai gambi. Pelare a fondo questi ultimi e tagliarli a rondelle. In una pentola portare a ebollizione dell'acqua salata e cuocervi i broccoli (sia i gambi a rondelle che le cime) per 3-4 minuti, quindi scolarli e lasciarli raffreddare.

In una bacinella lavorare la ricotta e il tempeh fino ad amalgamarli bene. Salare, pepare, unire il curry, la farina d'orzo e le uova. Continuare a lavorare il tutto quindi aggiungervi i broccoli e riporli a riposare in frigorifero.

Frullare con un frullatore le noci e il latte di soia.

Pelare e tagliare a julienne gli scalogni.

In una casseruola, scaldare l'olio e rosolare gli scalogni, quindi versarvi il latte frullato con le noci; aggiungere il curry, salare e pepare e lasciar cuocere così, a fuoco moderato, per 10 minuti circa. Frullare nuovamente il tutto con un frullatore.

Riprendere il composto di ricotta lasciato a riposare in frigorifero. Con l'aiuto di due cucchiai, formare i malfatti. Poggiarli su una placchetta forata e passarli per 5 minuti in forno a vapore. In assenza di un forno a vapore, andrà benissimo la più comune vaporiera e il tempo di cottura resterà identico.

Infine, servire i malfatti caldi poggiandoli sulla salsa di curry e noci.

Comunemente i malfatti vengono cotti in acqua bollente come si fa per i comuni gnocchi di patate, ma sarebbe un tipo di cottura non adatto alla Zona, in quanto bisognerebbe aumentare notevolmente la dose della farina per evitare che in acqua si disfino.

MILLEFOGLIE DI QUARTIROLO E RADICCHIO DI TREVISO ALLA SOIA

6 blocchi

1120 g di radicchio rosso di Treviso
160 g di cipolle rosse di Tropea
160 g di scalogni
200 g di quartirolo
85 g di tofu
9 g di fruttosio puro
1 cucchiaio di aceto balsamico
1 cucchiaio di aceto rosso
1 cucchiaio di salsa di soia
5 dl di brodo vegetale
2 cucchiaini scarsi di olio extravergine d'oliva
timo
sale e pepe

Sfogliare il radicchio, lavarlo e tagliarlo finemente.

Pelare cipolle e scalogni; tritarli finemente (anche con l'aiuto di un frullatore).

Scaldare un cucchiaino scarso di olio in una pentola, farvi rosolare le cipolle e gli scalogni aggiungendo un cucchiaio d'aceto rosso perché non brucino. Aggiungere il radicchio, la salsa di soia, del timo sfogliato, il fruttosio, il sale e il pepe e rimestare spesso lasciando stufare il tutto per una ventina di minuti.

Tagliare a fettine quadrate il quartirolo. Conservare le parti che si sbricioleranno.

Scaldare molto bene una piastra e arrostire per 30 secondi da entrambe le parti le fettine di quartirolo.

Tagliare il tofu a dadini. Utilizzare le parti sbriciolate del quartirolo, unirle al radicchio e aggiungervi anche il tofu. Mescolare bene e finire di gusto, se necessario, con sale e pepe.

Montare le millefoglie partendo da una fetta di quartirolo arrostita, coprirla con il radicchio, ricoprire con un'altra fetta di quartirolo, ancora radicchio, quindi chiudere con una terza fetta di quartirolo. Foderare un teglia con un foglio di carta da forno. Poggiare le millefoglie sulla teglia e infornare a 180 °C per 4 minuti circa.

Preparare la salsa in un pentolino facendo ridurre della metà il brodo vegetale, aggiungere l'aceto balsamico, mescolare bene, aggiungere infine l'olio rimasto e togliere dal fuoco.

Servire la millefoglie in un piatto piano salsando con la salsa all'aceto balsamico.

MINESTRA D'ORZO AI GERMOGLI DI SOIA, ZAFFERANO, ZUCCHINI E CAPESANTE

12 blocchi

143 g di orzo
80 g di scalogno
320 g di zucchini
280 g di capesante
230 g di germogli di soia
6 misurini di proteine di soia in polvere
1 litro di brodo vegetale
4 cucchiaini di olio extravergine d'oliva
zafferano
2 rametti di dragoncello
sale e pepe

Lavare bene l'orzo. Riempire un pentolino d'acqua fredda, versarvi l'orzo e portare a ebollizione lasciando poi cuocere l'orzo per circa 40 minuti. Una volta cotto l'orzo, scolare.

Pelare e tritare lo scalogno.

Lavare gli zucchini e tagliarli a dadini.

In una pentola far scaldare 2 cucchiaini di olio, farvi rosolare lo scalogno tritato e unire gli zucchini.

Far rosolare ancora per un paio di minuti, quindi aggiungere l'orzo, i germogli di soia, il dragoncello, un pizzico di zafferano, le proteine in polvere, coprire con il brodo e lasciar cuocere per ancora 10 minuti circa a fuoco moderato. Assaggiare e finire di gusto con sale e pepe.

Scaldare bene in una padella antiaderente o di ferro l'olio rimasto a disposizione e quando sarà ben caldo cuocervi le capesante, salare e pepare. Dovranno ricevere una cottura breve (massimo un paio di minuti per lato) ma vivace. Arrostire quindi evitando di far fuoriuscire troppa acqua, il che le renderebbe gommose.

Versare la minestra nei piatti fondi e sistemarvi sopra le capesante arrostite.

PASTA DI KAMUT CON CARCIOFI E TRIGLIE

9 blocchi

120 g di pasta di farina di kamut
270 g di triglie (peso da calcolare a pesce pulito)
720 g di carciofi già puliti
80 g di scalogni
1/2 bicchiere di vino bianco
130 g di pomodori maturi
3 cucchiaini di olio extravergine d'oliva
2 spicchi d'aglio
2 foglie d'alloro
1 peperoncino
1 mazzettino di timo
pepe in grani
1 piccolo mazzetto di prezzemolo
1 limone spremuto
sale e pepe

Squamare le triglie, sviscerarle e privarle della testa, quindi sfilettarle e sciacquarle sotto l'acqua fredda corrente. In una bacinella mettere teste e lische e tenerle sotto il getto dell'acqua corrente fredda per almeno 10 minuti. Dovranno così perdere ogni residuo di sangue.

Pulire il prezzemolo, lavarlo e asciugarlo bene, separando i gambi dalle foglie e tritare finemente queste ultime

In una casseruola, porre le lische e le teste del pesce, coprirle d'acqua e aggiungervi 5-6 grani di pepe, le foglie d'alloro, qualche ramettino di timo, il vino bianco, i pomodori tagliati a pezzettoni, 3-4 gambi di prezzemolo, l'aglio e il peperoncino (solo se gradito il gusto piccante). Lasciar cuocere il tutto a fuoco moderato e, quando comincerà il bollore, con un mestolino, eliminare la schiumetta che verrà a formarsi in superficie. Lasciar andare sul fuoco, sempre moderato, per 15 minuti circa, quindi spegnere e lasciar riposare il tutto per mezz'ora almeno. Passare poi il brodetto così preparato in un colino fine.

Pulire i carciofi separandone i gambi; privarli della barba e tagliarli in ottavi. Porli in una bacinella con acqua e il succo di limone perché non anneriscano. Pelare in profondità i gambi dei carciofi (bisogna utilizzarne solo la parte centrale bianca perché non rilascino il tipico amaro) e tagliarli a pezzetti.

In un pentolino, portare a ebollizione dell'acqua leggermente salata, farvi cuocere i gambi di carciofo per 6-7 minuti, quindi scolarli e frullarli con un frullatore e aggiungendo un paio di mestoli del brodetto di triglie.

Pelare e tritare lo scalogno.

In una casseruola o padella a bordo alto, scaldare l'olio e farvi rosolare lo scalogno. Aggiungere i carciofi, farli rosolare un paio di minuti, salare e pepare. Aggiungere un paio di mestoli di brodetto e lasciar cuocere per 6-7 minuti, facendo in modo che i carciofi rimangano comunque «croccanti» e non si disfino. Spegnere il fuoco e aggiungere la crema ottenuta frullando i gambi di carciofo.

Foderare una teglia con della carta da forno, poggiarvi i filetti di triglia, salarli e peparli quindi infornarli a 180 °C per 5 minuti circa. Se si dovesse avere a disposizione un forno con la serpentina in alto (grill), mettere in funzione la serpentina e lasciare le triglie nel forno già caldo per soli 3 minuti.

In una pentola capiente, portare a ebollizione dell'acqua salata, cuocervi la pasta di kamut (il tempo di cottura della pasta varia, seguire le indicazioni sulla confezione acquistata), scolare e versare nella casseruola coi carciofi. Condire bene gli spaghetti amalgamando bene il tutto.

Se necessario, aggiungere ancora un mestolino di brodetto. Unire le triglie mescolando un'ultima volta velocemente per evitare che il pesce si disfi troppo, aggiungere il prezzemolo tritato e servire.

PASTA DI KAMUT CON PEPERONI ALLA SOIA E TONNO FRESCO

12 blocchi

200 g di pasta di farina kamut
230 g di germogli di soia
175 g di tonno fresco già pulito
280 g di peperoni gialli
1 cucchiaio di salsa di soia
4 cucchiaini di olio extravergine d'oliva
qualche foglia di maggiorana
sale e pepe

Lavare i peperoni, privarli dei semi e tagliarli a striscioline.

Scaldare in una padella l'olio extravergine, unirvi i peperoni, versare un bicchiere d'acqua, salare e pepare e lasciar cuocere per 10 minuti coprendo con un coperchio. Curarne la cottura rimestando spesso con un cucchiaio di legno. Una volta cotti, insaporirli con la salsa di soia, unirvi i germogli di soia e spegnere il fuoco.

Tagliare a tocchetti il tonno fresco, salarlo, peparlo e riporlo in un piatto a parte.

In una pentola, portare a ebollizione abbondante acqua salata, cuocervi la pasta di kamut seguendone il tempo di cottura indicato sulla confezione, scolare e unire la pasta ai peperoni. Amalgamare bene la pasta coi peperoni e i germogli, unire i tocchetti di tonno che cuoceranno semplicemente con il calore della pasta e aggiungere qualche foglia di maggiorana. Servire.

PETTO DI FARAONA AI CAVOLFIORI E CUMINO CON PURÈ DI SEDANO RAPA

3 blocchi

90 g di petto di faraona
330 g di cavolfiori
160 g di cipolle bionde

235 g di sedano rapa
1 cucchiaino di salsa di soia
1 cucchiaino di olio extravergine d'oliva
1 cucchiaino di semi di cumino
2 spicchi d'aglio
un ciuffetto di aneto
sale e pepe

Foderare una teglia con della carta da forno, poggiarvi sopra le cipolle e infornarle a 180 °C per circa 45 minuti.

Pelare il sedano rapa e tagliarlo a fettine non troppo spesse; in una pentola, portare dell'acqua salata a ebollizione, cuocervi le fettine di sedano rapa per 2 minuti e scolarle.

Foderare un'altra teglia sempre con della carta da forno e poggiarvi il sedano rapa, pepare e infornare a 180 °C per 5 minuti circa (schiacciando con una forchetta, il sedano dovrà spappolarsi; dovesse risultare ancora duro, prolungare la cottura di qualche minuto fino a quando non sarà cotto).

Pelare le cipolle, unirle al sedano rapa e frullare il tutto; assaggiare e correggere di gusto, eventualmente aggiungendo sale e pepe.

Pulire i cavolfiori, tagliarli facendo in modo che le cimette non risultino troppo grosse e lavarli.

In una casseruola versare 5 dl di acqua, unire il cumino, la salsa di soia, l'olio, l'aglio in camicia (non sbucciato), che toglieremo a cottura ultimata, e un pizzico di sale; portare a ebollizione e farvi cuocere i cavolfiori. Lasciar cuocere una decina di minuti tenendo coperta la casseruola con un coperchio e verificare che non evapori eccessivamente il liquido; in tal caso aggiungere ancora dell'acqua.

Tagliare a losanghe il petto di faraona; salarlo e peparlo, quindi metterlo a cuocere nella casseruola coi cavolfiori. Tenere ancora coperto per 4 minuti circa e spegnere la fiamma.

Servire il petto di faraona così preparato poggiandolo su un letto di purea di sedano rapa e guarnire con un ciuffetto di aneto.

SCAMONE DI VITELLA ALL'ARANCIA E SOIA CON CIPOLLINE AI SEMI DI FINOCCHIO

3 blocchi

105 g di scamone di vitella
230 g di arance spremute
105 g di cipolline
1 cucchiaio di salsa di soia
1 cucchiaino di olio extravergine d'oliva
1 foglia d'alloro
semi di finocchio
qualche granello di sale grosso
sale e pepe

Pelare le cipolline e lavarle.

In una casseruola versare 3 dl di acqua, aggiungervi i semi di finocchio, la foglia d'alloro e cuocervi le cipolline tenendole coperte e controllando che non si asciughi troppo l'acqua; in tal caso aggiungerne un po' alla volta. Salare e pepare. Le cipolline saranno pronte dopo circa 15 minuti e l'acqua di cottura dovrà essere quasi completamente asciugata. Spegnere il fuoco e lasciarle coperte.

In una padella a bordo non troppo basso, scaldare l'olio e cuocervi lo scamone, rosolandolo da entrambe le parti; salare e pepare, quindi versarvi sopra il succo d'arancia e la salsa di soia, avendo cura di bagnare spesso la carne con un cucchiaio raccogliendo il succo che andrà man mano a ridurre. Lo scamone sarà cotto in circa 8 minuti, ma questo tempo di cottura varierà a seconda dei gusti personali in fatto di cottura delle carni. Lasciare riposare la carne 5 minuti prima di tagliarla, in un piatto fondo e coperta di carta stagnola.

Unire i succhi della carne, che ritroveremo nel piatto fondo dopo che questa avrà riposato, al succo d'arancia rimasto nella padella, aggiungere un cucchiaio d'acqua e scaldare: avremo così ottenuto la salsa per lo scamone.

Tagliare lo scamone e servirlo salsandolo con la salsa preparata come sopra; completarne il gusto con qualche granello di sale grosso.

Accompagnare con le cipolline e servire.

SEITAN ALLA PIASTRA CON INSALATA DI CETRIOLI E YOGURT ALLA SENAPE

6 blocchi

150 g di seitan
500 g di cetrioli
200 g di yogurt di soia
240 g di cipolle rosse
30 g di fiocchi d'avena
la scorzetta di mezzo limone
1 cucchiaino di senape in grani
2 cucchiaini di olio extravergine d'oliva
sale e pepe

Pelare i cetrioli, tagliarli a metà per la lunghezza e privarli dei semi. Tagliarli quindi a mezze rondelle, metterli in una bacinella e salarli. Passati 10 minuti, sciacquare i cetrioli sotto l'acqua corrente (così avranno perso l'«amaro» e saranno più digeribili) e asciugarli bene.

Pelare le cipolle, tagliarle a julienne molto fine. Metterle in una bacinella, salarle abbondantemente e lasciarle in marinatura almeno un'ora quindi sciacquarle sotto l'acqua corrente, strizzarle e asciugarle bene.

Preparare la salsa versando lo yogurt in una ciotola, aggiungere la senape, l'olio, la scorzetta tritata di limone, il sale e il pepe. Mescolare bene.

Unire i cetrioli e le cipolle quindi condire con la salsa di yogurt alla senape.

Scaldare bene una piastra o una padella di ferro e arrostire il seitan tagliato a fettine.

Servire il seitan così accompagnato all'insalata di cetrioli e yogurt.

SEITAN IMPANATO AL SESAMO CON TACCOLE BIANCHE CROCCANTI E SCORZONERA

3 blocchi

90 g di seitan (meglio utilizzare il seitan in vaso di vetro)
380 g di taccole
250 g di scorzonera pulita
1 limone
1 mazzetto di timo
semi di finocchio
1 cucchiaino di olio extravergine d'oliva
1 cucchiaio di sesamo
1 cucchiaio di pangrattato integrale
sale e pepe

Le taccole, o piattoni, sono vegetali molto simili ai fagiolini ed è possibile procurarsele sia verdi sia bianche. La scorzonera o radice amara è un tubero facilmente reperibile e tipico dei mesi più freddi.

Tagliare a fette irregolari il seitan.

Pelare la scorzonera, tagliarla in quarti per il lungo, privarla del «cuore» legnoso e ricavarne dei bastoncini di circa 5 cm di lunghezza; durante questa operazione, porre la scorzonera in un una bacinella con acqua, ghiaccio e succo di limone; ne eviteremo così l'annerimento.

In una pentola portare a ebollizione dell'acqua salata e cuocervi la scorzonera (basteranno un paio di minuti).

Pulire le taccole alle due estremità, lavarle e cuocerle in abbondante acqua salata già in ebollizione per 5 minuti circa, quindi scolarle.

Mescolare il pangrattato al sesamo e impanarvi il seitan.

Foderare una teglia con carta da forno, sistemarvi sopra il seitan, salare, pepare e infornare a 180 °C per 7 minuti circa.

Condire con l'olio e il timo sfogliato le taccole e la scorzonera, quindi finirle di gusto con sale e pepe.

Servire la verdura su un piatto piano e poggiarvi sopra il seitan impanato.

SEITAN IN CASSOEULA DI VERZE

3 blocchi

90 g di seitan
600 g di verza
240 g di scalogno (o, in mancanza, di cipolle)
una punta di peperoncino
2 cucchiai di salsa di soia
1 cucchiaino di Worcester sauce
1 cucchiaino di olio extravergine d'oliva
un rametto di timo
sale, pepe

Tritare finemente gli scalogni.

Lavare la verza, sfogliarla e privarla delle coste centrali più dure. Con le mani ridurre le foglie a pezzetti.

Tagliare a pezzettoni il seitan.

In una casseruola scaldare l'olio, farvi rosolare lo scalogno e unire la verza. Lasciar stufare per un paio di minuti, quindi aggiungere la Worcester sauce, la salsa di soia e salare. Lasciar cuocere ancora un paio di minuti coprendo con un coperchio, quindi scoperchiare, unire il peperoncino, il timo, il pepe e aggiungere il seitan salando ancora leggermente. Bagnare con un bicchiere d'acqua e lasciar stufare il tutto per mezz'ora. Dovesse asciugarsi troppo durante la cottura, aggiungere tranquillamente acqua.

Servire in un piatto fondo.

SEITAN IN GUAZZETTO DI CARCIOFI E RABARBARO

3 blocchi

90 g di seitan
3 coste di rabarbaro fresco
720 g di carciofi puliti
160 g di scalogni

1 cucchiaino di olio extravergine d'oliva
1 cucchiaio di salsa di soia
un rametto di timo
1 spicchio d'aglio
1/2 bicchiere di vino bianco
3 dl circa di brodo vegetale
1 limone
sale e pepe

Pulire i carciofi, privarli della barba e tagliarli a fettine ma non particolarmente sottili. Perché non anneriscano, metterli in una bacinella con acqua e succo di limone.

Pelare gli scalogni, tagliarli a julienne. Pelare il rabarbaro e tagliarlo a julienne.

Scaldare l'olio in una casseruola, unire i carciofi e lasciarli cuocere a fuoco vivo. Salare e pepare. Sfumare con il vino bianco e lasciarlo evaporare, quindi unire il rabarbaro. Rimestare bene il tutto, quindi unire il seitan. Salare e pepare ancora un po'. A questo punto aggiungere il brodo vegetale, il timo sfogliato e la salsa di soia. Il piatto sarà pronto in pochi minuti.

SEITAN STUFATO CON CAVOLO VIOLA E NOCI

3 blocchi

90 g di seitan
720 g di cavolo viola
160 g di cipolla rossa di Tropea
1 cucchiaio di salsa di soia
3 noci
1 cucchiaino di cumino
un pizzico di peperoncino tritato
3 dl di brodo vegetale
sale e pepe

Pelare le cipolle e tagliarle a julienne. Lavare e sfogliare il cavolo, quindi tagliarlo grossolanamente a strisce.

Sminuzzare le noci. In una casseruola scaldare il brodo vegetale, aggiungere la salsa di soia, il cumino, il peperoncino e cuocervi le cipolle. Passati 4-5 minuti, unirvi il cavolo viola, salare e pepare quindi coprire con un coperchio e lasciar stufare il cavolo per almeno 25 minuti, rimestando frequentemente con un cucchiaio di legno. Aggiungere le noci.

Tagliare a pezzettoni il seitan, unirlo al cavolo e lasciarlo così cuocere per 5 minuti. Finire di gusto, se necessario, con sale e pepe e servire.

SPUMA DI RICOTTA CON INSALATA RICCIA, ARANCE, SOIA E SALSA D'AVOCADO

12 blocchi

48 g d'avocado
600 g di ricotta di latte vaccino
200 g di yogurt bianco magro
3,5 misurini di proteine del latte Enervit
460 g di arance
330 g di insalata riccia
56 g di fiocchi d'avena
1 limone spremuto
1 cucchiaio di salsa di soia
1 cucchiaino di olio extravergine d'oliva
sale
pepe di Sechuan

Grattugiare la scorza del limone prima di spremerlo.

Pelare l'avocado, privarlo dell'osso centrale e tagliarlo a pezzetti, quindi frullarlo con un frullatore unendo lo yogurt, la scorzetta di limone, il succo di mezzo limone e il sale.

Pulire l'insalata riccia, lavarla e asciugarla bene; condirla solo prima di servirla.

Preparare delle zeste d'arancia e pelare poi a vivo le arance, facendo attenzione a conservare un po' di succo.

Scaldare un pentolino, versarvi i fiocchi d'avena, farli tostare per un paio di minuti, quindi aggiungere la ricotta, spegnere il fuoco e mescolare velocemente. Unire alla ricotta le proteine del latte e continuare a lavorarla fino a farle raggiungere la consistenza simile a una spuma, quindi unire anche il pepe di Sechuan.

In un ciotolino unire il cucchiaino di olio, la salsa di soia, il succo di mezzo limone, il succo d'arancia, un po' di pepe di Sechuan e mescolare bene. Con questo condimento, condire l'insalata aggiungendovi le zeste d'arancia.

Sistemare sul piatto l'insalata riccia e arricchirla con gli spicchi d'arancia pelati a vivo; aiutandosi con due cucchiai sistemare al centro la spuma di ricotta e salsare tutto attorno con la salsa d'avocado.

TOFU AI SEMI DI PAPAVERO CON ASPARAGI IN CREMA CROCCANTI

3 blocchi

255 g di tofu fresco
900 g di asparagi
1 cucchiaino di olio extravergine d'oliva
1 cucchiaio di salsa di soia
semi di papavero
foglie di mentuccia
sale e pepe

Pulire gli asparagi tagliandone la parte finale legnosa e pelarli con un pelapatate avendo cura di conservarne le bucce; tagliare i gambi separandoli dalle punte e lavare bene gli asparagi e le bucce.

Riempire una pentola d'acqua, immergervi le bucce d'asparago e portare a ebollizione: otterremo così un brodo d'asparagi. Una volta pronto il brodo, passarlo a un colino per separarlo dalle bucce.

Tagliare a dadini i gambi d'asparago; riportare a ebollizione il brodo e cuocervi i gambi così tagliati. Una volta cotti (occorreranno circa 5 minuti), scolarli senza buttare via il brodo e frullarli in un frullatore aggiungendo poco per volta il brodo, fino a ottenere la consistenza di una crema. Completare di gusto con sale e pepe.

Riportare a ebollizione il brodo avanzato salandolo leggermente e cuocervi le punte d'asparago per circa 3 minuti (dovranno risultare «croccanti»).

Tagliare il tofu a fette abbastanza spesse, cospargerlo di semi di papavero e condirlo con la salsa di soia, quindi poggiarlo su una teglia foderata con carta da forno e infornare a 200 °C per circa 8 minuti.

In un piatto fondo, versare la crema di asparagi, poggiarvi sopra il tofu, le punte d'asparago e completare con l'olio; guarnire con qualche foglia di mentuccia

TOFU ARROSTITO CON SPINACI, ZUCCA INFORNATA E PINOLI

3 blocchi

255 g di tofu fresco
2 cucchiai di salsa di soia
8 pinoli
250 g di zucca
600 g di spinaci
1 cucchiaino scarso di olio extravergine d'oliva
sale

Tagliare il tofu fresco a bastoncini non troppo fini e porlo a marinare con la salsa di soia.

Pulire la zucca privandola della scorza e, aiutandosi con un cucchiaio, dei semi interni; tagliarla a fette sottili. Foderare una teglia con della carta da forno, sistemarvi sopra le fettine di zucca distanziate fra loro, salare leggermente e infornare a 160 °C per 4 minuti circa (è possibile anche cuocere le fettine di zucca in un forno a microonde, per pochi secondi in questo caso).

Sempre su una teglietta foderata con carta da forno, sistemare i pinoli e infornarli per 2 minuti a 180 °C perché si tostino.

Mondare e lavare gli spinaci; a parte in una pentola capiente portare a ebollizione dell'acqua leggermente salata, quindi cuocervi velocemente gli spinaci (basterà un minuto), scolarli e lasciarli a sgocciolare per bene in un colapasta.

In una padella antiaderente scaldare bene l'olio e arrostire il tofu insaporendolo ulteriormente versandovi sopra durante la cottura la salsa di soia utilizzata per la marinatura; levare il tofu dalla padella e utilizzare la stessa per saltare velocemente gli spinaci. Questo passaggio permetterà agli spinaci di perdere ulteriormente acqua di cottura.

In un piatto piano sistemare gli spinaci, poggiarvi sopra le fettine di zucca, i pinoli tostati e il tofu.

TOFU CON INDIVIA BRASATA E FINTO CAVIALE DI MELANZANE

6 blocchi

510 g di tofu fresco
1050 g di melanzane
160 g di scalogno
420 g di indivia belga
1/2 cucchiaio di fruttosio
1 cucchiaio di aceto bianco
10 fili di erba cipollina
1 spicchio d'aglio
2 cucchiaini di olio extravergine d'oliva
una punta di peperoncino
sale e pepe

Lavare le melanzane. Tagliarle a cubetti, metterle in un colapasta e salarle per far perdere loro l'amaro. Lasciarle così a marinare per un paio d'ore, quindi strizzarle. In una pentola, portare a ebollizione dell'acqua e cuocervi per 3 minuti le melanzane. Scolarle e strizzarle nuovamente. Una volta fredde, con un coltello o una mezzaluna, tritarle grossolanamente e porle in una bacinella.

Tritare finemente l'aglio privandolo dell'anima (la parte interna, più indigesta). Tagliare finemente l'erba cipollina e tritare il peperoncino.

Condire le melanzane con l'olio, l'erba cipollina, il peperoncino e l'aglio.

Pelare gli scalogni e tagliarli a julienne. Lavare e tagliare a julienne anche l'indivia belga.

Versare in una casseruola un bicchiere d'acqua, aggiungere gli scalogni e lasciarli brasare per 4-5 minuti aggiungendo ancora acqua se necessario. A questo punto versare l'aceto bianco e unire l'indivia. Aggiungere il fruttosio e coprire con un coperchio, rimestando frequentemente e lasciar cuocere per 7-8 minuti. Non si esiti ad aggiungere acqua se ci si dovesse accorgere che il tutto sta asciugando troppo.

Tagliare il tofu a cubetti e unirlo all'indivia. Aggiungere la salsa di soia, coprire nuovamente con un coperchio e lasciar cuocere 3-4 minuti.

Servire il tofu con l'indivia accompagnandolo, in un piattino a parte, con il caviale di melanzane, che va servito freddo.

TOFU IN ZIMINO DI ERBETTE

3 blocchi

255 g di tofu fresco
600 g di erbette
1 limone spremuto
170 g di pomodori maturi
1 cucchiaino di olio extravergine d'oliva
1 cucchiaio di salsa di soia
1 foglia di alloro
2 spicchi d'aglio in camicia
1 mestolo di brodo vegetale
sale e pepe

Pulire e lavare le erbette. Poi lavare i pomodori e inciderne la buccia a croce con un coltellino; in un pentolino, portare a ebollizione dell'acqua, immergervi i pomodori e lasciarveli per mezzo minuto, scolarli e raffreddarli in una bacinella con acqua e ghiaccio o sotto acqua fredda corrente. Una volta raffreddati i pomodori, pelarli, tagliarli in quarti e privarli di polpa e semi. Tagliare ulteriormente i pomodori a filetti. Infine, tagliare il tofu a cubetti.

In una casseruola, scaldare l'olio e farvi rosolare gli spicchi d'aglio in camicia (non pelati); aggiungere le erbette e farle stufare per 1 minuto. Aggiungere il limone spremuto, il tofu, l'alloro, la salsa di soia e il brodo. Salare e pepare e coprire con un coperchio. Lasciar stufare il tutto per 5-6 minuti, quindi aggiungere i pomodori, coprire ancora e continuare la cottura per altri 2 minuti.

Servire in un piatto fondo, disponendo le erbette sul fondo del piatto e sistemandovi sopra il tofu e i pomodori.

Lo zimino è una ricetta tipica ligure, fatta chiaramente non con il tofu ma con il pesce, in particolar modo il baccalà.

TOFU PICCANTE
CON INSALATA DI FINOCCHI E AGRUMI

3 blocchi

255 g di tofu fresco
900 g di finocchi
115 g di arance
130 g di limoni
100 g di pompelmo
1 cucchiaino di olio extravergine d'oliva
un mazzetto di aneto
1 cucchiaio di salsa di soia
1 cucchiaio scarso di tandoori
sale e pepe

Tagliare a fette il tofu; in una ciotolina, unire la salsa di soia, mezzo bicchiere d'acqua e il tandoori quindi versare sul tofu e lasciarlo una decina di minuti in questa marinatura.

Lavare arancia e pompelmo e, con la buccia, preparare le zeste. In un pentolino, portare a ebollizione dell'acqua, sbianchirvi le zeste per un minuto, scolare e tamponare fra due fogli di carta assorbente. Ricavare degli spicchi pelati a vivo dall'arancia e dal pompelmo. Spremere il limone.

Pulire i finocchi, lavarli e tagliarli molto finemente, a julienne, ponendoli in una bacinella con acqua e ghiaccio e lasciandoveli per 30 minuti circa. Così facendo, i finocchi resteranno più croccanti. Scolarli e asciugarli bene. Condirli con il succo di limone, arancia e pompelmo, salare e pepare. Unire l'aneto sfogliato, avendo cura di conservarne qualche ciuffo da utilizzare per la guarnizione del piatto. Unire gli spicchi pelati a vivo degli agrumi.

In una padella antiaderente, scaldare bene il cucchiaino di olio, cuocervi il tofu arrostendolo da entrambi i lati per almeno 3 minuti per parte e irrorandolo con la sua marinatura.

Servire su un piatto accompagnandolo con l'insalatina di finocchi e agrumi; guarnire con i ciuffi d'aneto.

TONNO MARINATO ALLA SOIA E GINEPRO CON TARTARE D'AVOCADO

12 blocchi

385 g di tonno fresco
66 g di avocado
200 g di yogurt magro
10-12 bacche di ginepro
300 g di mele verdi
460 g di arance
135 g di topinambur
2 limoni spremuti
3 cucchiai di salsa di soia
50 g di zenzero
sale e pepe

Aiutandosi con un batticarne, pestare le bacche di ginepro e eventualmente sminuzzarle ulteriormente a coltello.

Pelare a vivo le arance, togliendo loro la buccia (da tenere a parte), quindi spremerle.

Tagliare a fettine sottili il tonno e disporlo in una pirofila. Marinarlo con la salsa di soia, il succo di 1 limone, il succo d'arancia, lo zenzero tritato, il ginepro e poco sale; lasciarlo in marinatura per mezz'ora.

Pelare l'avocado, privarlo del nocciolo, e frullarlo in un frullatore aggiungendo lo yogurt, il succo di un limone, sale e pepe.

Pelare i topinambur e tagliarli a dadini; in un pentolino, portare a ebollizione dell'acqua salata, cuocervi per 2 minuti i topinambur, poi scolarli. Una volta freddi, aggiungerli all'avocado.

Lavare le mele, privarle di torsolo e semi e tagliarle a dadini: aggiungerle all'avocado.

Tritare finemente la buccia delle arance. In un pentolino, portare a ebollizione dell'acqua, farvi sbianchire per 30 secondi la buccia d'arancia tritata, scolare e lasciar raffreddare, quindi unire all'avocado.

Mescolare bene l'avocado frullato con le mele, i topinambur e la buccia d'arancia.

Preparare il piatto sistemando la tartare d'avocado con un cerchio da cucina, detto coppapasta, o aiutandosi con due cucchiai e sistemandovi attorno le fettine di tonno marinato.

TORTINI CROCCANTI DI CECI CON GERMOGLI DI SOIA E SALSA DI YOGURT ALL'ERBA CIPOLLINA

12 blocchi

200 g di ceci secchi
6 misurini di proteine di soia
1 uovo
400 g di yogurt magro
345 g di germogli di soia
3 cucchiaini abbondanti di olio extravergine d'oliva
10 fili di erba cipollina
5 foglie di menta
1/2 carota
1/2 gambo di sedano
1/2 cipolla
1 foglia d'alloro
1 limone
qualche fogliolina di maggiorana
sale e pepe

Mettere a bagno per almeno 12 ore i ceci. Una volta trascorso questo tempo sciacquarli bene sotto l'acqua corrente e versarli in una pentola capiente, coprirli d'acqua. Aggiungere la carota, il sedano, la cipolla e l'alloro e cuocere a fuoco moderato fino a quando i ceci saranno ben cotti. Salare solo a cottura quasi ultimata.

Scolare i ceci conservando un po' della loro acqua di cottura. Frullarli con un frullatore, aiutandosi, se necessario, con un po' d'acqua di cottura. Tener presente che dovremo avere comunque un composto denso, quasi duro e con i ceci sminuzzati ma non frullati del tutto.

In una pentola, portare a ebollizione dell'acqua salata. Bianchirvi per un minuto i germogli di soia. Scolarli e asciugarli molto bene tamponandoli con della carta assorbente.

Versare i ceci frullati in una bacinella, unirvi l'uovo, il pepe (sale, se necessario), le proteine, i germogli di soia, le foglioline di maggiorana e le foglie di menta sminuzzate. Lavorare bene il composto e lasciar riposare in frigorifero per almeno mezz'ora.

Preparare la salsa versando lo yogurt in una bacinella; salare e pepare, unire la scorzetta di limone e l'erba cipollina tagliata fine. Aggiungere un cucchiaio d'acqua e lavorare bene con una frusta.

Tirar fuori dal frigorifero il composto di ceci e formare delle palle della grandezza desiderata.

Scaldare l'olio in una padella antiaderente, prendere le palle di ceci e schiacciarle sulla padella in modo da formare dei tortini (simili a una frittata) e lasciarli dorare da entrambe le parti.

Servire i tortini caldi accompagnandoli con la salsa allo yogurt.

TORTINI DI SCAROLA E PRIMO SALE

2 blocchi

330 g di indivia scarola
260 g di pomodori maturi
90 g di primo sale
3 olive nere
1/3 di cucchiaino di olio extravergine d'oliva

6-7 capperi
3 spicchi d'aglio
timo
sale e pepe

Pulire e lavare la scarola. Riempire una pentola d'acqua e portarla a ebollizione, quindi cuocervi la scarola per un minuto e scolarla lasciandola in un colapasta a sgocciolare bene.

Tagliare a fette i pomodori per la loro larghezza, ottenendo quindi delle «rondelle».

Foderare una teglia con della carta da forno, disporvi senza sovrapporle le rondelle di pomodoro e, con un pennello da cucina, ungerle con l'olio; salare, pepare, aggiungere il timo e l'aglio pelato e tagliato a pezzetti; infornare a 120 °C per circa 30 minuti, avendo cura di girare le rondelle di pomodoro almeno un paio di volte durante la cottura.

Tagliare a dadini il primo sale. Snocciolare le olive e tagliarle a rondelline. Unire il primo sale, le olive e i capperi alla scarola, assaggiare e finire eventualmente con sale e pepe, accompagnando con i pomodori.

TOTANI RIPIENI DI TEMPEH, ARANCIA E SCALOGNI CON INDIVIE ALL'ACETO DI MELE

12 blocchi

550 g di totani puliti
70 g di tempeh
480 g di scalogni
1 cucchiaio di salsa di soia
560 g di indivia belga
560 g di radicchio rosso
660 g di indivia scarola
2 cucchiai di aceto di mele
18 g di fruttosio puro (2 cucchiai)
230 g di arance
4 cucchiaini di olio extravergine d'oliva
4 bacche di cardamomo

2 frutti d'anice stellato
un mazzetto di dragoncello
sale e pepe

Pulire i totani separando i ciuffi dal corpo e prestando attenzione a non aprirli, essendo da farcire, quindi sciacquarli bene.

Pelare gli scalogni, tagliarli finemente a julienne.

Lavare bene le arance, con un pelapatate pelarle facendo attenzione a non far rimanere troppa parte bianca attaccata alla buccia (perché amara); esistono piccoli utensili appositi in commercio, tipo rigalimoni, per questo tipo di lavoro. Tagliare quindi a julienne la buccia d'arancia. In un pentolino, portare a ebollizione dell'acqua, bianchirvi per un minuto le zeste d'arancia, scolarle e tamponarle nella carta assorbente perché asciughino.

Spremere le arance.

Scaldare in una casseruola 2 cucchiaini di olio, farvi imbiondire gli scalogni, bagnare con metà del succo d'arancia a disposizione, salare, pepare, coprire con un coperchio e lasciar cuocere per 15 minuti circa a fuoco moderato. Così facendo gli scalogni rilasceranno dolcemente i loro zuccheri e risulteranno più dolci. Scoperchiare e aggiungere le zeste d'arancia, il tempeh, la salsa di soia e rimestare bene fino a far disfare il tempeh. Unire il dragoncello sfogliato e togliere dal fuoco.

Scaldare bene una piastra o una padella di ferro e arrostire i corpi dei totani per un paio di minuti da entrambe le parti, salare e pepare. Con l'aiuto di un cucchiaino farcire i totani e chiuderli con uno stuzzicadenti messo a mo' di punto di cucito.

Lavare le indivie, sfogliarle, asciugarle e tagliarle non troppo finemente.

In una casseruola capace, scaldare 2 cucchiaini di olio. Unire le indivie e bagnare con l'aceto di mele e farlo evaporare; bagnare con il succo d'arancia rimasto, salare, pepare quindi aggiungere l'anice stellato, il cardamomo, il fruttosio e la salsa di soia. Lasciar cuocere per 15 minuti circa.

Foderare una teglia con della carta da forno e disporvi i totani, infornare a 200 °C per circa 6 minuti. Nel frattempo, in una padella di ferro ben calda, arrostire i ciuffi dei totani, salare e pepare.

Servire sui piatti le indivie brasate e sistemarvi sopra i totani ripieni e i ciuffi arrostiti.

UOVO POCHÉ
SU GERMOGLI DI SPINACI E MANDORLE

2 blocchi

300 g di germogli di spinaci
1 cucchiaio da minestra di fiocchi d'avena
1 uovo
85 g di tofu fresco
6 mandorle sgusciate e pelate
1 cucchiaino di aceto bianco
sale e pepe

Pulire e lavare i germogli di spinaci (o spinacini), avendo cura di non sfogliarli completamente ma di lasciarli a ciuffo così come sono, quindi asciugarli bene. Porli in un'insalatiera e salarli e peparli a piacere.

Tagliare a fettine sottili le mandorle sgusciate e pelate (in commercio si trovano mandorle già pronte così, dette mandorle «filettate»).

Tagliare a cubetti il tofu.

In un pentolino versare l'acqua che servirà per la cottura dell'uovo, aggiungervi l'aceto bianco e portare a ebollizione; quando avremo l'acqua in ebollizione, creare un «mulinello» con un cucchiaio girandolo nel pentolino, quindi rompervi l'uovo lasciandolo scivolare al centro del mulinello, abbassare la fiamma perché l'acqua non bolla troppo forte e lasciar cuocere l'uovo per un minuto circa (il tempo di cottura varierà a seconda dei propri gusti, tenendo presente che il tuorlo dell'uovo poché o in camicia non dovrebbe essere cotto). Una volta cotto l'uovo, tirarlo su dall'acqua con una schiumarola e poggiarlo su un piattino con un foglio di carta assorbente (tipo scottex) perché venga appunto assorbita l'acqua.

Porre i germogli di spinaci sul fondo di un piatto, spargere i cubetti di tofu, i filetti di mandorle, i fiocchi d'avena e, infine, sistemare al centro l'uovo.

Questo tipo di cottura utilizzato per l'uovo, permette di non condire con altri grassi l'insalata di spinaci, essendo l'uovo stesso, una volta aperto, a far da condimento per il piatto.

ZUPPA DI CIPOLLE
CON BOCCONCINI D'AGNELLO ALLA SOIA

12 blocchi

960 g di cipolle bionde
400 g di verza
1 litro di brodo vegetale
75 g di farina d'orzo
420 g di lombatine d'agnello
2 cucchiai di salsa di soia
4 cucchiaini di olio extravergine d'oliva
5 foglie di menta
timo
sale e pepe

Versare la farina d'orzo in una piccola teglia da forno e farla tostare infornandola per 3-4 minuti a 180 °C.

Pelare le cipolle e affettarle finemente, avendo l'accortezza di tenere mezza cipolla da parte che verrà usata in un successivo passaggio.

In una pentola, scaldare 2 cucchiaini di olio e unirvi le cipolle tenendo la fiamma al minimo. Rimestare spesso con un cucchiaio di legno per evitare di far attaccare le cipolle al fondo della pentola. Salare e pepare e continuare a mescolare, lasciando cuocere così le cipolle per una decina di minuti. A questo punto, aggiungere la farina tostata e coprire con il brodo vegetale. Lasciar cuocere per almeno 40 minuti, sempre a fiamma al minimo e tenendo la pentola coperta con un coperchio.

Sfogliare la verza e lavarla.

In una pentola, portare a ebollizione dell'acqua salata, scottarvi la verza sfogliata per un minuto, scolare, raffreddare in una bacinella con acqua e ghiaccio o sotto l'acqua corrente fredda e asciugare tamponando le foglie di verza fra due strati di carta assorbente.

Salare e pepare le lombatine d'agnello.

Scaldare bene una piastra in ghisa o antiaderente, o in mancanza della piastra, una padella di ferro. Ungere la carne con il restante olio e scottarla sulla piastra o nella padella per 3 minuti circa per lato.

Stendere le foglie di verza come se si trattasse di sfoglie di pasta per cannelloni e calcolare quante se ne dovranno utilizzare per arrotolarci le lombatine d'agnello. Quelle in esubero metterle da parte.

Tritare la mezza cipolla tenuta da parte; in un pentolino portare a ebollizione dell'acqua salata e sbianchirvi la cipolla tritata per un minuto e scolare.

Tagliare a coltello finemente la verza tenuta da parte.

Tagliare finemente le foglie di menta.

In una bacinella unire la cipolla tritata e sbianchita, le verze, la menta, la salsa di soia, salare leggermente, pepare e mescolare bene. Avremo ottenuto una farcia.

Distribuire la farcia preparata come spiegato sopra sulle foglie di verza stese, poggiarvi le lombatine d'agnello, arrotolare le foglie di verza stringendo bene affinché rimangano ben aderenti alla carne.

Foderare una teglia con un foglio di carta da forno e poggiarvi sopra le lombatine d'agnello avvolte nelle foglie di verza e infornare a 160 °C per 5 minuti circa. Una volta cotte, lasciarle riposare per un paio di minuti tenendo coperta la teglia con della carta stagnola (questo per rendere più tenera la carne), quindi tagliare le lombatine ricavandone dei medaglioni.

Servire la zuppa di cipolle nei piatti fondi, finendola con una spolverata di pepe e del timo sfogliato, quindi poggiarvi sopra i medaglioni d'agnello.

Montare i tortini di scarola direttamente su una teglia foderata con carta da forno (se lo possedete, aiutatevi con un cerchio da cucina, detto «coppapasta», che permette di ottenere un ottimo risultato anche esteticamente). Per montare i tortini usare una rondella di pomodoro come base, poggiarvi la scarola unita agli altri ingredienti, poi ancora il pomodoro a chiudere.

Infornare a 200 °C per 5 minuti circa e servire.

ZUPPA DI POMODORO FREDDO CON RICOTTA ALLE NOCI ED ERBA CIPOLLINA

2 blocchi

520 g di pomodori maturi
160 g di ricotta di latte vaccino
1 noce
1/3 di cucchiaino di olio extravergine d'oliva
4-5 fili di erba cipollina
5-6 foglie di basilico
1 cucchiaino di aceto balsamico tradizionale
peperoncino in polvere o tabasco
sale

Porre sul fuoco una pentola d'acqua e portare a ebollizione; lavare i pomodori, inciderli a croce con un coltellino e immergerli nell'acqua in ebollizione facendoveli rimanere per un minuto, quindi scolarli e raffreddarli immediatamente in una bacinella con acqua e ghiaccio o sotto un getto d'acqua corrente. Una volta raffreddati i pomodori, spellarli e tagliarli a pezzettoni. Porre quindi i pomodori tagliati in un frullatore e frullare aggiungendo le foglie di basilico lavate, l'aceto balsamico e una punta di peperoncino o qualche goccia di tabasco, a seconda dei propri gusti. Una volta frullato il tutto, passare a un colino fine e riporre in una boule in frigorifero.

Porre in una terrina la ricotta; a parte tritare le noci e unirle alla ricotta, lavorando bene e a lungo con un cucchiaio di legno; assaggiarne il gusto e, se il caso, salare.

Tritare finemente e a coltello l'erba cipollina.

Servire in un piatto fondo la zuppa di pomodoro fredda sistemando al centro la ricotta (operazione che sarà possibile compiere aiutandosi con un cerchio) e guarnendo il piatto con l'erba cipollina. Completare con un giro di olio versato dal cucchiaino «a filo».

CARPACCIO D'ANANAS SPEZIATO E PICCOLA BAVARESE ALLE MANDORLE

24 blocchi

900 g d'ananas già pulito
1/2 litro d'acqua
90 g di fruttosio puro (10 cucchiai)
240 g di moscato
la scorza di 2 arance e 1 limone
1 stecca di cannella
1 baccello di vaniglia
6-7 bacche di pepe rosa
6 frutti d'anice stellato
2400 g di latte di soia
400 g di yogurt magro
12 misurini di proteine EnerZona Whey 90
66 g di mandorle già pelate
16 g di colla di pesce
qualche ciuffetto di menta per guarnire il piatto

Affettare finemente l'ananas già pulito (per chi ne disponesse, utilizzare un'affettatrice) e disporre le fette in una pirofila.

Preparare uno sciroppo versando in un pentolino l'acqua, 70 g di fruttosio puro, il moscato, la cannella, il baccello di vaniglia tagliato per il lungo, l'anice stellato, le bacche di pepe rosa, le scorze d'arancia e limone. Portare sul fuoco e lasciar ridurre della metà il liquido.

Versare lo sciroppo così preparato e ancora caldo sull'ananas; coprire con della pellicola e lasciare il tutto in infusione per 24 ore in frigorifero.

Per la bavarese: in una pentola versare il latte di soia, unire 20 g di fruttosio, le mandorle pelate e le proteine del latte Enervit. Portare sul fuoco e lasciar ridurre dolcemente il latte di soia di 2/3 rimestando spesso. Togliere dal fuoco il latte che dovrà risultare di 8 dl. Frullare il tutto con un frullatore.

Ammollare in una bacinella con acqua fredda la colla di pesce per almeno 5 minuti; strizzarla con le mani e metterla in un pentolino. Versarvi un mestolino del latte di soia ridotto, portare sul fuoco e con una frusta far sciogliere bene la colla di pesce; facendola passare in un colino, versarla nel latte di soia preparato come sopra. Lasciar raffreddare bene. A freddo unire lo yogurt mescolando bene. Versare negli stampini monouso da bavarese (gli stampini d'alluminio usa e getta che si trovano normalmente in ogni supermercato, vanno bene) e riporre in frigorifero per almeno 3 ore, il tempo necessario a che la colla di pesce tiri bene.

Servire in un piatto piano le fette d'ananas a mo' di carpaccio e sformare al centro la piccola bavarese di mandorle. Utilizzare lo sciroppo della marinatura dell'ananas per salsare e decorare con qualche frammento di cannella, vaniglia, anice stellato e qualche fogliolina di menta.

COMPOSIZIONE DI GUSTI PER RICOTTA DI PECORA

2 blocchi

150 g di ricotta di pecora
1 noce
8 pinoli
50 g di pere martine
20 g di zenzero
70 g di lamponi
1 cucchiaino scarso di miele
45 g di ananas pulito
cannella in polvere
1 cucchiaino di semi di papavero
1 cucchiaino di salsa di soia
1 baccello di vaniglia
1 frutto di anice stellato

In un recipiente lavorare con una frusta la ricotta di pecora unendovi i semi di papavero; così facendo, si incorporerà aria e la ricotta risulterà quasi spumosa.

In un pentolino versare 2 dl d'acqua e immergervi il baccello di vaniglia tagliato a metà per il lungo e l'anice stellato; porre sul fuoco e lasciar ridurre l'acqua della metà, quindi spegnere il fuoco e lasciare vaniglia e anice stellato in infusione.

Lavare la pera e, senza pelarla, tagliarla a fettine sottili per il lungo, privandola naturalmente di semi e torsolo; foderare una teglia con carta da forno e sistemarvi sopra le fettine di pere, spolverarle di cannella, quindi infornare a 140 °C per 5 minuti circa.

COPPA D'ORZO ALLA VANIGLIA E PISTACCHI CON FRAGOLE ALL'ACETO BALSAMICO

12 blocchi

65 g di orzo
480 g di latte di soia
1 baccello di vaniglia
8 misurini di proteine EnerZona Whey 90
4 cucchiai di fruttosio
1 uovo intero e 1 tuorlo d'uovo
30 g di pistacchi
510 g di fragole
1 cucchiaio di aceto balsamico
qualche fogliolina di menta per guarnire
sale

Tritare abbastanza finemente i pistacchi già pelati.

In un pentolino, portare a ebollizione dell'acqua e cuocervi per 30 minuti l'orzo; una volta cotto, scolare l'orzo e rimetterlo nel pentolino sostituendo l'acqua con il latte di soia. Aggiungere il baccello di vaniglia, 3 cucchiai di fruttosio, le proteine Whey, i pistacchi tritati e un pizzico di sale. Lasciar cuocere, rimestando spesso, per altri 15 minuti. Il latte dovrà essere asciugato del tutto perché si possa procedere.

Una volta tolto dal fuoco, unire all'orzo l'uovo intero e amalgamare bene con un cucchiaio di legno, quindi unire anche il tuorlo d'uovo e continuare ad amalgamare bene, fino a incorporare del tutto le uova all'orzo.

Lasciar riposare l'orzo così preparato per una decina di minuti, togliere il baccello di vaniglia e dividere l'orzo così cotto nelle coppette.

Pulire e lavare le fragole, quindi tagliarle a pezzettoni e metterle in una ciotola; unire un cucchiaio di fruttosio e il cucchiaio di aceto balsamico. Con l'aiuto di una forchetta, schiacciare le fragole fino a far loro prendere le sembianze di una composta.

Una volta raffreddato l'orzo nelle coppe, versarvi sopra le fragole, guarnire con qualche foglia di menta e servire.

MELONE ALLA PIASTRA CON SALSA DI YOGURT E MENTA

6 blocchi

360 g di melone già pulito
400 g di yogurt di soia
2 cucchiai di fruttosio
48 pinoli
4 misurini di proteine EnerZona Whey
la scorzetta di mezzo limone
foglie di menta

Tagliare a fette non troppo sottili il melone.

Versare in una ciotola lo yogurt, aggiungere il fruttosio, le proteine Whey, la scorzetta di limone e le foglie di menta tagliate a julienne; lavorare bene con una frusta.

Scaldare bene una padella antiaderente e farvi tostare i pinoli per 2-3 minuti a fuoco vivace avendo cura di muoverli in continuazione perché non brucino.

Scaldare bene una piastra o una padella di ferro e arrostirvi il melone da entrambe le parti per almeno un minuto per parte.

Servirlo caldo, appena tolto dalla piastra o dalla padella di ferro e accompagnarlo con la salsa di yogurt e menta; completare con i pinoli tostati. Guarnire con le foglie di menta.

MOUSSE DI MANDORLE E COMPOSTA DI PERE

6 blocchi

840 g di latte di soia
500 g di yogurt di soia
2 cucchiai scarsi di fruttosio
18 g di mandorle
14 g di colla di pesce
300 g di pere
2 frutti di anice stellato
la scorzetta di 1 limone e mezzo
2 stecche di cannella
1 cucchiaino di cannella in polvere

Mettere a mollo 12 g di colla di pesce in acqua fredda e lasciarvela almeno 5 minuti.

In un pentolino versare 600 g latte di soia, portarlo a ebollizione, quindi unirvi 1 cucchiaio scarso di fruttosio, le mandorle pelate e infine la colla di pesce strizzata. Lasciar andare sul fuoco per un paio di minuti ancora, quindi frullare il tutto per fare in modo che le mandorle rilascino il più possibile il loro gusto, vista l'esigua quantità. Lasciar raffreddare.

Una volta freddo, versare il composto in una bacinella, riporre in frigorifero e lasciar rapprendere bene.

Pelare le pere, privarle di torsoli e semi quindi tagliarle a pezzetti.

Far cuocere quindi le pere in una casseruola a fuoco moderato, unendo 1/2 cucchiaio di fruttosio, 1 stecca di cannella, 1 bicchiere d'acqua, l'anice stellato e la scorzetta di limone. Rimestare con un cucchiaio di legno e lasciar andare, sempre a fuoco moderato, per 10 minuti circa. Togliere dal fuoco e lasciar raffreddare.

Mettere a mollo 2 g di colla di pesce e lasciarvela per almeno 5 minuti, quindi strizzarla e metterla in un pentolino insieme a 240 g di latte di soia, 1 stecca di cannella, 1/2 cucchiaio di fruttosio e portare a ebollizione lavorando con una frusta.

Non appena il latte bollirà, spegnere il fuoco, lasciar raffreddare e poi riporre in frigorifero perché la salsa andrà servita ben fredda.

Servire la bavarese in un piatto aiutandosi con due cucchiai, accompagnare con la composta di pere e salsare con la salsa alla cannella. Spolverare il dessert con la cannella in polvere.

TORTA FREDDA DI YOGURT E LAMPONI CON SALSA DI KIWI

12 blocchi

500 g di yogurt di soia
4 cucchiai di fruttosio
9 e 1/2 misurini di proteine EnerZona Whey
36 g di mandorle pelate
scorzetta di arancia e di limone grattugiata
1 barra di agar agar
420 g di lamponi
3 foglie di menta
400 g di kiwi

Mettere a mollo in acqua fredda mezza barra di agar agar e lasciarvela almeno 5 minuti.

Tagliare finemente le mandorle pelate.

In una bacinella mescolare bene lo yogurt di soia, le proteine Whey, 2 cucchiai di fruttosio, la scorzetta di limone e le mandorle.

In un pentolino versare 1 dl d'acqua, unirvi l'agar agar strizzata e portare sul fuoco, evitando di alzare troppo la fiamma; con una frusta sciogliere completamente l'agar agar frustando energicamente, quindi unirla allo yogurt facendola passare da un colino.

Questa è un'operazione delicata, occorre mescolare molto bene e rapidamente l'agar agar con il resto degli ingredienti perché si ottenga il risultato ottimale.

Versare quindi lo yogurt unito agli altri ingredienti in una tortiera a bordo alto staccabile, perché non andrà rovesciata. Riporre in frigorifero e lasciarvela almeno un'ora perché solidifichi correttamente.

Mettere a mollo in acqua fredda l'altra mezza barra di agar agar e lasciarvela, come detto sopra, almeno 5 minuti.

In una casseruola versare i lamponi e 2 cucchiai di fruttosio, portarli sul fuoco e rimestare con un cucchiaio di legno. Strizzare l'agar agar, unirla ai lamponi e lasciar andare il tutto a fuoco vivo per un paio di minuti, sempre rimestando.

Tagliare a julienne la menta e unirla ai lamponi, quindi togliere dal fuoco e lasciar raffreddare.

Quando la composta di lamponi sarà fredda ma non ancora solidificata, versarla sulla base di yogurt che, nel frattempo, si sarà invece solidificata. Riportare in frigorifero e lasciarvela almeno un paio d'ore.

Pelare i kiwi, tagliarli a dadini privandoli della parte interna legnosa. In una casseruola, portare a ebollizione 2 dl d'acqua, unirvi i kiwi tagliati e lasciar cuocere 5 minuti. Passare il tutto al frullatore e unire la scorzetta d'arancia. Lasciar raffreddare.

Servire la torta di yogurt e lamponi così preparata, fredda, «sformandola» dalla tortiera semplicemente sollevandone il bordo e tagliandola a fette. Accompagnare con la salsa di kiwi.

ZABAIONE FREDDO ALL'ARANCIA

10 blocchi

6 uova
6 cucchiai di fruttosio
14 g di colla di pesce
460 g di arance spremute
400 g di yogurt di soia
2 misurini di proteine EnerZona Soia
30 g di mandorle

Mettere a mollo in acqua fredda la colla di pesce e lasciarvela almeno 5 minuti.

In una bacinella d'acciaio o di vetro rompere le uova, unire il fruttosio. Riempire a metà una pentola d'acqua, portarla sul fuoco e utilizzarla come bagnomaria. Poggiare quindi sul bagnomaria la bacinella con uova e fruttosio e montare lo zabaione battendo bene con una frusta. Strizzare la colla di pesce e unirla alle uova.

Continuare a battere con la frusta; occorreranno almeno 6-7 minuti perché le uova montino bene.

Una volta montato lo zabaione, immergere la bacinella in un'altra bacinella con acqua e ghiaccio e continuare a battere con la frusta fino a far raffreddare lo zabaione.

Unire il succo d'arancia, continuando a lavorare con un cucchiaio di legno.

Aggiungere infine lo yogurt e le proteine di soia, amalgamare bene il tutto e versare nelle tazze scelte per servire lo zabaione, quindi riporre in frigorifero e servire freddo.

ZUPPETTA DI MELONE MANDORLATA CON RICOTTA AI LAMPONI

10 blocchi

600 g di melone pulito e già privato dei semi
140 g di lamponi
4 cucchiai di fruttosio purissimo
400 g di ricotta di latte vaccino
5 misurini di proteine del latte Enervit
30 g di mandorle pelate
4-5 foglie di menta

Frullare il melone pulito e le mandorle e riporre in frigorifero.

In una bacinella, mescolare energicamente la ricotta, le proteine del latte Enervit, i lamponi, le foglie di menta tagliate a julienne e il fruttosio. Riporre in frigorifero.

Servire in un piatto fondo la zuppetta di melone e sistemare al centro la ricotta ai lamponi aiutandosi con un cerchio da pasticceria o con due cucchiai. Guarnire con una foglia di menta.

5

Mettiamo a punto la Zona con la soia

La Zona con la soia si basa sul raggiungimento di uno specifico obiettivo, quello di mantenere costantemente i valori dell'insulina all'interno della Zona. La maggior parte di noi riesce a ottenere questo risultato utilizzando il metodo a occhio da me descritto nel Capitolo 2. Alcuni, però, hanno bisogno di una maggiore precisione e devono calcolare l'esatta quantità di proteine da fornire al proprio corpo.

Per esempio, se svolgete un intenso programma di allenamento con i pesi o eseguite con regolarità altri esercizi fisici pesanti, dovete assumere più proteine (e anche più carboidrati) rispetto al soggetto medio del vostro sesso. È possibile che vi occorrano più proteine anche se siete obesi, cioè se superate il vostro peso ideale di oltre il 30%.

Come capire se tutto funziona

Se avete consumato un pasto che vi ha fatti entrare nella Zona, nelle successive 4-6 ore dovreste trovarvi nelle seguenti condizioni fisiche e mentali:

1. nessuna sensazione di fame;
2. nessun'irresistibile voglia di mangiare carboidrati;
3. buon livello di concentrazione e lucidità mentale;
4 buone prestazioni fisiche.

Per capire se dovete introdurre qualche ritocco nel vostro programma alimentare della Zona potete fare un test semplicissimo. Quattro ore dopo aver consumato un pasto ponetevi due domande: 1) Ho fame? e 2) La mia mente è lucida e concentrata? Se non sentite fame e siete lucidi e concentrati, non c'è dubbio: il vostro ultimo pasto vi ha fatti entrare nella Zona. Se, al contrario, quattro ore dopo un pasto avete fame e vi sentite in condizioni mentali insoddisfacenti, probabilmente in quel pasto avete mangiato troppi carboidrati in rapporto alle proteine. Come ho già sottolineato, consumare un pasto costituito principalmente di glucidi provoca un'impennata dei livelli dell'insulina che, a sua volta, fa crollare i livelli dello zucchero nel sangue. Ecco perché tre o quattro ore dopo aver mangiato, per esempio, un pranzo a base di pasta, vi sentite fiacchi e confusi. In sostanza, state pagando il prezzo ormonale dell'incremento della secrezione d'insulina che avete involontariamente stimolato.

Imparate a prendere nota delle sensazioni che provate dopo ogni pasto. Se poche ore dopo aver mangiato vi sentite a terra, la prossima volta che consumerete il medesimo pasto mantenete costante la dose di proteine ma abbassate quella di carboidrati. Se, invece, tre o quattro ore dopo aver mangiato sentite fame ma avete conservato una buona concentrazione mentale, allora vuol dire che avete consumato troppo pochi glucidi rispetto alle proteine. In sostanza, avete fatto calare troppo i valori ematici dell'insulina. Come si può rimediare? La prossima volta che consumerete il medesimo pasto aumentate la dose di carboidrati semplici, mantenendo allo stesso livello, invece, il consumo di proteine.

È tutta una questione di numeri

Fin qui, ho parlato dell'ingresso nella Zona indicandovi alcune semplici regole pratiche: preparate a occhio le vostre porzioni; suddividete il piatto in tre parti; mangiate una porzione di proteine di soia non eccedente la superficie e lo spessore del palmo della vostra mano. La Zona, però, si basa su principi matematici secondo i quali è possibile stabilizzare i livelli d'insulina rispettando un preciso rapporto tra le proteine e i carboidrati consumati a ogni pasto. Più precisamente, la curva dei rapporti proteine/carboidrati che vi consentono di rimanere nella Zona ha una forma a campana, come mostra la *Figura 5.1*.

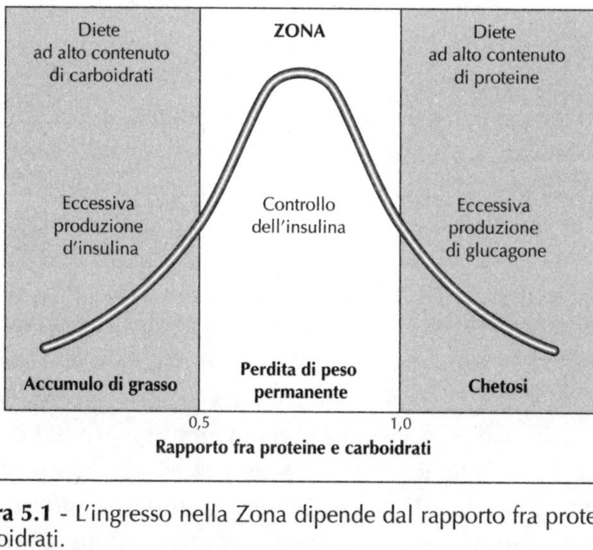

Figura 5.1 - L'ingresso nella Zona dipende dal rapporto fra proteine e carboidrati.

Se a un pasto consumate una quantità più che doppia di carboidrati rispetto alle proteine (cioè se il rapporto proteine/carboidrati di quel pasto risulta inferiore a 0,5), il vostro corpo tenderà a produrre troppa insulina. Viceversa, se mangiate più proteine che carboidrati (cioè se il rapporto proteine/carboidrati di quel pasto risulta superiore a 1), il vostro corpo produrrà un eccesso di ormone glucagone. Raggiungere la Zona è, dunque, un po' come scegliere la temperatura di una minestra: non deve essere né troppo calda (troppa insulina), né troppo fredda (troppo glucagone), ma calda al punto giusto (in Zona).

Se vi sembra di non riuscire a ottenere dalla dieta della Zona con la soia tutti i benefici attesi, potete utilizzare questo capitolo per operare qualche piccola correzione di rotta. Il primo passo consiste nell'individuare con maggior precisione il vostro personale fabbisogno proteico, incominciando dal calcolo della vostra percentuale di grasso corporeo.

Il vostro obiettivo, con la dieta della Zona con la soia, è quello di perdere il grasso corporeo in eccesso conservando, al contempo, la massa muscolare, o massa corporea magra. Ecco perché è così importante mantenere un adeguato apporto proteico: senza di esso non vi sarebbe possibile conservare o anche incrementare la massa magra del vostro corpo. La massa grassa, al contrario, non necessita di alcun apporto proteico: potreste, infatti, ingrassare a piacimento (come se questa fosse la vostra aspirazione!) semplicemente rimpinzandovi di glucidi a volontà. Per questa ragione, la vostra personale prescrizione di proteine viene determinata esclusivamente sulla base del peso della vostra massa magra, ovvero del vostro peso corporeo totale meno il peso del grasso complessivo (la massa grassa). Potete calcolare quanti chilogrammi di grasso contiene il vostro corpo determinando la vostra percentuale di grasso corporeo e potete eseguire questa operazione senza problemi seguendo le istruzioni fornite nell'Appendice B.

Quante proteine dovete assumere?

Il vostro particolare fabbisogno proteico dipende dalla vostra massa corporea magra e dal livello di attività fisica che svolgete regolarmente. Per calcolare la vostra massa magra dovete prima determinare quanti chili di grasso sono presenti nel vostro corpo e poi sottrarli dal vostro peso totale. La formula da utilizzare è la seguente:

peso corporeo totale × percentuale di grasso corporeo = massa grassa (chilogrammi totali di grasso corporeo)

A titolo di esempio, prendiamo un soggetto maschio che pesa 80 chilogrammi e ha una percentuale di grasso corporeo del 20%. In questo caso, la sua massa grassa totale sarebbe:

$$80 \text{ kg} \times 0{,}20 = 16 \text{ kg}$$

Ciò significa che il nostro maschio tipo ha nel suo corpo 16 chilogrammi di puro grasso. Poiché ogni chilogrammo di grasso contiene circa 7700 calorie di energia, il soggetto dell'esempio possiede l'equivalente di

16 kg di grasso × 7700 calorie/kg di grasso
= 123.200 calorie di scorta

che sono un bel po' di calorie, sufficienti a consentirvi di correre una cinquantina di maratone di fila, qualora tutta quell'energia fosse davvero immediatamente disponibile. Sfortunatamente, quando i livelli dell'insulina sono elevati non è possibile attingere a un simile monte praticamente illimitato di energia di scorta, in quanto l'eccesso di quell'ormone ne impedisce il rilascio.

La massa magra si ottiene semplicemente sottraendo il grasso totale dal peso corporeo totale. Nell'esempio, il soggetto maschio di 80 chilogrammi di peso avrebbe:

80 kg di peso totale – 16 kg di grasso
= 64 kg di massa corporea magra

Sono questi 64 chilogrammi di massa magra che necessitano di apporto proteico per essere mantenuti integri.

Oltre alla massa magra, dovete tenere conto anche del livello di attività fisica che svolgete regolarmente. Quando non siete seduti di fronte allo schermo di un computer vi accomodate in poltrona a guardare la televisione? O, invece, vi allenate intensamente due volte al giorno? Maggiore è il livello di attività fisica, maggiore è il quantitativo di proteine necessarie a conservare la massa magra. Ricordatevi che l'esercizio fisico provoca il consumo del tessuto muscolare e, quindi, in quel caso servono più proteine alimentari per ripristinare le cellule muscolari esistenti e per costruire nuovo tessuto muscolare. Individuate il vostro livello di attività fisica nella *Tabella 5.1* e inserite il numero corrispondente nella formula successiva per determinare la vostra personale prescrizione di proteine.

La formula per determinare la vostra prescrizione di proteine è la seguente:

massa corporea magra × grammi di proteine/
kg di massa magra = prescrizione di proteine

Livello di attività	Grammi di proteine per kg di massa magra
Sedentario	1,10
Attività leggera (per esempio, qualche camminata)	1,32
Attività moderata (allenamenti per 1,5 ore/settimana)	1,54
Attivo (allenamenti da 1,5 a 2,5 ore/settimana)	1,76
Molto attivo (più di 2,5 ore settimana di allenamento)	1,98
Atleta agonistico	2,20

Tabella 5.1 - Attività fisica e fabbisogno proteico.

Proseguendo con l'esempio precedente, supponiamo che il nostro soggetto maschio di 80 chilogrammi di peso con il 20% di massa grassa si alleni per 30 minuti tre volte alla settimana, per un totale di 1,5 ore di attività fisica. Ricordate che abbiamo già calcolato la sua massa magra, pari a 64 chilogrammi. La sua prescrizione di proteine sarebbe:

$$64 \text{ kg} \times 1{,}54 \text{ g di proteine} = 99 \text{ g di proteine}$$

Pertanto il soggetto in questione dovrebbe consumare un totale di circa 100 grammi di proteine nell'arco della giornata. Ecco perché io raccomando non più di 35 grammi di proteine a pasto per l'uomo medio. Colazione, due pasti della Zona con la soia più due spuntini (contenenti 7 grammi di proteine ciascuno) possono appunto fornire all'incirca il quantitativo calcolato.

Ripetiamo, ora, il calcolo applicandolo a una donna che pesa 68 chilogrammi e ha il 30% di grasso corporeo. Innanzitutto, dobbiamo determinare la sua massa grassa totale:

$$68 \text{ kg} \times 0{,}30 = 20 \text{ kg di massa grassa}$$

Ora, possiamo calcolare la massa magra di questo soggetto:

$$68 \text{ kg} - 20 \text{ kg di massa grassa} = 48 \text{ kg di massa magra}$$

Se questa donna si allena 30 minuti per tre volte alla settimana, il suo fattore di esercizio fisico è 1,54 g/kg di massa magra. A questo punto abbiamo tutti gli elementi per calcolare con precisione il suo fabbisogno proteico:

$$48 \text{ kg di massa magra} \times 1{,}54 \text{ g/kg di massa magra} = 74 \text{ g}$$

Pertanto, se questa donna consuma una media di 20 grammi di proteine per ciascuno dei tre pasti principali e 7 grammi di proteine per ciascuno dei due spuntini, alla fine della giornata avrà assunto il quantitativo calcolato.

Così, ora potete comprendere i calcoli che sono alla base delle mie raccomandazioni generali riguardo alla prescrizione di proteine.

Facciamo, ora, un breve riassunto dei passi da compiere per determinare la vostra personale prescrizione di proteine:

1. determinate, con l'ausilio dell'Appendice B, la vostra percentuale di grasso corporeo;
2. calcolate la vostra massa grassa totale;
3. calcolate la vostra massa magra totale;

4. determinate il vostro livello di attività fisica;
5. calcolate quanti grammi di proteine dovete mangiare su base giornaliera.

Una volta completati i calcoli, vi potrà succedere di scoprire che dovete mangiare meno proteine dei 75 grammi per le donne o dei 100 grammi per gli uomini da me raccomandati. In questo caso, vi consiglio caldamente di dimenticarvi dei vostri calcoli e di attenervi comunque a un consumo *minimo* di 75 grammi di proteine al giorno. Ciò equivale a mangiare una media di almeno 20 grammi di proteine nei tre pasti (colazione, pranzo e cena) della Zona con la soia e consumare due spuntini contenenti circa 7 grammi di proteine l'uno.

Anni di studi clinici condotti su diabetici di tipo 2 mi hanno convinto che questa dose minima di 75 grammi di proteine al giorno fornisce ottimi risultati sia con soggetti diabetici sia con tutti gli altri. Anche mangiando 75 grammi di proteine al giorno, se ne assume comunque una dose inferiore a quella abituale degli abitanti di Okinawa.

Tenete presente che quella della Zona con la soia non è una «dieta» nel senso tradizionale del termine. Siamo abituati a considerare le diete come rimedi di emergenza per perdere peso temporaneamente, sentendoci poi liberi di tornare alle nostre vecchie abitudini alimentari, proprio le maggiori responsabili dell'aumento di peso che intenderemmo combattere. La dieta della Zona, al contrario, è un programma di gestione alimentare basato sull'equilibrio e la moderazione, espressamente finalizzato a un migliore controllo dei livelli d'insulina. Pensate alla Zona come a un libretto degli assegni ormonale. Come nel caso di quello bancario, non è necessario che i conti tornino al centesimo affinché svolga correttamente le sue funzioni: quello che vi interessa veramente è soltanto assicurarvi che sul conto ci siano fondi sufficienti a evitare che il vostro prossimo assegno risulti scoperto. La Zona è simile: dovete mantenere il migliore equilibrio possibile tra proteine e carboidrati per evitare che il prossimo assegno ormonale che state staccando non venga respinto al mittente nelle prossime quattro-sei ore.

A questo punto, avete due possibilità: la prima è quella di continuare a utilizzare il metodo a occhio e sperimentare alcune delle ricette descritte nel Capitolo 4. Usare queste ricette è la scelta più semplice delle due, in quanto richiede il minimo impegno di calcolo.

La seconda possibilità è quella di regolare con maggiore precisione la dieta della Zona con la soia, utilizzando la vostra personale prescrizione di proteine. Questa scelta è leggermente più impegnativa, ma vi consente di conseguire un migliore controllo dei livelli d'insulina e di ottimizzare i vostri specifici processi biochimici. Se optate per questa seconda possibilità, potete servirvi del metodo dei «blocchetti alimentari della Zona».*

La suddivisione 40-30-30

Per avere il migliore equilibrio possibile fra gli ormoni (in particolare quello fra insulina e glucagone), per raggiungere, dunque, quello che è uno degli obiettivi della Zona, a ogni pasto e a ogni spuntino dovrete assumere il 40% delle calorie sotto forma di carboidrati, il 30% delle calorie sotto forma di proteine e il 30% delle calorie sotto forma di grassi. In passato c'è stato chi ha erroneamente

* Vedi anche G. Braga, *La Zona italiana*, A. e M. Romano, *Vivere in Zona* e B. Sears, *La Zona: la nuova alimentazione*, tutti pubblicati da Sperling & Kupfer.

creduto che queste percentuali fossero riferite non alle calorie, ma al peso. Aveva dunque sostenuto che la Zona era una dieta esageratamente ricca di grassi; a parità di peso, infatti, i grassi forniscono una quantità più che doppia di calorie rispetto ai carboidrati e alle proteine. In realtà – lo si ripete ancora – la suddivisione 40-30-30 va riferita alle calorie.

Il metodo dei blocchetti alimentari della Zona

Mi rendo conto che potreste trovare fastidioso o persino problematico dover verificare e registrare a ogni pasto il numero di grammi di proteine, carboidrati e grassi serviti in tavola. Di conseguenza, mi sono posto il problema di semplificare al massimo questo sistema di computo, sviluppando un altro approccio noto come metodo dei «blocchetti alimentari della Zona». Si tratta di un sistema di bilanciamento alimentare che vi consente di realizzare facilmente il corretto equilibrio tra proteine, carboidrati e grassi a ogni pasto e spuntino. Un blocchetto o miniblocco di proteine contiene 7 grammi di proteine, un blocchetto di carboidrati ne contiene 9 di carboidrati e un blocchetto di grassi ne contiene 3 di grassi: un blocchetto di proteine più uno di carboidrati più uno di grassi formano un blocco.

Per tutti i pasti della Zona, il punto di partenza della preparazione è dato dal fabbisogno proteico. Nel caso della donna media, questa grandezza equivale a circa 20 grammi per pasto, che possono essere convertiti in blocchetti nel modo seguente:

20 g di proteine : 7 g di proteine/blocchetto
= circa 3 blocchetti

La medesima formula si applica anche per calcolare i blocchetti alimentari della Zona per l'uomo medio, che necessita di circa 30 grammi di proteine a pasto:

30 g di proteine : 7 g di proteine/blocchetto
= circa 4 blocchetti

Sapendo che la Zona si basa sul principio del bilanciamento dei cibi che mangiate, probabilmente avete già indovinato quanti grassi dovrete consumare se il vostro fabbisogno proteico è di 3 blocchetti di proteine a pasto. Sì, esattamente 3 blocchetti a pasto. Se, invece, il vostro fabbisogno proteico è di 4 blocchetti a pasto, dovrete consumare 4 blocchetti completi a pasto anche di carboidrati e grassi. A ogni spuntino, dovrete mangiare 1 blocchetto di proteine, 1 di carboidrati e 1 di grassi.

Con il metodo dei blocchetti, i calcoli necessari per preparare un pasto della Zona con la soia vengono enormemente semplificati: vi basterà affiancare un blocchetto alimentare di carboidrati e uno di grassi a ogni blocchetto di proteine. Smettete di aggiungere blocchetti della Zona quando avete raggiunto il numero complessivo di blocchetti prescritto per quel pasto. Nell'Appendice A trovate una serie di tabelle in cui per ciascun alimento vengono indicati i volumi o i pesi corrispondenti a un blocchetto alimentare della Zona. Forse impiegherete un po' di tempo ad abituarvi a questo sistema ma, in compenso, lo troverete molto più facile da utilizzare nella pratica.

Il metodo dei blocchetti si rivela particolarmente utile quando vi accorgete, esaminando i vostri sintomi, che l'ultimo pasto non vi ha fatti entrare nella Zona. Se dopo un pasto vi sentite affaticati e con la mente annebbiata, preparatevi nuovamente entro qualche giorno il medesimo pasto, mantenendo costante il numero di blocchetti di proteine ma diminuendo di uno quelli di carboidrati. Analogamente, se dopo un pasto avete ancora fame e vi sentite la mente lucida, dovete provare a servirvi di nuovo il medesimo pasto, ma questa volta aumentando di uno il numero dei blocchetti di carboidrati.

Come diventare maestri della Zona

Proprio come nelle arti marziali acquisite il diritto di indossare cinture di diversi colori a seconda delle vostre capacità e dell'impegno che siete disposti a spendere, anche nel percorso che porta a diventare maestri della Zona potete raggiungere vari livelli di capacità e impegno. La differenza è che nella Zona potete scegliere se partire direttamente dal livello 3, il più elevato, oppure percorrere tutte le tappe dal livello 1 fino a quello 3, fermandovi al livello di cui vi sentite in grado di rispettare le regole su base permanente. Ecco tutte le informazioni che vi servono per diventare maestri della Zona, partendo dal livello più semplice fino a quello più avanzato.

Livello 1: seguite le regole alimentari dettate dal buonsenso, quelle che vi indicavano già le vostre nonne

1. Mangiate più frutta e verdura e meno pasta, pane, cereali e patate.
2. Mangiate a ogni pasto piccole quantità di proteine magre (non più del volume del palmo della vostra mano).
3. Consumate pasti più piccoli e frequenti, e anche meno calorici.

Livello 2: cominciate a prestare più attenzione

1. Seguite a ogni pasto il metodo a occhio, riempiendo il piatto per due terzi con carboidrati semplici e per un terzo con proteine.
2. Aggiungete a ogni pasto un po' di grassi monoinsaturi.
3. Prendete tutti i giorni integratori di acidi grassi omega 3 a catena lunga e di vitamine.

Livello 3: cominciate a ragionare con una prospettiva ormonale

1. Calcolate il vostro fabbisogno proteico giornaliero e distribuitelo in tre pasti e due spuntini.
2. Cercate di minimizzare il consumo di pasta, pane, cereali e patate, privilegiando verdura e frutta.
3. Non lasciate mai passare più di cinque ore senza consumare un pasto o uno spuntino della Zona.
4. Mangiate sempre una colazione della Zona entro un'ora dal risveglio.
5. Fate sempre un piccolo spuntino prima di coricarvi.

Come vedete, anche al suo livello più avanzato la dieta della Zona con la soia non richiede un impegno molto pesante. Dovete soltanto ricordare che se desiderate sentirvi equilibrati e mantenere ben regolati i sistemi dell'organismo dovete mangiare la giusta combinazione di alimenti.

E non dimenticate mai, inoltre, che il soggetto da tenere sotto controllo siete proprio voi, e che siete voi a poter decidere di abusare del farmaco chiamato cibo o, al contrario, di utilizzarlo come un potente medicinale in grado di curare il vostro corpo e contribuire ad allungarvi la vita.

6

L'insulina: il dr Jekyll e Mr Hyde dell'organismo

ORA che avete cominciato a seguire le regole della dieta della Zona con la soia o ne avete gustato alcune ricette, forse vi state domandando come è possibile sentirsi già così bene in tempi tanto brevi. Sì, perché vi sentite più concentrati e più forti e vi state accorgendo di aver modificato il vostro corpo senza alcuno sforzo e senza essere stati costretti a provare la fame o a sottoporvi a dolorose rinunce. La ragione di questi risultati apparentemente miracolosi è semplice: avete imparato a controllare il farmaco più potente di tutti, cioè il cibo.

Come ho già sottolineato, il concetto secondo cui il cibo è un farmaco è già stato espresso circa 2500 anni fa, quando Ippocrate affermò: «Lasciate che il cibo sia la vostra medicina, e che la medicina sia il vostro cibo». Agli albori del ventunesimo secolo, siamo ora in grado di aggiornare questo principio, trattando il cibo come un farmaco con l'obiettivo di mantenere l'insulina all'interno della Zona. Per comprendere a fondo i principi scientifici che sostengono la dieta della Zona, dovete prima sapere che cosa sono gli ormoni e perché l'insulina è l'assoluto protagonista della nostra storia alimentare.

La doppia personalità dell'insulina

Immaginate gli ormoni come messaggeri biologici che trasmettono quasi all'istante informazioni a parti distanti del vostro organismo. Sapendo che il vostro corpo, da capo a piedi, contiene più o meno 60.000 miliardi di cellule, potete facilmente intuire quanto debbano risultare complesse queste interazioni per sostenere il flusso delle informazioni biologiche. Tra le centinaia di ormoni finora individuati, l'insulina è probabilmente il più studiato di tutti, essendo l'ormone dell'immagazzinamento, cioè il messaggero che ingiunge al corpo di fare scorta dei nutrienti in arrivo necessari per la sua sopravvivenza. Senza un adeguato apporto di insulina, infatti, non saremmo in grado di mantenerci in vita.

Ma quando la secrezione d'insulina diventa eccessiva, l'ormone inizia a danneggiare il flusso delle comunicazioni biologiche, con gravi ripercussioni potenziali sull'equilibrio cellulare. La sua azione, allora, può favorire la comparsa di un gran numero di malattie pericolose per la salute, tra cui cardiopatie, diabete dell'età adulta (o di tipo 2) e cancro.

È proprio per via di questa sua doppia personalità che considero l'insulina come l'ormone «dr Jekyll e Mr Hyde». Esattamente come il prode dr Jekyll assumeva involontariamente le vesti del diabolico Mr Hyde, l'insulina ha il potere sia di conservarvi in vita sia di distruggervi. Se mantenuta a livelli adeguati e strettamente controllati, l'insulina si comporta come il generoso dr Jekyll, distribuendo senza risparmio i nutrienti alle cellule del corpo. Ecco perché è importante mangiare dosi sufficienti di glucidi: queste sostanze sono i principali induttori della secrezione d'insulina. In assenza di adeguati livelli d'insulina, le vostre cellule incomincerebbero rapidamente a deperire e, infine, a morire.

Se si mangiano troppi carboidrati, però, si tende a stimolare un'eccessiva produzione d'insulina, che trasforma in un mostro furente, una sorta di perfido Mr Hyde, questo ormone che altrimenti è fondamentale. La comparsa sulla scena di Mr Hyde può essere favorita anche dal consumo di un qualsiasi pasto troppo ricco di calorie. Le tradizionali diete vegetariane basate sui cereali (così come il regime alimentare standard degli americani) possono scatenare la malefica attività di Mr Hyde, essendo molto ricche di carboidrati complessi che promuovono la secrezione d'insulina.

Come mai la presenza nel sangue di un eccesso d'insulina ha un impatto così negativo sulla vostra salute? Perché altera la funzionalità dei sistemi informativi ormonali e, di conseguenza, le cellule diventano incapaci di ricevere e trasmettere i messaggi in modo pronto e chiaro. È un po' come se cercaste di parlare al telefono mentre la linea viene continuamente disturbata da forti rumori di sottofondo. L'eccesso d'insulina rende la comunicazione cellulare oltremodo difficoltosa, se non impossibile. Invece di funzionare come una meccanismo ben oliato, le vostre cellule ricevono un messaggio ingarbugliato e può capitare che prendano a moltiplicarsi troppo velocemente o a produrre un eccesso o un difetto di specifiche sostanze. Questi malfunzionamenti cellulari provocati dall'eccesso d'insulina possono sfociare in molte delle malattie associate con l'invecchiamento, come obesità, cardiopatie, o diabete di tipo 2.

Ciò che funziona e ciò che non funziona

Quando la vostra secrezione d'insulina diventa anormalmente elevata, il più potente tra i farmaci atti a ridurne i livelli è il più naturale di tutti: il cibo. Sì, è proprio così: il responsabile stesso dell'impennata dell'insulina può contribuire anche a farla ritornare a valori normali. La dieta della Zona con la soia vi può dare una mano a raggiungere esattamente questo risultato: vi può aiutare a governare i vostri livelli d'insulina, costringendo questo ormone a rientrare nei panni del dr Jekyll. Pertanto, la chiave ormonale di una vita più lunga è mantenere l'insulina all'interno della Zona: né troppa, né troppo poca. La Zona può essere definita concretamente attraverso la misura dell'insulina presente nel sangue. Questo parametro ematico può, dunque, mostrare se vi trovate o meno nella Zona, definita come un livello di insulina a digiuno compreso tra 5 e 10 μU/ml.

Circa il 75% degli americani ha la tendenza, per predisposizione genetica, a secernere un eccesso d'insulina quando ingerisce troppi glucidi. Malauguratamente circa un terzo di questo gruppo (cioè più o meno il 25% degli americani) fa anche registrare una risposta insulinica ai carboidrati estremamente elevata e, quindi, corre un rischio elevatissimo di sviluppare cardiopatie e diabete di tipo 2. Gli altri due terzi del gruppo (cioè circa il 50% degli americani) presentano una risposta insulinica soltanto di poco inferiore e sono, quindi, soggetti ad alto rischio di sviluppare diabete e cardiopatie se si cibano di troppi carboidrati. La salute di entrambi i gruppi può subire gravi conseguenze se i loro appartenenti seguono la dieta basata sui cereali raccomandata dalle autorità sanitarie del governo americano. Soltanto il 25% degli americani presenta una risposta insulinica molto bassa, quale che sia il quantitativo di glucidi ingerito: dal punto di vista genetico, possiamo definirli fortunati, perché sono quelli che sopportano senza troppi danni qualsiasi dieta ad alto tenore di glucidi, comprese quelle vegetariane classiche, incentrate sui cereali.

Come fate a capire se siete geneticamente predisposti a secernere troppa insulina? Fate questo semplice esperimento: mangiate a pranzo una grossa porzione di pasta e poi verificate le vostre condizioni a tre ore dal pasto. Se cascate dal sonno, allora consideratevi, dal punto di vista genetico, una bomba a orologeria. La buona notizia è che la predisposizione genetica a secernere insulina in eccesso può essere tenuta sotto controllo attraverso la composizione degli alimenti di cui vi cibate.

Badate che predisposizione genetica a un'elevata secrezione d'insulina e livelli d'insulina cronicamente elevati (una disfunzione nota come «iperinsulinemia») sono due problemi molto diversi. Se soffrite di iperinsulinemia diagnosticata attraverso un esame del sangue, rischiate molto di più di sviluppare diabete, obesità, malattie cardiovascolari e cancro, tutte infermità che compromettono la vostra longevità potenziale. Anche in questo caso, la buona notizia è che la dieta della Zona con la soia è in grado di avviare una regressione dell'iperinsulinemia già dopo pochi giorni di trattamento.

Il glucagone: l'ormone antagonista dell'insulina

Oltre a regolare i livelli dell'insulina, la dieta della Zona con la soia può contribuire anche a controllare un altro ormone, chiamato glucagone, che esercita un effetto opposto a quello dell'insulina. Così come i carboidrati stimolano il rilascio dell'insulina, le proteine favoriscono la produzione di glucagone.

Mentre l'insulina è l'ormone dell'immagazzinamento, il glucagone è quello della mobilizzazione: ordina al fegato di rilasciare lo zucchero di scorta, per sostenere i livelli ematici del glucosio destinato al cervello. In mancanza di un costante e consistente rifornimento di zucchero ematico, il cervello non potrebbe far altro che cessare di svolgere la sua funzione. Se vi è capitato di sperimentare lo stordimento e l'instabilità provocati dalla ipoglicemia (bassi livelli di zucchero nel sangue), sapete quanto il cervello dipenda dal cibo per il suo buon funzionamento. Quando siete ipoglicemici, il vostro cervello vi ordina letteralmente di mangiare qualsiasi carboidrato a portata di mano, per sostenere i livelli dello zucchero ematico. La maggior parte di noi descrive questi sintomi come «voglia incontrollabile di mangiare dolci e altri glucidi».

Ciò che, forse, vi è meno evidente è che più glucidi mangiate, più è probabile che diventiate ipoglicemici. Esagerare con i carboidrati, infatti, può avere l'effetto di stimolare un eccessivo rilascio di insulina, facendo scendere, di conseguenza, il livello del vostro zucchero ematico ben al di sotto di quello precedente il pasto. Questa situazione vi induce a cercare di procacciarvi altri carboidrati, sospingendovi nelle spire di un allarmante circolo vizioso.

Il modo più efficace per combattere l'ipoglicemia è, al contrario, mangiare più proteine, perché queste stimolano il rilascio di glucagone, l'ormone che sostiene i livelli dello zucchero ematico nel cervello. E, in più, il glucagone agisce da freno ormonale, inibendo la secrezione d'insulina. Ecco perché mantenendo costanti i livelli del glucagone potete controllare con molta più facilità la secrezione dell'insulina.

Con la Zona con la soia, distribuendo equamente l'assunzione proteica nell'arco della giornata, produrrete con regolarità quantitativi adeguati (ma non eccessivi) di glucagone. Allo stesso tempo, eviterete sempre di mangiare troppe proteine per pasto. Perché è importante evitarlo? Innanzitutto, dato che il corpo non può immagazzinare le proteine in eccesso, tutte quelle che non possono essere impiegate nell'immediato vengono convertite in grasso. Inoltre, le proteine in eccesso stimolano il rilascio dell'insulina, anche se il loro impatto in questo senso è meno negativo di quello dei glucidi. Il risultato finale è, in ogni caso, che qualsiasi eccesso di proteine assunto durante la giornata, o anche in un singolo pasto, renderà più complicato raggiungere il vostro obiettivo ormonale, che è quello del controllo ottimale dell'insulina. Soltanto mangiando a ogni pasto e spuntino dosi equilibrate di proteine, carboidrati e grassi, cioè soltanto attenendovi alle regole della Zona, potrete garantirvi nella circolazione sanguigna un salutare rapporto tra insulina e glucagone per le quattro-sei ore seguenti.

I benefici ormonali della restrizione calorica

Un ruolo chiave nel determinare i livelli dell'insulina è svolto anche dalla quantità di calorie contenute nei vostri pasti. Assumere troppe calorie equivale a stimolare il rilascio dell'insulina. Ecco perché la Zona con la soia è stata progettata con l'obiettivo di consentirvi di introdurre nell'organismo il minimo quantitativo di calorie compatibile con un livello ottimale di prestazioni fisiche e mentali. Le calorie che mangiate debbono contenere le proteine esattamente sufficienti a sostenere le vostre forze e il sistema immunitario, e i carboidrati esattamente sufficienti a stimolare l'indispensabile produzione d'insulina necessaria a rifornire di nutrienti le cellule del vostro corpo. Con la dieta della Zona con la soia vi assicurate il giusto equilibrio calorico: né troppe calorie, né troppo poche.

Proprio la restrizione calorica è una delle chiavi della straordinaria longevità degli abitanti di Okinawa. Un eccesso di carboidrati o di calorie (o di entrambi, nel caso peggiore) non potrà che far crescere i valori dell'insulina nel vostro sangue, trasformando l'intrepido dr Jekyll nel perfido Mr Hyde. Tutto qui.

Ricordate che nella dieta della Zona le principali fonti di carboidrati sono le verdure, che forniscono glucidi a densità molto bassa. Integrerete la verdura con un po' di frutta che, in termini di densità glucidica, si posiziona a un livello intermedio. Essendo improbabile eccedere con frutta e verdura, potrete facilmente evitare di produrre troppa insulina. Al contrario, è molto più facile esagerare nel consumo di carboidrati complessi, come patate, cereali, pane e pasta. Ecco perché nella dieta della Zona questi alimenti vanno impiegati con molta moderazione.

Per esempio, chiunque riesce a mangiare una tazza di pasta, ma nessuno è disposto a ingurgitare 12 tazze di broccoli al vapore. Eppure, queste due porzioni di alimenti contengono la medesima quantità di glucidi. Tenuto conto che molti di noi tendono a consumare troppa pasta e altri carboidrati complessi, nella dieta della Zona con la soia consiglio di utilizzarli come fossero accompagnamenti. La *Tabella 6.1* è stata costruita per dimostrarvi come sia facile eccedere con il consumo di carboidrati complessi. Ognuno degli alimenti elencati nella tabella contiene circa 10 grammi di carboidrati, ma in volumi di cibo enormemente differenti l'uno dall'altro.

La piramide alimentare della Zona con la soia e quella dell'USDA

È fuor di dubbio che l'eccessivo consumo di carboidrati complessi sia responsabile dell'aumento generalizzato dei livelli d'insulina registrato tra gli americani, essendo evi-

A. Carboidrati semplici	
Broccoli	3 tazze
Peperoni	2 tazze
Zucchini	2 tazze
Fagiolini	1 tazza e 1/2
B. Carboidrati a media densità	
Fragole	1 tazza
Pesche	1
Arance	1/2
Mele	1/2
C. Carboidrati complessi	
Pane	1/2 fetta
Cereali	1/4 di tazza
Pasta	1/4 di tazza
Riso	1/5 di tazza

Tabella 6.1 - Volume di vari alimenti corrispondente a 1 blocchetto di carboidrati, contenente circa 10 grammi di carboidrati.

dente che la maggior parte di loro ne mangia troppi. Eppure, piuttosto stranamente, i carboidrati complessi sono i pilastri non soltanto delle diete vegetariane basate sui cereali, ma anche del programma alimentare patrocinato dal Dipartimento dell'Agricoltura degli Stati Uniti (U.S. Department of Agriculture - USDA), l'ente che stabilisce le linee guida alimentari cui la nazione americana dovrebbe attenersi.

Il governo americano si è cacciato in un vicolo cieco nutrizionale: di fronte a un'impennata senza precedenti dell'obesità, insiste a consigliare di imbottirsi di cereali e pane, cioè proprio degli alimenti che stimolano un'eccessiva produzione d'insulina che, a sua volta, fa ingrassare la popolazione e le impedisce di dimagrire.

Anche a un esame sommario, appare già evidente che le raccomandazioni della piramide alimentare dell'USDA sono destinate, senza scampo, a far andare alle stelle i valori dell'insulina e, quindi, a sospingere gli americani verso l'obesità. L'ente governativo americano prescrive di mangiare da 6 a 11 porzioni al giorno di carboidrati complessi, come pasta, riso e pane. Attenendosi ai volumi delle porzioni consigliati dall'USDA, 11 porzioni di cereali corrispondono a circa 220 grammi di carboidrati al giorno. L'ente consiglia, inoltre, almeno 3-5 piccole porzioni di frutta e verdura al giorno. Sempre sulla base dei volumi indicati dall'USDA, 3 porzioni di verdura corrispondono a circa 15 grammi di carboidrati e 2 porzioni di frutta ad altri 20 grammi di carboidrati. Tirate le somme, si ottiene un totale di 255 grammi di carboidrati al giorno, che equivalgono a più di 1 tazza e 1/4 di zucchero in zollette o di 6 barrette dolci.

Da parte sua, la Zona prescrive da 10 a 15 porzioni di frutta e verdura al giorno (tre volte di più di quanto raccomandato dall'ente governativo americano), per un totale di circa 100 grammi di carboidrati. In più, vi sono concesse un paio di porzioni al giorno di carboidrati complessi, che equivalgono ad altri 40 grammi di carboidrati. In definitiva, mangiate un maggiore quantità di frutta e verdura, alimenti ricchi di vitamine e minerali, ma introducete nell'organismo soltanto 140 grammi circa di carboidrati totali, cioè oltre il 40% in meno di quanto raccomandato dall'USDA (*Tabella 6.2*).

La riduzione del 40% del consumo di glucidi consentita dalla Zona si traduce in un equivalente calo della secrezione d'insulina. Ora, date un'occhiata alla *Figura 6.1*, dove vengono poste a confronto le piramidi alimentari

	Porzioni	Grammi di carboidrati
A. Raccomandazioni dell'USDA		
Cereali	11	220
Frutta	2	20
Verdura	3	15
Totale	16	255
B. Raccomandazioni della Zona con la soia		
Cereali	2	40
Frutta	5	50
Verdura	10	50
Totale	17	140

Tabella 6.2 - Consumo totale di carboidrati secondo le piramidi alimentari dell'USDA e della Zona con la soia.

dell'USDA e della dieta della Zona con la soia. Non tarderete a notare le differenze più evidenti, a partire dagli alimenti privilegiati (quelli posti alla base delle piramidi), e capirete anche perché dico che la piramide alimentare dell'USDA garantisce un aumento dei livelli dell'insulina. Di conseguenza, se vi attenete alle sue prescrizioni tenderete a ingrassare, incrementerete la probabilità di sviluppare malattie cardiache e correrete il rischio di morire prima del tempo.

Se rappresentassimo in forma di piramide anche la dieta degli abitanti di Okinawa, la troveremmo praticamente identica a quella della Zona con la soia. Considerando che il vostro obiettivo è di assicurarvi una vita più lunga e sana attraverso il controllo dell'insulina, sembra ovvio quale delle due piramidi può davvero aiutarvi a raggiungerlo.

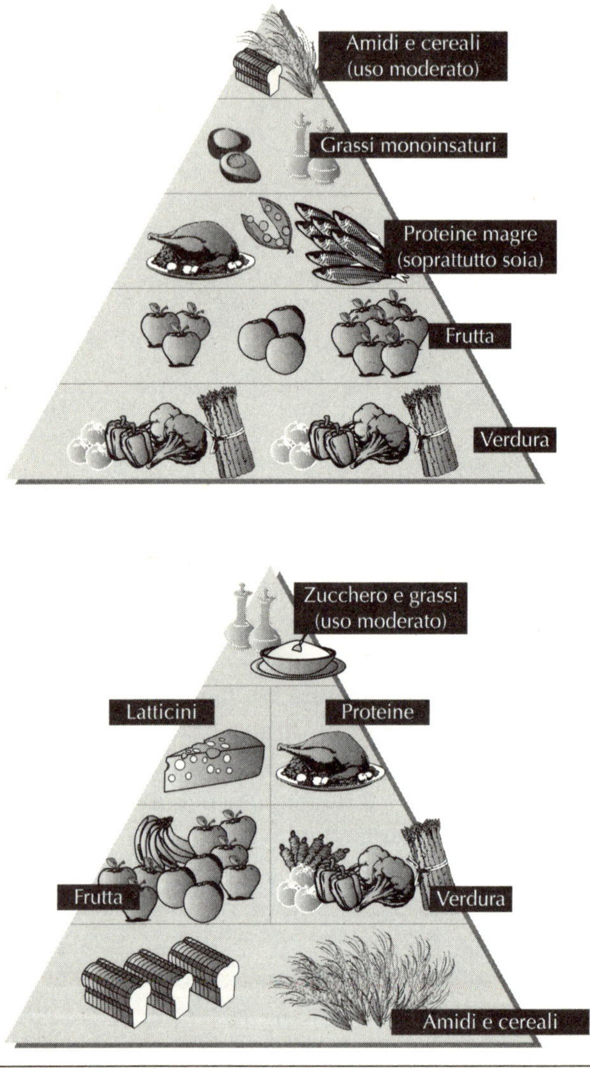

Figura 6.1 - Confronto tra la piramide alimentare della Zona con la soia (in alto) e quella dell'USDA (in basso).

7

La scienza della soia

NON c'è dubbio che la soia stia diventando un alimento di tendenza. Moltissimi ne conoscono le proprietà e mostrano interesse al riguardo. A più riprese, riviste e quotidiani hanno pubblicizzato le qualità della soia, tanto che oggi è diffusa la convinzione che i prodotti derivati da questo vegetale siano quasi un miracoloso toccasana capace di prevenire le malattie più comuni e temute. Parecchi studi hanno documentato che certe popolazioni mondiali grandi consumatrici di proteine di soia godono di una ridotta incidenza di malattie croniche. Come ho detto nel Capitolo 1, i principali effetti benefici sulla salute attribuiti alle proteine di soia sono:

- calo del colesterolo;
- minore rischio di cardiopatie;
- minore rischio di cancro (del seno e della prostata);
- minore probabilità di osteoporosi;
- attenuazione dei sintomi della menopausa.

La verità è che la soia non è una pozione magica: non sto cercando di vendervi uno di quegli elisir che «funzionano anche se non sappiamo perché». I ricercatori sanno perfettamente perché la soia è in grado di prevenire certe malattie. Dietro agli apparenti miracoli della soia si nasconde l'azione di meccanismi molecolari reali che incidono con efficacia sul funzionamento del vostro corpo. Ecco perché io ritengo così importante questo capitolo. Benché molti, quando si parla di scienza, tendano a sentirsi intimiditi e rifuggano dagli approfondimenti, resto convinto che per voi sia essenziale migliorare la conoscenza degli alimenti di soia che introdurrete nel vostro organismo. Dopo tutto, la soia funziona come un potente farmaco e non è male acquisire più informazioni sui medicinali che si assumono. Se non vi prendete ora il tempo necessario a padroneggiare i concetti fondamentali della scienza della soia, sarete poi costretti a compiere un puro atto di fede, credendo ciecamente alle mie prescrizioni.

Le proteine di soia: i loro effetti di riduzione dell'insulina

A rendere la Zona con la soia la versione più potente della mia tecnologia della Zona sono gli specifici effetti delle proteine di soia sia sull'insulina sia sul glucagone. Come tutte le proteine, anche quelle provenienti dalla soia sono formate da catene di composti chiamati amminoacidi. Alcuni di questi amminoacidi sono detti essenziali (in quanto è necessario acquisirli per via alimentare) mentre altri sono non essenziali (perché il corpo è capace di produrli da sé). Quelli essenziali stimolano il rilascio di insulina dal pancreas, e la soia contiene molto meno amminoacidi essenziali delle proteine di origine animale. Ciò significa che le proteine di soia fanno salire i valori dell'insulina ematica in misura inferiore a quelle di origine animale. (Rispetto ai glucidi, comunque, sia la soia sia le proteine animali hanno un impatto più attenuato sui livelli d'insulina. Il vantaggio è che la soia esercita un effetto ancora inferiore a quello delle proteine animali.)

Un effetto di stimolazione dell'insulina così contenuto si riflette anche in una riduzione dei valori del colesterolo. Questo succede perché l'insulina attiva l'enzima chiave che favorisce nel corpo umano la produzione di colesterolo. Il calo della secrezione d'insulina, quindi, induce un'attenuazione dell'attività di questo enzima e una corrispondente discesa del colesterolo.

Come altre forme di proteine, anche quelle di soia stimolano il rilascio del glucagone, l'ormone antagonista dell'insulina di cui abbiamo parlato nello scorso capitolo. Per via della loro specifica composizione di amminoacidi, le proteine di soia, però, stimolano la secrezione di glucagone a un livello più elevato rispetto alle proteine di origine animale. Il glucagone mobilizza i glucidi immagazzinati nel fegato per mantenere costante il rifornimento di energia al cervello, evitando, quindi, affaticamento e sensazione di fame. Ma l'aumento dei livelli del glucagone offre anche un altro vantaggio: inibisce la secrezione d'insulina, in quanto questi due ormoni si controllano a vicenda istante per istante. La soia, quindi, mette a segno un uno-due estremamente efficace ai fini di un controllo ottimale dell'insulina: fa calare la secrezione dell'insulina e rafforza quella del glucagone. Ecco perché per equilibrare l'insulina e aprirvi le porte della Zona la soia funziona meglio di altre forme di proteine.

Principalmente alla luce delle proprietà di riduzione dell'insulina esibite dalle proteine di soia, il governo americano ha recentemente raccomandato di consumarne almeno 25 grammi al giorno per ridurre sia il colesterolo totale sia quello LDL, con l'obiettivo di abbassare il rischio di sviluppare malattie cardiache. Approvo questo passo perché va nella giusta direzione, ma lo ritengo troppo timido. La maggior parte degli studi clinici su cui si basa la raccomandazione del governo americano fa riferimento a un consumo di proteine di soia da 30 a 60 grammi al giorno. Attenendovi alle prescrizioni della dieta della Zona con la soia, di proteine di soia ne consumerete quasi il doppio di quanto raccomandato dal governo americano, cioè una dose in linea con i risultati delle ricerche cliniche.

La scienza avanzata della soia: gli isoflavoni

È fuor di dubbio che il consumo di più proteine di soia sia associato a un miglioramento della salute e a un prolungamento della vita. Ma non tutti i benefici delle proteine di soia possono essere attribuiti esclusivamente alla loro speciale composizione di amminoacidi, perché esse sono ricche anche di sostanze fitochimiche note come isoflavoni, che possiedono straordinarie proprietà terapeutiche. Al pari di molti micronutrienti esaltati come toccasana, anche gli isoflavoni sono stati isolati e offerti al pubblico sotto forma di pillole. Ma prima di correre a ingollare pillole di isoflavoni o altri prodotti, come barrette e gomma da masticare, addizionati di isoflavoni, dovete sapere qualcosa di più sul funzionamento di queste sostanze e sui meccanismi attraverso i quali amplificano i benefici effetti delle proteine di soia.

I due principali isoflavoni presenti nelle proteine di soia sono la genisteina e la daidzeina. Questi due fitochimici riproducono nel corpo umano gli effetti degli estrogeni e, poiché si possono legare agli stessi recettori cellulari degli estrogeni, vengono chiamati «fitoestrogeni». In effetti, i ricercatori hanno trovato che le donne che si nu-

Breve storia della soia

La soia, con tutta probabilità, iniziò a essere coltivata già nella Cina di 2500 anni fa. La versatilità della soia è dovuta alla sua speciale composizione (42% proteine, 33% glucidi e 20% lipidi), in particolare al contenuto proteico eccezionalmente elevato, come fonte di origine vegetale. Queste particolari caratteristiche portarono allo sviluppo del latte di soia e poi a varie forme di soia fermentata, come il tempeh, che costituiscono tuttora i pilastri proteici della dieta asiatica.

Sembra che il primo a introdurre la soia in America sia stato Benjamin Franklin, quando inviò sementi prelevate da Parigi a otto coltivatori della Pennsylvania. In realtà, da quelle sementi non si ricavò granché, dal momento che il clima della Pennsylvania non si rivelò adatto alla coltivazione della soia. Fortunatamente, altra soia fece ingresso in America quando si intensificarono gli scambi commerciali con la Cina, non come carico commerciale, ma come zavorra delle navi in arrivo dal grande paese orientale. Da queste umili origini, la soia è assurta oggi al ruolo di secondo prodotto americano del settore agroindustriale in termini di valore, dando luogo a un giro d'affari di 13 miliardi di dollari l'anno con circa 25 milioni di ettari di colture. Circa il 50% di tutta la soia mondiale è prodotta in America, ma più di un terzo dei raccolti è destinato all'esportazione (principalmente verso il Giappone).

In America, l'interesse per la soia come alternativa della carne animale nacque tra gli avventisti del settimo giorno (che predicano un modello di vita vegetariano), ma l'idea all'inizio stentò a decollare a causa dello sgradevole sapore dei primi prodotti. Negli anni Venti, con lo sviluppo di nuove tecnologie di trattamento degli oli alimentari, la soia diventò un'apprezzata materia prima come fonte di olio vegetale. Oggi, quello di soia è l'olio alimentare più diffuso negli Stati Uniti.

Benché nel passato la forza economica che fece da traino alla coltura della soia sia stata la produzione olearia, oggi alcuni sottoprodotti del trattamento dell'olio di soia (quali le proteine

➤

di soia) hanno incontrato crescente apprezzamento. Nei primi tempi, le proteine di soia fornirono una fonte a basso costo di proteine di elevata qualità per alimentazione animale. Più recentemente, però, esse sono diventate un prodotto alimentare tra i più importanti, per via dei benefici effetti sulla salute comprovati da estesi studi epidemiologici.

trono con dosi significative di prodotti di soia, come latte di soia, tofu e tempeh (tutti ricchi di fitoestrogeni) affrontano meglio il periodo della menopausa, sperimentandone in misura inferiore gli effetti collaterali, come vampate di calore e sbalzi di umore. I ricercatori hanno concluso che mangiare 20 grammi di proteine di soia al giorno garantisce un modesto alleviamento dei sintomi della menopausa. Gli studiosi che hanno condotto le ricerche teorizzano che i fitoestrogeni hanno un'azione simile a quella degli estrogeni naturali e queste scoperte, ampiamente pubblicizzate, sono responsabili di gran parte dell'interesse recentemente rivolto alla soia. (Questi risultati, tuttavia, devono ancora essere confermati da ulteriori ricerche.)

Benché circa duecento volte più deboli di quelli naturali, anche i fitoestrogeni possono esercitare un certo effetto se assunti in dosi significative. Per esempio, nel sangue delle donne giapponesi, che mangiano parecchia soia, le concentrazioni di questi fitoestrogeni risultano quasi mille volte più alte di quelle delle donne americane. Non a caso, le donne giapponesi durante la menopausa lamentano molto meno vampate di calore e altri sintomi simili.

Questi stessi fitoestrogeni possono svolgere un ruolo positivo anche nella lotta contro l'osteoporosi. La daidzeina ha una struttura chimica simile a quella di uno dei più recenti farmaci (l'ipriflavone) utilizzato per prevenire la perdita ossea dopo la menopausa. In effetti, uno studio del

1996 condotto su donne che assumevano 40 grammi al giorno di proteine isolate contenenti isoflavoni mise in luce che nei soggetti in esame la massa ossea era addirittura aumentata.

Gli effetti benefici degli isoflavoni vanno ben al di là del loro ruolo di fitoestrogeni. Gli isoflavoni, infatti, agiscono anche da disturbatori endocrini, essendo in grado di interrompere altri segnali ormonali che possono trasformare cellule sane in cellule cancerose. Per esempio, i tumori della prostata si formano in presenza di un ormone, il diidrotestosterone, che deriva dal testosterone. La genisteina inibisce per via indiretta la produzione di questo ormone, bloccando sul nascere la formazione del cancro alla prostata. Questa scoperta può spiegare come mai il tasso di mortalità per cancro alla prostata degli uomini giapponesi è molto più basso di quello degli uomini americani.

La genisteina inibisce anche gli effetti dannosi che l'eccesso di insulina tende a provocare sulla proliferazione delle cellule cancerose. Sembra che la genisteina blocchi i segnali inviati dall'insulina (e da altri ormoni che favoriscono la crescita tumorale) alle cellule bersaglio. Poiché la genisteina disturba la trasmissione di questi messaggi, le cellule bersaglio non possono ricevere l'istruzione di trasformarsi in cellule cancerose. Grazie alla sua capacità di inibire i percorsi di questi messaggi, la genisteina può ridurre la probabilità di essere colpiti dal cancro.

I benefici principali della soia, quindi, sono tre:

- Grazie alla loro speciale composizione di amminoacidi, le proteine di soia possono impedire l'innalzamento dei livelli dell'insulina, riducendo il rischio di sviluppare cardiopatie, diabete e alcuni tipi di cancro.
- L'elevato contenuto di isoflavoni, che si comportano da fitoestrogeni, tende ad attenuare i sintomi della meno-

pausa, come le vampate di calore, e può contribuire a ridurre il rischio di osteoporosi.

- Questi stessi isoflavoni hanno anche il potere di sopprimere l'impatto ormonale di qualsiasi eccesso d'insulina, disturbando i percorsi dei segnali inviati dall'insulina o da altri ormoni che favoriscono lo sviluppo tumorale. Questa azione di disturbo riduce il rischio di cancro alla prostata e di altre forme tumorali e spiega, inoltre, perché la soia, nonostante la sua attività estrogena che potrebbe stimolare le cellule del cancro al seno, non fa aumentare il rischio di essere colpiti da quella forma tumorale. La genisteina inibisce l'azione dei tumori del seno disturbando i percorsi dei loro segnali, e questo effetto risulta prevalente rispetto a quello negativo di stimolazione delle cellule cancerose.

Nonostante tutti questi benefici, non ritengo consigliabile prendere integratori a base di isoflavoni, essendo convinto che, con qualsiasi cibo o farmaco, eccedere non sia mai una buona idea. In quantità elevate, gli isoflavoni possono esercitare effetti negativi su altri ormoni, in particolare quelli responsabili della funzionalità tiroidea. Alcune ricerche preliminari hanno evidenziato che un eccesso di isoflavoni può disturbare la combinazione degli ormoni tiroidei con i propri recettori, con conseguenze sui livelli di attività della tiroide. (Gli isoflavoni possono legarsi ai recettori tiroidei così come a quelli degli estrogeni. Quando ciò accade, gli ormoni tiroidei non possono più unirsi ai propri recettori, inducendo una condizione di ipotiroidismo, che si manifesta con ingrassamento e letargia.)

Un'altra preoccupazione sulle possibili conseguenze di un eccesso di isoflavoni riguarda la potenziale accelerazione dell'invecchiamento cerebrale nei maschi adulti. Alcuni recenti risultati di una ricerca in corso a Honolulu sembrano indicare l'esistenza di un legame tra il consumo di tofu e la perdita delle capacità cognitive e la riduzione della massa cerebrale in soggetti maschi adulti. Può darsi, quindi, che un'eccessiva assunzione di fitoestrogeni possa incidere negativamente sulla funzionalità dei cervelli maschili. Non sarebbe la prima volta che si osservano effetti negativi su maschi che assumono troppi estrogeni. Per esempio, in alcuni studi condotti nei primi anni Settanta, a soggetti adulti di sesso maschile furono somministrati estrogeni in pillole per verificare se per questa via fosse possibile ridurre il rischio di attacchi cardiaci, ma il risultato fu molto deludente: il rischio, in realtà, sembrò aumentare.

Seguendo la dieta della Zona con la soia non mangerete troppi isoflavoni, ma ritengo che questi risultati preliminari dovrebbero convincervi a non prendere integratori a base di queste sostanze. In più, mentre è assodato che le proteine di soia contenenti isoflavoni riducono il colesterolo, il medesimo effetto non si osserva in soggetti che assumono integratori a base di isoflavoni isolati. Sembra, quindi, che per esercitare i loro positivi effetti ormonali e cardiovascolari, gli isoflavoni debbano essere consumati in associazione con le proteine di soia. È possibile che nella soia sia presente un fattore sconosciuto che lavora in congiunzione con gli isoflavoni per produrre i benefici osservati.

Il fatto che, in America, gli scaffali di farmacie e negozi di alimenti naturali si stiano sempre più riempiendo di prodotti che contengono grandi quantità di isoflavoni preoccupa molti ricercatori di valore. Per esempio, Herman Adlecreutz, uno dei pionieri della ricerca sugli isoflavoni, ha dichiarato: «Sono un po' spaventato da quanto sta succedendo. Restano ancora molte incognite».

Anch'io nutro i medesimi timori e, per questo, rimarrò contrario a qualunque integrazione di isoflavoni in pillole finché le ricerche non saranno state completate e non avranno messo in chiaro rischi e vantaggi dell'assunzione di dosi massicce di queste sostanze. Non ci sono problemi, invece, nel mangiare grandi quantità di proteine di soia.

Se temete di eccedere nell'assunzione di isoflavoni, oltre a poter alternare pasti con proteine di soia a pasti in Zona più «tradizionali», un buon compromesso può essere il seguente: mangiate un terzo della vostra razione di proteine di soia ricavandole da prodotti che non contengono fitoestrogeni. Quali sono questi prodotti? Praticamente tutti i sostituti di soia della carne, che non contengono fitoestrogeni perché vengono preparati a partire da proteine di soia estratte con alcol. I prodotti di soia tradizionali (tofu, semi di soia, latte di soia, tempeh, noci di soia, farina di soia, soia granulare) sono quelli a massima concentrazione di isoflavoni, mentre le proteine di soia isolate in polvere contengono circa la metà di isoflavoni rispetto ai prodotti di soia tradizionali.

8

Confronto tra la Zona con la soia e la dieta vegetariana classica

MOLTI scelgono di diventare vegetariani perché aspirano a vivere più a lungo e a godere di una migliore salute. In generale, si ritiene che la dieta vegetariana classica, basata sui cereali, sia benefica per la salute perché si introducono nell'organismo meno grassi, meno colesterolo e meno proteine e più fibre, più antiossidanti e più sostanze fitochimiche.

È opportuno, però, domandarci se i benefici attesi per la salute siano effettivamente confermati dai risultati di serie ricerche scientifiche. Ebbene, in realtà non lo sono affatto. Benché, in effetti, traggano qualche vantaggio dall'aumento del consumo di frutta e verdura, i vegetariani commettono gravi errori dietetici non mangiando sufficienti dosi di proteine e grassi monoinsaturi. E, per giunta, consumano troppi glucidi sotto forma di cereali complessi, che portano, fatalmente, a un solo risultato certo: quello di far impennare i valori dell'insulina (con tutte le conseguenze che ormai ben conoscete).

Affermazione n. 1:
i vegetariani mangiano meno grassi

Probabilmente avete sentito ripetere mille volte che i grassi alimentari sono la causa prima di tutti i vostri malanni. In verità, non si può dire che questa credenza sia chiaramente confermata da seri dati scientifici. In un articolo pubblicato nel 1998 sulla rivista *The New England Journal of Medicine*, infatti, tre dei più rinomati ricercatori del mondo nel campo dell'alimentazione presero in esame i più importanti studi a lungo termine condotti sulle diete a basso tenore lipidico e alto contenuto glucidico. Le loro conclusioni sono ben riassunte dalle frasi seguenti:

> Non è stato dimostrato che sostituire i grassi con i carboidrati possa ridurre il rischio cardiaco, né che le diete ricche di carboidrati producano effetti positivi sul rischio di cancro o sul peso corporeo.

Pertanto, dopo aver passato in rassegna tutta la letteratura disponibile, questi ricercatori non riuscirono a trovare alcuna chiara relazione tra l'assunzione di grassi alimentari e l'insorgenza di malattie croniche, come obesità, malattie cardiache e cancro.

Risulta, quindi, che non è il grasso alimentare, da solo, a farvi ingrassare. È l'eccesso di insulina che vi fa acquistare peso e poi vi impedisce di liberarvene (ricordate l'effetto «dr Jekyll e Mr Hyde» che abbiamo discusso nel Capitolo 6). I vegetariani (e anche i non vegetariani) che seguono diete basate sui cereali e composte soprattutto di carboidrati complessi, come amidi, cereali e pasta, corrono il rischio di diventare obesi, pur non mangiando quantità significative di lipidi. Ciò succede perché producono troppa insulina, e per questa stessa ragione corrono anche più rischi di sviluppare cardiopatie, diabete di tipo 2 e cancro.

A differenza delle diete vegetariane classiche, basate sui cereali, nella dieta della Zona con la soia le fonti primarie di glucidi sono verdura e frutta. Scegliendo questi carboidrati semplici, si riduce il rischio di produrre troppa insulina, perché è molto difficile farne un consumo esagerato. In più, la dieta della Zona fornisce più proteine di soia che stimolano la produzione di glucagone, un ormone che esercita una forte azione inibitoria della secrezione d'insulina e, contemporaneamente, sostiene i livelli dello zucchero ematico. Il risultato? Tra un pasto e l'altro non proverete fame né vi sentirete mentalmente confusi.

È importante rendersi conto che non sono i grassi *di per sé* a favorire le malattie cardiache, ma più spesso un'errata scelta del tipo di grassi alimentari. Benché la quantità assoluta di lipidi assunti con la Zona con la soia sia simile a quella di una dieta vegetariana classica, la composizione dei lipidi nei due casi è molto differente. Le diete tradizionali basate sui cereali ricavano gran parte dei loro lipidi da oli di semi e cereali spesso ricchi di acidi grassi omega 6, dannosi per la salute. Mangiando troppi acidi grassi omega 6 si produce un eccesso di acido arachidonico (specialmente quando i valori dell'insulina sono elevati). L'acido arachidonico, a sua volta, è il principale «mattoncino» impiegato per costruire gli eicosanoidi «cattivi», sostanze che nel corpo umano favoriscono l'aggregazione delle piastrine e la formazione di coaguli, oltre a deprimere il sistema immunitario. La conseguenza è che il sangue diventa più viscoso e può provocare blocchi nella circolazione arteriosa, portando allo sviluppo di attacchi cardiaci o tumori maligni. Queste spiegazioni scientifiche sono discusse più in dettaglio nei miei libri precedenti *Come raggiungere la Zona* e *La Zona anti-età*.

Seguendo le scelte vegetariane della Zona con la soia mangerete pochissimi acidi grassi omega 6, perché essa, a differenza delle diete vegetariane basate sui cereali, privilegia, per la componente lipidica, i lipidi monoinsaturi, come quelli contenuti nell'olio d'oliva. In più, assumerete adeguati livelli di acidi grassi omega 3, molto salutari, grazie all'integrazione di olio di pesce. Come vedete, benché le diete vegetariane e la dieta della Zona con la soia forniscano più o meno la medesima quantità di lipidi, quest'ultima garantisce un equilibrio di gran lunga più salutare tra acidi grassi omega 3 e omega 6.

Affermazione n. 2: *i vegetariani assumono meno colesterolo*

Oltre a dichiarare guerra ai grassi, gli americani hanno ingaggiato un'altra dura battaglia contro il colesterolo. Non tutto il colesterolo, però, è associato negativamente alle malattie cardiache: per esempio, più alti sono i valori del colesterolo HDL, quello «buono», più cala il rischio d'infarto. Viceversa, più alti sono i valori del colesterolo LDL, quello «cattivo», più aumenta la probabilità di un attacco cardiaco. Sulla base di questa informazione, gli americani spendono miliardi di dollari per acquistare farmaci che impediscono la formazione del colesterolo «cattivo».

I vegetariani tendono effettivamente ad avere nelle loro arterie meno colesterolo LDL, ma presentano valori più bassi anche di quello HDL, per cui, in termini di rischio d'infarto, si trovano in una zona grigia. Recenti ricerche, inoltre, hanno rivelato che un indicatore del rischio d'infarto molto più sicuro del colesterolo LDL è la presenza nel sangue di un eccesso d'insulina. Infatti, a questo proposito, i livelli dei trigliceridi sono assai più significativi del colesterolo LDL, e l'aumento dei loro valori è una frequente conseguenza di un'impennata dell'insulina. Seguendo la dieta della Zona con la soia otterrete comunque il beneficio di ridurre i livelli del colesterolo LDL, ma il vantaggio di gran lunga più interessante sarà un migliore controllo di insulina e trigliceridi.

Affermazione n. 3: *i vegetariani mangiano più fibre*

Alcune ricerche indicano che seguire una dieta ricca di fibre fa calare il rischio di cancro al colon, ma dati recenti mostrano che le fibre, da sole, non sono in grado di ottenere questo risultato. Ricercatori della Harvard Medical School, infatti, non hanno trovato alcuna relazione tra l'assunzione di fibre e la diminuzione dell'insorgenza di cancro al colon in soggetti di sesso femminile. È molto probabile che l'effetto negativo provocato dall'aumento dell'insulina annulli i benefici che l'aumento del consumo di fibre dovrebbe produrre. La dieta della Zona con la soia, privilegiando verdura e frutta, risulta eccezionalmente ricca di fibre: quindi fornisce più fibre di una dieta vegetariana classica, ma senza il rischio di provocare un'impennata dell'insulina. Perciò potrete ricavare dalle fibre più benefici con il mio regime alimentare che non con una dieta vegetariana.

Affermazione n. 4: *i vegetariani assumono più antiossidanti*

L'antiossidante più conosciuto è la vitamina E, di cui una lunga serie di ricerche hanno confermato le interessanti proprietà salutari, tra le quali la capacità di ridurre la formazione di radicali liberi (che a sua volta si riflette in un calo del rischio di cancro e malattie cardiache). Purtroppo, molte diete (vegetariane o no) forniscono livelli inadeguati di questa vitamina, che si trova principalmente negli oli vegetali.

Per quanto riguarda gli altri antiossidanti, frutta e verdura ne sono le fonti più ricche. Nei prodotti cerealicoli, al contrario, il contenuto di antiossidanti è scarsissimo, o persino nullo. Dal momento che con la dieta della Zona con la soia mangiate più frutta e verdura che non con una classica dieta vegetariana a base di cereali, non solo assumete dosi maggiori di antiossidanti, ma avete anche a disposizione un più ampio assortimento di questi preziosi micronutrienti.

Affermazione n. 5: *i vegetariani non corrono il rischio di mangiare troppe proteine*

Nessuno dovrebbe farlo, perché il corpo trasforma in grasso tutte le proteine in eccesso. Il problema è che la maggior parte dei vegetariani, restando fedeli a una dieta incentrata sui cereali, mangia *troppo poche* proteine. La scarsità di apporto proteico può minare l'efficienza del sistema immunitario e, inoltre, accrescere il rischio di malattie cardiache. Così ha concluso uno studio del 1999 della Harvard Medical School, scoprendo che un campione di donne che avevano aumentato il consumo di proteine e diminuito quello di glucidi (a parità di calorie e grassi) erano riuscite a ridurre del 26% il rischio cardiaco.

Mentre le diete vegetariane puntano a tagliare drasticamente il consumo di proteine, la dieta della Zona con la soia si basa sul fabbisogno proteico individuale e personalizzata e distribuisce l'appropriata dose di proteine nell'arco della giornata, come un farmaco somministrato per fleboclisi. In più, pone forte accento sulle proteine di soia (almeno 35-50 grammi al giorno) in vista dei loro effetti di riduzione dell'insulina, per non parlare degli ulteriori vantaggi assicurati dagli isoflavoni, capaci di annullare i contraccolpi negativi delle impennate dell'insulina. Non dimenticatevi che gli abitanti di Okinawa, la popolazione più longeva sulla faccia della Terra, mangiano all'incirca 100 grammi di proteine di soia al giorno.

Affermazione n. 6:
i vegetariani vivono più a lungo

I vegetariani, in effetti, vivono più a lungo della media della popolazione, ma quanta di questa loro longevità è attribuibile alla dieta e quanta al modello di vita più salutare che, in generale, sono inclini ad adottare? I vegetariani tendono a curare di più la loro salute: rispetto al resto della popolazione, fanno più esercizio fisico, fumano e bevono di meno e prestano più attenzione alle scelte alimentari. Sono fattori inerenti al loro modo di vivere che rendono problematico asserire con certezza che un regime alimentare vegetariano, in se stesso, allunghi la vita. Non penso che nessuno si senta di contestare che fumare meno, bere con moderazione e svolgere più attività fisica non giovi alla salute e, quindi, non favorisca l'allungamento della vita. La vera domanda da porsi è, allora: quali sono i vantaggi *aggiuntivi* che soggetti attenti alla propria salute possono ricavare da una dieta vegetariana? Al netto degli effetti di questi altri fattori attinenti a uno stile di vita più salutare, si può affermare che seguire una dieta vegetariana migliora ancor più la longevità rispetto al resto della popolazione?

Oggi, per la prima volta, possiamo dare una risposta definitiva a queste domande. In uno studio pubblicato nel *British Medical Journal*, alcuni ricercatori hanno seguito per oltre 17 anni circa 11.000 soggetti attenti alla salute, il 40% circa dei quali vegetariani. Abbastanza prevedibilmente, il tasso di mortalità complessivo del gruppo totale risultò circa il 56% inferiore a quello della media della popolazione, un dato in linea con altri studi pubblicati in precedenza che comprendevano nel campione esclusivamente soggetti vegetariani. Una volta corretti i dati per tener conto dello stile di vita, dell'età e del sesso, ne emerse, però, un quadro affatto diverso: la mortalità complessiva dei vegetariani *non differiva* da quella del resto della popolazione. I vegetariani avevano un tasso di mortalità per malattie cardiache del 10% più basso degli altri, ma questo dato positivo veniva annullato da un *aumento* del 65% della mortalità per cancro al seno nelle donne vegetariane. Gli studiosi non sanno spiegare l'aumento del tasso di mortalità per cancro al seno, ma altri studi hanno confermato che più si consuma pane, pasta e riso, più sale il rischio di morire per cancro al seno o altre forme di tumore.

L'unico modo provato per allungare sensibilmente la durata della propria vita è quello di ridurre le calorie. La Zona si basa sul principio di limitare le calorie al livello fissato da un apporto ottimale di proteine, grassi e carboidrati, evitando ogni eccesso. Sessant'anni di serie ricerche scientifiche hanno dimostrato che la restrizione calorica aumenta la longevità. Perciò la dieta della Zona con la soia, abbinata a uno stile di vita salutare, vi *garantisce* una vita più lunga. Ma, allora, non c'è da sorprendersi che la dieta degli abitanti di Okinawa, discussa nel Capitolo 1, sia così simile a quella della Zona con la soia. E, in percentuale, ci sono più ultracentenari tra gli abitanti di quell'isola del Pacifico che in qualsiasi altra società sulla faccia della Terra.

La Zona con la soia è la più salda difesa contro le malattie del cuore

La dieta della Zona è il migliore baluardo che potete costruirvi contro gli attacchi cardiaci, il che significa che è l'alleato che più di tutti vi può aiutare a centrare l'obiettivo di una vita più lunga. In termini di riduzione del rischio cardiaco, vince di gran lunga il confronto con le diete vegetariane che fanno largo uso di cereali. Sono affermazioni molto nette, ma sostenute da seri dati scientifici che vale la pena di passare in rassegna.

Il modo più convincente per stabilire se una certa dieta è davvero in grado di prevenire attacchi cardiaci fatali è quello di condurre uno studio di intervento, in cui i ricercatori selezionano da un campione di persone i soggetti che hanno già una malattia in atto (in questo caso una malattia cardiaca) e poi determinano se un certo intervento dietetico aiuta o meno questi pazienti a sopravvivere alla loro infermità. A oggi, sono stati condotti due studi di intervento a lungo termine che hanno sottoposto a varie diete pazienti cardiopatici. Nel primo, chiamato Lifestyle Trial, i pazienti furono trattati per un periodo di cinque anni con una dieta vegetariana a base di cereali e a bassissimo contenuto lipidico, abbinata con un aumento dell'attività fisica e della meditazione, per ridurre lo stress. Lo studio comprendeva anche un gruppo di controllo, cui fu semplicemente prescritto di seguire una dieta a basso tenore di grassi che comprendeva tagli magri di carne bovina, pollo e pesce e grandi quantità di cereali, frutta e verdura, ossia il programma alimentare consigliato dall'American Heart Association per pazienti cardiopatici.

Nel secondo studio di intervento, una ricerca di quattro anni nota come Lyon Diet Heart Study, un campione di pazienti che avevano già subito un attacco cardiaco fu suddiviso in due gruppi, alimentati in modo differente. Il primo gruppo mangiava più frutta e verdura, ricavava la maggior parte delle proteine da legumi (compresa la soia) e dal pesce, impiegava soprattutto olio d'oliva e aggiungeva alla propria dieta un'integrazione di acidi grassi omega 3, sicché quasi il 30% delle calorie provenivano da lipidi. (Nota come «dieta mediterranea», questo regime alimentare è simile alla dieta della Zona con la soia come contenuto di grassi e per il fatto che anch'essa privilegia frutta e verdura. La dieta mediterranea, tuttavia, ha un rapporto tra proteine e carboidrati inferiore a quello della dieta della Zona e, quindi, non può controllare l'insulina con altrettanta efficacia.)

Il secondo gruppo del Lyon Study seguiva la dieta consigliata dall'American Heart Association. Dato che i gruppi di controllo in entrambi questi studi di intervento erano sostanzialmente uguali, siamo autorizzati a confrontare i risultati per dedurre quale delle due diete, quella vegetariana a base di cereali o quella mediterranea, si è dimostrata più efficace al fine di limitare il numero di attacchi cardiaci fatali.

Esaminiamo per primo il Lifestyle Trial. I risultati allo scadere dei cinque anni sono mostrati nella *Tabella 8.1*.

Visto che tra i pazienti sottoposti a dieta vegetariana si verificò un numero doppio di attacchi cardiaci fatali rispetto al gruppo di controllo, il risultato è difficilmente interpretabile come un chiaro successo della dieta vegetariana fortemente glucidica utilizzata dal Lifestyle Trial. È pur vero che con un campione così limitato i risultati po-

Gruppo	Attacchi cardiaci fatali
Intervento (28 pazienti)	2
Controllo (20 pazienti)	1

Tabella 8.1 - Lifestyle Trial: attacchi cardiaci fatali.

trebbero essere stati casuali, ma c'è un dato specifico che ci autorizza a escludere questa eventualità: nei pazienti sottoposti a regime vegetariano si riscontrò un aumento del 25% del rapporto tra trigliceridi e colesterolo HDL. In altre parole, erano aumentati i valori dei pericolosi trigliceridi, mentre era calato il colesterolo HDL, quello benefico per il sistema cardiovascolare, due variazioni tutt'altro che positive per la prevenzione di attacchi cardiaci. Io sono convinto che i risultati deludenti dello studio siano direttamente correlati con questo peggioramento dei valori dei lipidi, un segnale che anche i livelli dell'insulina puntavano verso l'alto.

Un'affermazione fatta dal noto cardiologo K. Lance Gould in una lettera pubblicata nel *Journal of the American Medical Association* conferma la mia tesi:

> In soggetti che seguono una dieta vegetariana ad alto contenuto glucidico si verifica con una certa frequenza un aumento dei valori dei trigliceridi e un calo di quelli del colesterolo HDL. Poiché bassi livelli di colesterolo HDL, specialmente se abbinati ad alti livelli di trigliceridi, sono associati a un alto rischio di problemi alle coronarie, sconsiglio di seguire una dieta strettamente vegetariana molto ricca di carboidrati.

Questa citazione è particolarmente importante perché Gould è uno dei ricercatori di punta coinvolti nel Lifestyle Trial, uno studio che ebbe ampia risonanza. Come appare evidente, le parole di Gould non sembrano interpretabili come un caldo sostegno all'opportunità di somministrare a pazienti cardiovascolari una dieta vegetariana con pochi lipidi e molti glucidi.

Non vorrei che pensaste, però, che per prevenire attacchi cardiaci fatali sia inutile intervenire per via alimentare. Al contrario, esaminando i risultati del Lyon Diet Heart Study, pubblicati nel 1999, si giunge alla conclusione che modificare le proprie abitudini alimentari può rivelarsi un provvedimento estremamente efficace (*Tabella 8.2*).

Come mostra la tabella, tra i soggetti del gruppo sottoposto all'intervento dietetico la probabilità di subire un attacco cardiaco fatale risultò inferiore di due terzi rispetto alle loro controparti del gruppo di controllo. Ciò che è interessante è che entrambi i gruppi mangiavano all'incirca le medesime quantità di lipidi, proteine, carboidrati e calorie. La differenza più netta tra i due gruppi riguardava il tipo di grassi consumati: il gruppo di controllo aumentò l'apporto di acidi grassi omega 6 (quelli dannosi per il cuore che si trovano negli oli vegetali), mentre il gruppo in esame mangiava molto pesce ricco di acidi grassi omega 3 a catena lunga (quelli che fanno bene al cuore), oltre a prendere un integratore di acidi grassi omega 3 a catena corta.

Gruppo	Attacchi cardiaci fatali
Intervento (303 pazienti)	6
Controllo (302 pazienti)	19

Tabella 8.2 - Lyon Diet Heart Study: attacchi cardiaci fatali.

Quello che è chiaro, in ogni modo, è che al fine di prevenire attacchi di cuore fatali l'intervento dietetico del Lyon Diet Heart Study è risultato molto più efficace di quello del Lifestyle Trial. Le dosi e il tipo di grassi somministrati nella dieta di Lyon sono molto simili a quelli della dieta di Okinawa (circa il 30% delle calorie proveniente da lipidi). La dieta di Lyon, inoltre, forniva un rapporto proteine/carboidrati molto più elevato di quello della dieta vegetariana del Lifestyle Trial, molto ricca di glucidi. Questo parametro della dieta di Lyon ha indotto, probabilmente, un calo dei valori dell'insulina che, come si sa, contribuisce a prevenire le malattie cardiache.

Eppure, per quanto significativi possano sembrare i risultati del Lyon Diet Heart Study, sono convinto che sarebbero stati ancora più impressionanti se i pazienti avessero seguito la dieta della Zona con la soia. Come mai? Perché il mio programma alimentare avrebbe fornito un rapporto proteine/carboidrati ancora migliore della dieta di Lyon e, di conseguenza, avrebbe fatto calare l'insulina in modo più marcato. Per giunta, una frazione maggiore delle proteine sarebbe stata costituita da proteine di soia, che producono un effetto stimolante sull'insulina più debole di quello esercitato dalle proteine animali. La dieta della Zona, inoltre, sarebbe stata più ricca di acidi grassi omega 3 a catena lunga, grazie all'integrazione di olio di pesce. Infine, prescrive più frutta e verdura che, come è noto, riducono il rischio cardiaco. Allora, riflettete su questa considerazione: se il mio programma alimentare può dare risultati persino migliori di quelli documentati dal Lyon Diet Heart Study, sarete ancora più salvaguardati dal pericolo cardiopatico, proprio come gli abitanti di Okinawa.

Desidero precisare che questo capitolo non è stato scritto per denigrare le diete vegetariane. Non è mia intenzione ragionare sulle diete in termini di «buone» o «cattive». Ciò che importa è stabilire quale dieta sia in grado di offrirvi il miglior controllo sui livelli dell'insulina. E questo potete verificarlo facilmente facendovi misurare i valori dell'insulina presente nel sangue. Il sangue non mente e il suo esame non si presta a imbrogli o intrighi di nessuna natura.

9

Domande frequenti

Argomenti generali

Per restare nella Zona con la soia, è assolutamente necessario evitare qualsiasi proteina di origine animale?

Assolutamente no. A meno che non siate vegetariani e desideriate astenervi da tutte le forme di proteine animali, nella dieta della Zona con la soia potete tranquillamente includere pesce, pollo, carne bovina e latticini magri. Cercate, comunque, di soddisfare metà del vostro fabbisogno proteico giornaliero con proteine di soia, il che equivale a circa 40 grammi di proteine di soia al giorno per la donna media e a circa 50 grammi per l'uomo medio. Sentitevi liberi di mescolare e integrare a vostro piacimento pasti della Zona con pasti della Zona con la soia. Per esempio, se siete lacto-ovo vegetariani potete ricoprire i vostri hamburger vegetali con uno strato di formaggio magro o prepararvi un piatto di uova strapazzate con tofu (utilizzando i soli bianchi d'uovo). Se non siete vegetariani, potete incorporare nei vostri pasti pollame, pesce o carne bovina magra. In termini pratici, vi consiglio di mangiare pesce una volta al giorno (preferibilmente tonno, salmone o pesce azzurro), in modo da assicurarvi una buona dose di acidi grassi omega 3 a catena lunga.

Perché è così importante bilanciare proteine e carboidrati a ogni pasto e spuntino?

Il vostro equilibrio ormonale corrente dipende dal vostro ultimo pasto, mentre quello delle prossime ore è legato alla qualità del vostro prossimo pasto. Pertanto, il rapporto tra proteine e carboidrati a ogni pasto è il parametro che determina i livelli ematici dell'insulina e del glucagone nelle quattro-sei ore seguenti. Se in un certo pasto mangiate troppi glucidi e troppo poche proteine, i valori ematici dell'insulina cresceranno eccessivamente; se, al contrario, mangiate troppo pochi glucidi e troppe proteine, risulteranno eccessivamente compressi. Il vostro obiettivo è quello di conservare nel tempo un costante equilibrio, raggiungibile soltanto mantenendo il più possibile fisso, pasto dopo pasto, il rapporto tra proteine e carboidrati.

Perché l'eccesso d'insulina è così pericoloso?

L'eccesso d'insulina è il principale agente del processo d'invecchiamento ed è, altresì, il primo fattore di rischio associato con l'incremento delle malattie cardiovascolari. Molti dei segni fisici d'invecchiamento, come perdita di elasticità della pelle, obesità, indebolimento, diminuzione della capacità di concentrazione e aumento del rischio di sviluppare malattie croniche, sono direttamente o indirettamente correlati con l'aumento dei livelli dell'insulina. Naturalmente, se non ci fosse abbastanza insulina, le vostre cellule deperirebbero fino a morire, perché questo ormone indirizza verso di esse le sostanze nutrienti. Ecco perché dovete mantenere l'insulina in una zona, o intervallo di valori, precisa e costante: né troppa insulina, né troppo poca. Il solo farmaco noto alla scienza medica capace di mantenere l'insulina nella zona appropriata, sufficiente a fornire nutrienti alle cellule ma non tale da accelerare l'invecchiamento, è il cibo.

Chi viene prima, l'eccesso d'insulina o l'obesità?

Fino a poco tempo fa non disponevamo di dati affidabili per rispondere a una simile domanda. Oggi, però, sono stati pubblicati studi a lungo termine che dimostrano come livelli eccessivi d'insulina *precedono* lo sviluppo dell'obesità. Analogamente, è ben noto che i livelli dell'insulina calano nettamente prima di osservare una qualsiasi diminuzione del peso corporeo.

La dieta della Zona con la soia fornisce soltanto circa 1200 calorie al giorno per le donne e circa 1500 calorie per gli uomini. Non sono troppo poche?

A dire il vero, con la dieta della Zona con la soia massimizzate le vostre probabilità di vivere più a lungo proprio perché limitate l'apporto calorico. Assumendo meno calorie, riuscite a far calare i valori dell'insulina e a prevenire la formazione di radicali liberi (che hanno il potere di distruggere le cellule sane e accelerare l'invecchiamento). So che molti programmi di dimagrimento che impongono limiti calorici simili a quelli del mio programma (1200-1500 calorie al giorno) provocano in chi si sottopone a queste diete una continua sensazione di fame. Ma con la Zona ciò non vi succederà, perché consumerete quantità adeguate di proteine e grassi senza eccedere con i carboidrati. Il risultato è che tra i pasti non proverete fame, perché manterrete costanti i livelli dello zucchero ematico. Perciò, pur assumendo meno calorie, consumerete livelli di proteine sufficienti a sostenere la vostra massa muscolare e il sistema immunitario e dosi adeguate di vitamine e minerali (presenti principalmente in frutta e verdura). Se avrete cura, poi, di non far mancare al vostro organismo la giusta quantità di acidi grassi omega 3 a catena lunga, o mangiando molto pesce o attraverso integratori di olio di pesce, vi sarete assicurati tutto il nutrimento di cui il vostro corpo necessita realmente.

Perché la dieta della Zona è così discussa?

La dieta della Zona si basa su due parole d'ordine: equilibrio e moderazione. Chi segue il mio programma alimentare, a ogni pasto deve bilanciare il rapporto tra proteine e carboidrati e assumere una moderata quantità di calorie. Sicuramente, il bersaglio delle critiche non può essere questo aspetto della Zona. Inoltre, la dieta della Zona si basa su quanto già le vostre nonne vi consigliavano di mangiare: primo, consumate piccoli pasti ben distribuiti nella giornata; secondo, mangiate un po' di proteine a ogni pasto; terzo, mangiate sempre frutta e verdura; e, quarto, prendete olio di fegato di merluzzo (una buona fonte di acidi grassi omega 3 a catena lunga). Mi sembra ovvio che neanche questo aspetto della dieta della Zona può essere messo in discussione.

A mio parere, la ragione per cui la dieta della Zona è oggetto di obiezioni e critiche è che impone di pensare agli effetti ormonali del cibo anziché prendere di mira esclusivamente calorie e grassi. In più, i media, in diverse occasioni, hanno incluso la dieta della Zona tra quelle ad alto contenuto proteico che vi consentono di mangiare tutte le bistecche, le uova fritte e la pancetta che desiderate (eliminando del tutto frutta e verdura). Chiunque conosca la Zona sa che non si tratta di un regime alimentare a elevato tenore proteico e che non consente affatto di mangiare quantità smodate di nessun alimento. Ritengo che sia stata proprio questa percezione errata della mia dieta ad aver alimentato gran parte delle critiche ingiustificate di cui è oggetto.

È opportuno evitare i prodotti derivati dalla soia geneticamente modificata?

È una delle questioni più discusse. Sono centinaia di anni che le piante, compresa la soia, vengono geneticamente modificate, attraverso gli incroci. La tecnologia della clonazione ha semplicemente accelerato il processo, permettendo l'inserimento di materiale genetico per rendere la soia più resistente ai pesticidi. Più di un terzo di tutta la soia coltivata l'anno scorso negli Stati Uniti era del tipo geneticamente modificato. Chi si schiera contro gli organismi geneticamente modificati (OGM) sostiene che questi prodotti sono stati immessi nel mercato troppo frettolosamente, senza averne prima certificato adeguatamente la sicurezza per il consumo umano. La loro preoccupazione è che ci siano incognite per la salute.

Se avete qualche timore o dubbio, potete acquistare alimenti di soia non OGM (è indicato sull'etichetta). Tutti i prodotti EnerZona a base di soia non sono OGM.

L'uomo non sarebbe, per sua natura, vegetariano?

È vero il contrario: l'uomo ha sempre mangiato carne. Agli albori della storia dell'umanità, gli uomini si procuravano proteine cibandosi di carogne animali. Con la comparsa dell'uomo moderno (*homo sapiens*) avvenuta più o meno 100.000 anni fa, il livello intellettuale della nostra specie si elevò quando incominciammo a cibarci di molluschi e crostacei ricchi di DHA, un acido grasso omega 3 a catena lunga. Diventato un abile cacciatore, l'uomo mangiava da 200 a 300 grammi di proteine animali al giorno. Circa 10.000 anni fa, forse a causa dell'intensa caccia fino a quel punto praticata, le grandi specie animali incominciarono a scarseggiare e l'umanità si trovò ad affrontare la prospettiva di morire di fame. Spinto da questa minaccia, l'uomo prese a sviluppare le tecniche dell'agricoltura. Amidi e cereali fornivano il massimo di calorie con il minimo sforzo fisico, e si rivelarono il nutrimento ideale per sostenere la crescita della popolazione. Sfortunatamente, però, questi alimenti contenevano anche molte meno proteine e molti più glucidi rispetto al consumo cui l'umanità si era abituata nel corso dei precedenti 90.000 anni, quando gli uomini si nutrivano di proteine animali magre, verdura e frutta. Gli antropologi hanno scoperto che le ossa dei cacciatori-raccoglitori mostrano minori segni di malattie rispetto ai resti dei primi agricoltori.

È vero che l'agricoltura danneggia l'ambiente?

In linea di principio, qualsiasi attività agricola compromette l'integrità dell'ambiente, tant'è che soltanto le società di cacciatori-raccoglitori possono essere definite veramente amiche dell'ambiente. C'è da dire, però, che i moderni allevamenti su scala industriale di bovini e pollame, a causa delle enormi quantità di granaglie richieste per nutrire gli animali, impattano molto più negativamente sul territorio rispetto alla coltura della soia. Se teniamo conto di questo effetto, la scelta della carne di soia e delle proteine di soia in polvere può attenuare nettamente il danneggiamento ambientale provocato dall'esigenza di garantire un rifornimento proteico sufficiente a mantenere in buone condizioni sanitarie una popolazione mondiale in tumultuosa crescita.

Qual è la differenza tra un vegetariano puro, o vegano, e un lacto-ovo vegetariano?

I vegetariani puri non mangiano né uova né latticini, mentre i lacto-ovo vegetariani li considerano accettabili. Dato che sia le uova a basso contenuto di grassi sia i latticini sono ottime fonti proteiche, una dieta lacto-ovo vegetariana consente, per soddisfare il proprio fabbisogno di proteine, una varietà di scelte molto superiore a una dieta vegana. In passato, un vegetariano puro si trovava sostanzialmente costretto a scegliere il tofu, come fonte ricca di proteine; oggi, però, grazie alla comparsa di nuove tecnologie (specialmente nel campo delle carni di soia) sono diventati disponibili numerosi prodotti alimentari che offrono ai vegani praticamente lo stesso assortimento di possibili scelte proteiche a disposizione dei lacto-ovo vegetariani.

Ci sono particolari vitamine e minerali che i vegetariani hanno bisogno di procurarsi attraverso integratori?

Per un vegetariano, l'integrazione più importante è probabilmente quella degli acidi grassi omega 3 a catena lunga, perché non è possibile acquisire quantitativi adeguati di questi vitali acidi grassi se non si mangiano abbondanti porzioni di pesce. Inoltre, i vegetariani (in particolar modo i vegani) dovrebbero prendere in seria considerazione l'opportunità di integrare la loro dieta con vitamina B_{12}, presente soprattutto nelle fonti proteiche animali. La vitamina B_{12} è importante perché impedisce una sovrapproduzione di omocisteina, una sostanza dannosa per le arterie, e favorisce un buon funzionamento delle cellule nervose.

Qual è la differenza nutrizionale tra il cibo crudo e quello cotto?

Chi sostiene la superiorità del cibo crudo ritiene che i suoi enzimi siano indispensabili per un'adeguata digestione e che la cottura tenda a distruggerli, rendendo il cibo più indigesto. In realtà, è vero il contrario. La cottura spezza la struttura delle pareti delle cellule, rendendole più attaccabili da parte degli enzimi digestivi del nostro organismo. Ovviamente, una cottura troppo spinta può distruggere molte delle vitamine presenti nel cibo e far perdere gran parte dei minerali. Per questa ragione, il miglior compromesso è sottoporre le verdure a una leggera cottura al vapore. La maggior parte della frutta, comunque, viene consumata cruda. Tutti i cereali (che con la dieta della Zona con la soia vengono mangiati in piccole quantità), per poter essere ben digeriti vanno cotti a lungo o altrimenti trattati a fondo.

Proteine

Perché il corpo ha bisogno di proteine?

L'organismo perde in continuazione proteine che devono essere prontamente sostituite attraverso l'alimentazione, per mantenerlo in equilibrio. Il sistema immunitario, i muscoli e gli enzimi che consentono il buon funzionamento del corpo sono tutti composti di proteine. Se, attraverso la dieta, non gli fornite un'adeguata quantità di proteine, il vostro corpo incomincia a consumare i muscoli per procurarsi gli amminoacidi necessari a mantenere in funzione il sistema. È come se abbatteste la parte anteriore della vostra casa per procurarvi il materiale necessario a costruire la parte posteriore: non sembra un'idea molto brillante.

Che cosa sono gli amminoacidi essenziali?

Le proteine vengono sintetizzate combinando variamente 20 amminoacidi diversi. Nove di questi (chiamati «amminoacidi essenziali») non possono essere prodotti dall'organismo umano e, di conseguenza, devono essere acquisiti per via alimentare. In assenza di quantità adeguate di uno qualunque degli amminoacidi essenziali, verrebbe compromessa la capacità dell'organismo di costruire le nuove proteine necessarie per gli enzimi e il sistema immunitario.

Se sono vegetariano, devo preoccuparmi di mescolare e combinare varie proteine vegetali a ogni pasto?

Molte fonti proteiche vegetali mancano di almeno uno degli amminoacidi essenziali. Di conseguenza, un tempo si pensava che a ogni pasto fosse necessario combinare varie fonti vegetali, allo scopo di garantirsi un assortimento completo di amminoacidi. Per esempio, secondo quella teoria, avreste dovuto mangiare fagioli e riso al medesimo pasto. In realtà, oggi si sa che il corpo mantiene in circolazione una certa scorta di amminoacidi, per cui per evitare problemi basta assumere dosi adeguate di ciascun aminoacido essenziale nell'arco della giornata. Ciò consente ai vegetariani una latitudine di scelta molto maggiore nella costruzione dei loro pasti. Inoltre, le carni di soia e, in particolare, le proteine di soia isolate, offrendo un più completo assortimento di amminoacidi essenziali, sono le fonti vegetali con cui è possibile assicurare più facilmente un corretto rifornimento quotidiano di queste indispensabili sostanze.

Il fabbisogno proteico rimane costante per tutta la vita?

No. In realtà è molto più elevato nei primissimi anni di vita e un po' più elevato in età anziana (in proporzione al peso corporeo) che non nell'età adulta.

Il nostro corpo assorbe in modo differente le proteine animali e quelle vegetali?

Sì, perché quelle di origine vegetale contengono molte più fibre e gran parte delle proteine sono inglobate in questa struttura fibrosa. La conseguenza è che delle proteine totali presenti in fonti vegetali come soia, fagioli e legumi, soltanto il 70% vengono assorbite dal corpo umano. Gli alimenti di soia trattati (come il tofu e le carni di soia), invece, contengono pochissime fibre e, quindi, tutte le proteine presenti possono venire assorbite.

Perché la soia è così speciale?

La soia è forse l'alimento più versatile del pianeta, perché contiene grandi quantità di proteine e lipidi e relativamente pochi glucidi. A differenza dei fagioli e degli altri legumi, la soia contiene più proteine che carboidrati ed è questa qualità a renderla una componente essenziale dei pasti della Zona con la soia.

Le varie fonti proteiche esercitano sull'insulina effetti differenti?

Qui, credo, risiede il vero vantaggio della soia. Grazie alla loro composizione di amminoacidi, le proteine di soia, rispetto a quelle di origine animale, hanno un impatto molto inferiore sulla secrezione d'insulina e molto superiore su quella di glucagone. La capacità della soia di attenuare la produzione dell'insulina e rafforzare quella del glucagone può spiegare molti dei benefici per la salute ricavabili da un aumento del suo consumo, come il calo del colesterolo e il miglioramento delle condizioni cardiovascolari.

Come vengono prodotti i moderni derivati di soia?

Il primo prodotto a base di soia dei tempi moderni è stata la farina di soia sgrassata, sviluppata negli anni Venti dai residui di lavorazione dell'olio estratto dai semi di soia. Questo prodotto contiene circa il 50% in peso di proteine, ed è tuttora ampiamente utilizzato dall'industria alimentare (specialmente quella dell'alimentazione animale). Dalla farina di soia vennero sviluppate le proteine di soia estruse, note anche come proteine vegetali estruse. Estraendo con alcol la farina di soia, si ottiene un concentrato di proteine di soia con una percentuale proteica ancora più alta, circa il 70% in peso. Il trattamento di estrazione, però, rimuove gli isoflavoni, con i loro numerosi effetti salutari.

L'ultima generazione dei prodotti di soia sono le proteine di soia isolate. Anche questi prodotti derivano dalla farina di soia, dalla quale vengono eliminati i carboidrati in eccesso per mezzo di un lavaggio con acqua, che offre il vantaggio di conservare gli isoflavoni. Le proteine di soia isolate contengono la massima percentuale di proteine (oltre il 90%) e conservano circa il 50% degli isoflavoni presenti nella materia prima originaria.

Quali generi alimentari possono essere prodotti a partire dalla soia?

Praticamente tutti, oggi che sono diventate disponibili svariati tipi di proteine di soia in polvere. La prima generazione di prodotti derivati dalla soia comprese il latte e il tofu, noti già da più di un millennio. Grazie alle nuove forme di proteine in polvere, è diventato possibile mettere a punto un vasto assortimento di validi sostituti di carni e latticini.

Come viene prodotto il tofu?

Per molti versi, il tofu è l'equivalente vegano del formaggio molle magro. Così come quest'ultimo proviene dal latte vaccino, il tofu viene preparato a partire dal latte di soia, il liquido che si forma dalla spremitura dei semi di soia bolliti leggermente. Il latte di soia viene addizionato di cloruro di magnesio, che separa il latte formando caglio e siero; il caglio precipitato viene modellato in forma di blocchi semisolidi, che vengono chiamati tofu. Il processo è simile a quello adottato per produrre il formaggio molle a partire dal latte vaccino.

Che differenza c'è tra il tofu morbido e quello a pasta dura?

Dal tofu morbido il siero non viene eliminato, bensì mescolato accuratamente al caglio fino a ottenere una consistenza più morbida e cremosa di quella del tofu in blocchi. È la varietà di tofu più utilizzata nella cucina giapponese. Nel tofu tradizionale, quello impiegato nella cucina cinese, il siero viene rimosso e il caglio pressato fino a formare blocchi compatti. Nel tofu commerciale, i blocchi possono contenere varie quantità di acqua: più acqua viene eliminata dal caglio, meno glucidi restano nel prodotto finale. Perciò il tofu a pasta molle contiene meno proteine e leggermente più glucidi di quello a pasta dura o molto dura. Proprio per il suo minore contenuto di carboidrati rispetto alle proteine e per la sua maggiore concentrazione proteica, nella dieta della Zona con la soia è consigliabile impiegare il tofu a pasta dura o molto dura.

Che differenza c'è fra il tofu e il tempeh?

Il tempeh viene prodotto mescolando ai semi di soia cotti uno specifico fungo (*rhizopus oligosporas*). Il fungo produce una struttura fibrosa che ingloba le proteine di soia. In generale, il tempeh ha un contenuto proteico più ricco di quello dei semi di soia cotti, ma contiene anche più carboidrati del tofu. La struttura del tempeh è un po' più difficile da lavorare che non quella del tofu, ma in compenso il prodotto è molto versatile. Il tempeh è ampiamente utilizzato nella cucina indonesiana.

Leggendo le etichette nutrizionali di pasta, riso e pane, si nota che questi prodotti contengono qualche proteina. È possibile ricavarne a sufficienza?

Benché molti degli alimenti consumati dai vegetariani contengano proteine, di solito i quantitativi sono trascurabili rispetto al contenuto di carboidrati. Cereali e patate sono talmente ricchi di glucidi da annullare praticamente ogni possibile effetto benefico sugli ormoni indotto dalle loro proteine. Persino i fagioli e gli altri legumi, pur essendo relativamente ricchi di proteine, contengono di gran lunga più carboidrati. La soia è l'unica leguminosa che contiene più proteine assorbibili che glucidi. Alcune verdure, come i broccoli, offrono un buon rapporto tra proteine e carboidrati, ma le proteine per razione sono talmente poche da non rendere pratico il loro impiego come fonte proteica primaria. Con la nuova generazione di carni di soia è diventato possibile ottenere senza difficoltà livelli adeguati di proteine di alta qualità da volumi di cibo assai più contenuti.

È vero che le proteine animali provocano il cancro?

No. Una ricerca della Harvard Medical School ha dimostrato, al contrario, che le donne affette da cancro al seno hanno più probabilità di sopravvivenza se mangiano più proteine. Esiste, tuttavia, un'associazione tra consumo di carni rosse e cancro alla prostata nei maschi. Ma ciò è dovuto al fatto che negli Stati Uniti la maggior parte delle carni rosse è anche molto grassa e contiene, quindi, percentuali elevate di un certo acido grasso polinsaturo omega 6, chiamato acido arachidonico. Questa sostanza, che favorisce lo sviluppo delle forme cancerose, non è presente nelle fonti proteiche di origine vegetale.

Un legame molto più stretto esiste, piuttosto, tra cancro e livelli insulinici troppo elevati. La ragione è che l'insulina in eccesso può spingere il corpo a produrre più acido arachidonico anche non mangiando alcuna proteina animale. Recenti ricerche hanno indicato che il cancro al seno, dello stomaco e del colon sono associati a un aumento del consumo di amidi, che può stimolare la secrezione dell'insulina. Al contrario, il consumo elevato di frutta e verdura è sempre stato correlato con un'attenuazione del rischio di cancro. Come mai? Semplicemente perché mangiando frutta e verdura diventa difficile esagerare con i glucidi ed evitando questa trappola non si produce mai troppa insulina. E se non si produce troppa insulina, si forma meno acido arachidonico.

È vero che mangiando proteine animali si favorisce l'osteoporosi?

No, malgrado che in alcuni ambienti nutrizionali si continui a ripeterlo. Si stima che nell'era neopaleolitica il consumo medio di proteine fosse di 200-300 grammi al giorno, eppure nelle ossa risalenti a quel periodo non si trova alcuna traccia di osteoporosi. Secondo un recente studio, inoltre, tra le donne che dopo la menopausa mangiano più proteine il rischio di fratturarsi le anche cala del 70%.

Perché le diete fortemente proteiche non funzionano?

A differenza della dieta della Zona con la soia, che mantiene un preciso equilibrio tra proteine e carboidrati (persino leggermente a favore dei carboidrati), le diete a elevato contenuto proteico sono completamente sbilanciate: troppe proteine e pochissimi glucidi. Diete così congegnate generano uno stato metabolico anormale noto come chetosi, che si manifesta quando la dieta è troppo scarsa di glucidi e il corpo diventa incapace di metabolizzare completamente il grasso di scorta. L'incompleto metabolismo dei lipidi produce delle sostanze chimiche note come corpi chetonici, che l'organismo si sforza di eliminare con un aumento della minzione. Sfortunatamente, con l'aumento del volume delle urine vanno perduti alcuni importanti elettroliti, come il potassio, e la loro carenza si riflette in uno stato di debilitazione e irritabilità. Ma le diete ad alto contenuto proteico provocano anche un'altra conseguenza a breve termine: la demolizione della massa muscolare per produrre i livelli di glucosio necessari al funzionamento del cervello. Quando i carboidrati provenienti dalla dieta sono insufficienti, il cervello dà istruzioni ai muscoli del corpo di incominciare a consumarsi, per trasformare le loro proteine nei carboidrati necessari a sostenere le funzioni cerebrali.

Benché milioni di persone siano dimagrite seguendo diete fortemente proteiche, quegli stessi milioni hanno sempre rapidamente riacquistato tutto il peso perduto in precedenza. Come mai? Quando il corpo permane in uno stato di chetosi per settimane o addirittura mesi, le cellule grasse si adattano a questa condizione e incominciano a sequestrare e trattenere il loro grasso di scorta. In sostanza, il continuo stato di chetosi trasforma le cellule grasse in calamite del grasso. Per giunta, mangiando con continuità dosi elevate di acidi grassi saturi, presenti in molte delle fonti proteiche animali, si finisce per favorire la comparsa non solo di problemi cardiovascolari, ma anche di una particolare disfunzione chiamata insulinoresistenza, per la quale le cellule diventano meno reattive nei confronti dell'insulina. Gradualmente, i livelli dell'insulina nella circolazione sanguigna tendono a crescere e si può acquistare peso in tempi brevi, perché l'eccesso d'insulina stimola immediatamente l'accumulo del grasso corporeo. Infine, una recente ricerca ha dimostrato che la persistenza della chetosi provoca l'ossidazione delle lipoproteine, uno dei fattori principali dello sviluppo di malattie cardiache.

Carboidrati

Che differenza c'è tra i carboidrati complessi e quelli semplici?

I carboidrati complessi non sono altro che carboidrati semplici (soprattutto glucosio) uniti tra di loro da legami chimici relativamente deboli. Durante la digestione questi legami vengono rapidamente spezzati e tutti i carboidrati complessi si trasformano in carboidrati semplici, gli unici zuccheri che il corpo è in grado di assorbire. Esempi di carboidrati complessi rapidamente convertiti in zuccheri semplici dal processo digestivo sono i cereali, il pane e le patate. Quando i carboidrati complessi vengono scomposti, danno luogo principalmente a glucosio e fruttosio; il glucosio entra in circolo molto rapidamente, mentre il fruttosio, lo zucchero semplice presente nella frutta, deve essere convertito lentamente in glucosio nel fegato prima di poter entrare nella circolazione sanguigna. Perciò, alcuni alimenti che contengono carboidrati semplici, come la frutta, entrano in circolo sotto forma di glucosio (zucchero ematico) a una velocità nettamente inferiore a quella di molti carboidrati complessi composti di catene di glucosio, come gli amidi. Difatti, lo zucchero in quadretti, che è composto in parti uguali di glucosio e fruttosio, entra in circolo più lentamente di una barretta dolce di riso soffiato.

I cereali sono indispensabili per la buona salute dell'uomo?

Non proprio, tant'è vero che fino a 10.000 anni fa nessuno mangiava cereali sulla faccia della Terra. Prima dell'avvento dell'agricoltura, i soli carboidrati a disposizione del genere umano erano frutta e verdura e, quindi, l'uomo si adattò geneticamente a mangiare questo genere di glucidi semplici. Ecco perché molti di noi non possiedono geni adattati al consumo di carboidrati a densità più elevata, come cereali e prodotti derivati (pasta, pane, fiocchi di cereali eccetera). Tuttavia, mangiare certi cereali (specialmente avena e orzo, che sono ricchi di fibre solubili) in piccole quantità è pur sempre un'eccellente forma di integrazione per qualsiasi dieta. Le fibre solubili rallentano la velocità di ingresso in circolo di questi alimenti, attenuando conseguentemente la risposta insulinica complessiva. Ma mangiare troppi cereali (compresi avena e orzo) è una via sicura per far impennare l'insulina e minimizzare i benefici per la salute di qualsiasi dieta.

È vero che mangiare più frutta e verdura aiuta a prevenire le malattie cardiache e il cancro?

Sì, ma non credo che ciò avvenga per le ragioni normalmente addotte. Molti presuppongono che le carte migliori di frutta e verdura siano le vitamine e le altre sostanze fotochimiche (come il betacarotene) presenti in questi nutrienti. Uno dei fattori principali dello sviluppo di cardiopatie e cancro, però, è l'eccesso di insulina nel sangue. Essendo carboidrati semplici, è molto difficile esagerare con il consumo di frutta e verdura e, quindi, privilegiando questi alimenti, si evita facilmente di produrre troppa insulina. Un aumento dei livelli di betacarotene nel sangue indica soltanto che si è consumata più frutta e verdura, e non è corretto attribuire direttamente alla sostanza fitochimica gli effetti benefici sulla salute eventualmente registrati. Infatti, quando si è provato a somministrare betacarotene come integrazione a dosi elevate, non sono stati osservati benefici tangibili o, addirittura, in qualche caso si è riscontrato un aumento dell'incidenza del cancro.

Che differenza c'è tra mangiare frutta e bere succhi di frutta?

I succhi di frutta sono fonti di glucidi molto concentrate e totalmente prive di fibre che possano rallentare il loro ingresso nella circolazione sanguigna. Pochi mangiano più di un frutto fresco a pasto, mentre bevendo succhi di frutta si può facilmente consumare l'equivalente di 4-6 frutti, una massa di carboidrati che può stimolare fortemente la secrezione dell'insulina. In sostanza, dal punto di vista ormonale è molto più sensato mangiare un'arancia che bere un bicchiere di succo di arancia.

Quali sono i carboidrati che forniscono più vitamine e minerali?

Esattamente quelli che già le vostre nonne vi consigliavano: frutta e verdura. Confrontando frutta e verdura con cereali e amidi in termini di contenuto di vitamine e minerali *per grammo* di carboidrati, appare lampante che sono le prime le vere centrali di vitamine e minerali. Ecco perché la verdura e la frutta sono i pilastri della dieta della Zona con la soia, mentre cereali e amidi devono essere impiegati con moderazione. Frutta e verdura offrono il vantaggio di stimolare la produzione d'insulina meno di ogni altra fonte di glucidi, fornendo al contempo dosi più che adeguate di vitamine e minerali.

Grassi

È vero che i grassi fanno ingrassare?

Non direi. È piuttosto l'eccesso d'insulina che vi fa ingrassare e poi vi impedisce di dimagrire. L'insulina è l'ormone che regola la formazione delle scorte. Quando è troppa, l'insulina intensifica la sua attività di immagazzinamento, sotto forma di grasso, delle calorie introdotte nell'organismo e impedisce il rilascio del grasso di scorta, da utilizzare come fonte di energia. In realtà, i grassi alimentari non esercitano alcun effetto sull'insulina, al contrario dei glucidi, che incidono significativamente sulla secrezione di questo ormone. Per prevenire una sovrapproduzione d'insulina, occorre che la maggior parte dei carboidrati alimentari provenga da fonti semplici, come verdura e frutta. Andateci piano, invece, con le fonti di carboidrati complessi, come pasta, pane e amidi.

Ciò significa che è consentito mangiare grassi a piacimento?

No. Nella scelta dei grassi occorre essere selettivi, perché non tutti i lipidi sono uguali. La caratteristica principale dei grassi è il loro grado di saturazione (che corrisponde alla loro consistenza fisica): gli oli isolati che contengono grassi saturi, per esempio, sono solidi a temperatura ambiente. La maggior parte dei grassi saturi si trova nelle fonti proteiche di origine animale. Purtroppo, i grassi saturi stimolano l'organismo a produrre più colesterolo, elevando la probabilità di essere colpiti da malattie cardiache.

I grassi monoinsaturi sono liquidi a temperatura ambiente, ma cominciano a solidificarsi quando vengono refrigerati; sono i grassi più salutari, perché non incidono negativamente sul colesterolo. Fonti tipiche di questi lipidi sono le olive, l'avocado e parte della frutta secca, come le mandorle, i pistacchi e le noci di macadamia.

L'ultima categoria è quella dei grassi polinsaturi, che si trovano generalmente negli oli di semi, come quelli di soia, lino, girasole e cartamo. Questi lipidi non sono così dannosi per la salute del cuore quanto i grassi saturi, ma sono meno benefici di quelli monoinsaturi, per via degli effetti negativi che possono essere indotti dagli acidi grassi omega 6. I grassi polinsaturi che sono stati trattati chimicamente per renderli solidi (come la margarina) contengono acidi grassi trans, anch'essi dannosi per il cuore, che possono accrescere il rischio cardiaco tanto quanto i grassi saturi.

Che cosa sono gli acidi grassi essenziali?

Gli acidi grassi essenziali sono i mattoni che servono per costruire un gruppo di ormoni noti come eicosanoidi. Di acidi grassi essenziali ne esistono due tipi diversi, chiamati acidi grassi omega 6 e omega 3, ma soltanto quelli a catena molecolare lunga possono essere utilizzati per la costruzione degli eicosanoidi. A seconda del tipo di acido grasso essenziale a catena lunga impiegato, gli eicosanoidi risultanti sono caratterizzati da funzioni fisiologiche molto differenti e spesso opposte. Gli acidi grassi omega 3 a catena lunga (che si trovano negli integratori a base di olio di pesce) danno luogo a eicosanoidi «buoni» e favoriscono il miglioramento delle funzioni cardiovascolari, immunitarie e mentali. Gli acidi grassi omega 6 a catena lunga, invece, possono causare una produzione eccessiva di eicosanoidi «cattivi», che favoriscono lo sviluppo di malattie cardiache e cancro.

Ecco perché consiglio di aggiungere ai pasti della Zona con la soia un po' di grassi monoinsaturi (che contengono pochi grassi omega 6) e, inoltre, di integrare la dieta con fonti (pesce o olio di pesce) ricche di acidi grassi omega 3 a catena lunga. Questa integrazione fa calare il rapporto tra acidi grassi omega 6 e omega 3, migliorando decisamente il vostro stato di salute. Questa correlazione è stata chiaramente dimostrata in una recente ricerca, il Lyon Heart Study, che ha riscontrato una riduzione del 65% della frequenza degli infarti in soggetti che avevano aumentato l'assunzione di acidi grassi omega 3 e contemporaneamente diminuito quella di omega 6.

Per soddisfare il fabbisogno di acidi grassi omega 3 a catena lunga, è sufficiente impiegare l'olio di lino?

L'olio di lino costituisce la più ricca fonte di acidi grassi omega 3 a catena corta. È probabile, tuttavia, che l'integrazione di olio di lino non basti ad assicurare la produzione delle quantità ottimali di acidi grassi omega 3 a catena lunga richieste dall'organismo umano, perché è alquanto limitata la capacità del corpo di costruire acidi a catena lunga, come gli acidi eicosapentaenoico (EPA) e docosaesaenoico (DHA), a partire da quelli a catena corta. Per questa ragione, i vegetariani presentano invariabilmente nel sangue livelli di EPA e DHA inferiori a quelli dei non vegetariani. Se intendete impiegare l'olio di lino come fonte di acidi grassi omega 3 a catena corta, assicuratevi di non prenderne più di 1 cucchiaio (15 grammi) al giorno e preoccupatevi di eliminare il più possibile dalla vostra dieta gli acidi grassi omega 6, in modo da far salire il rapporto omega 3/omega 6.

10

L'impatto della Zona con la soia sulla salute nel mondo

In tutto il libro vi ho parlato della dieta della Zona con la soia come di un miglioramento possibile se si vogliono inserire delle proteine vegetali nella dieta della Zona. In realtà, quello della Zona è un regime dietetico che costituisce esso stesso un'evoluzione delle nostre più antiche abitudini alimentari, quelle vigenti al momento della comparsa dell'uomo su questo pianeta, più o meno 100.000 anni fa. Noi esseri umani incominciammo fin da subito a mangiare carne, consumando consistenti dosi di proteine animali magre, accompagnate da frutta e verdura. Passammo a mangiare cereali soltanto quando principiammo a dedicarci ai lavori agricoli, e oggi scopriamo che le proteine più economiche, e anche più rispettose dell'ambiente, si trovano nell'umile soia. Prima di dirvi dove siamo diretti, però, è necessario capire da dove arriviamo.

Nel corso del periodo relativamente breve della nostra permanenza sulla Terra, siamo giunti a dominare le 30 milioni di specie viventi e a disporre liberamente delle vaste risorse del nostro pianeta. Nei primi tempi della nostra irresistibile espansione, ci trasformammo in formidabili predatori, provocando, di fatto, l'estinzione di tutta la selvaggina di grossa taglia presente sul globo terracqueo. Si stima, infatti, che l'uomo del neopaleolitico mangiasse oltre 200-300 grammi di proteine al giorno. Quando, circa 100.000 anni fa, la disponibilità di carne subì un vistoso calo, fummo costretti a trasformarci in agricoltori. Questo cambiamento non fu indolore, perché venne accompagnato, quando la nostra alimentazione dovette dipendere sempre più dai cereali, da un'evidente carenza di proteine. Ma, almeno, i cereali fornivano calorie sufficienti a garantirci la sopravvivenza.

Nell'ultimo secolo, la domanda di proteine animali, in America, si è di nuovo impennata. La società americana è diventata una cultura di carnivori, ed è diventato necessario spingere al massimo lo sfruttamento delle risorse agricole per coltivare i cereali con cui alimentare gli animali destinati a finire sulle nostre tavole. Di conseguenza, le risorse naturali si sono impoverite a velocità spaventosa con effetti, per l'ambiente, del tutto dirompenti.

Come non bastasse, molti degli animali da cui dipendiamo per soddisfare il nostro fabbisogno proteico sono in pericolo di estinzione. La popolazione mondiale di pesci, per esempio, è calata paurosamente e noi abbiamo assoluto bisogno di pesci per rifornirci di acidi grassi omega 3 a catena lunga, indispensabili per il funzionamento ottimale del cervello. E, allo stesso tempo, molti esseri umani avrebbero bisogno di mangiare più proteine, per migliorare il proprio stato di salute.

Di tutte le società conosciute, quella dei cacciatori-raccoglitori che precedette la comparsa dell'agricoltura è stata, per l'ambiente, la meno dannosa di tutte. Come mai? Perché quella società funzionava in stretta armonia con l'ecosistema di appartenenza (con la sola eccezione di un eccessivo consumo di selvaggina di grossa taglia). Naturalmente, con 6 miliardi di persone sulla faccia della Terra non è ipotizzabile tornare alla cultura dei cacciatori-raccoglitori, ma non possiamo nasconderci ciò che potrà succedere al nostro pianeta quando, nel 2050, circa 9 miliardi di persone entreranno in gara per aggiudicarsi le medesime limitate risorse. Ma, in realtà, non occorre neppure spingere così lontano il nostro sguardo: già oggi, miliardi di abitanti della Terra mangiano troppo poche proteine e, quindi, rischiano gravemente di essere colpite da malattie infettive.

La soluzione? Se vogliamo conservare le nostre declinanti risorse naturali senza dover rinunciare a consumare adeguati quantitativi di proteine, non ci resta che cambiare il tipo di proteine che mangiamo. Le proteine di soia possono svolgere questo ruolo cruciale.

Un miglioramento pressoché immediato della salute mondiale si potrebbe già ottenere semplicemente aggiungendo più proteine di soia ai regimi alimentari di tutti coloro che oggi mangiano troppo poche proteine. In simili condizioni di carenza proteica, questi soggetti possiedono sistemi immunitari deboli, incapaci di combattere le perniciose malattie infettive che flagellano i paesi sottosviluppati. Basterebbe aggiungere un po' di proteine isolate in polvere a ogni scodella di carboidrati complessi (come riso, miglio o granoturco) per rinforzare le difese immunitarie di miliardi di persone (e specialmente dei loro bambini) nel giro di qualche settimana. Basterebbero poche settimane di dieta della Zona con la soia per migliorare lo stato di salute di gran parte del pianeta. Sembra troppo bello per essere vero, eppure gli ormoni stimolati dal cibo di cui ci nutriamo hanno il potere di agire così prontamente.

Per ridurre la pressione esercitata sulle risorse naturali dal crescente consumo di proteine animali, ci resta una sola scelta praticabile: l'enorme incremento richiesto alla produzione di proteine deve provenire dal mondo vegetale.

E la sola scelta vegetale percorribile, naturalmente, è quella offerta dalla soia: nessun'altra pianta conosciuta contiene tante proteine per grammo di materia prima quante la soia. Inoltre, disponiamo già non soltanto della tecnologia necessaria per isolare le proteine di soia, ma anche di quella per conservarle in una forma (polvere liofilizzata) che non richiede refrigerazione e ha una durata praticamente illimitata. Queste polveri possono essere miscelate con quasi tutti gli alimenti, ed esiste anche la tecnologia per convertirle in sostituti della carne di ogni genere.

Con l'aumento epidemico dell'obesità, in America e negli altri paesi sviluppati il problema da affrontare è affatto diverso: l'offerta alimentare è sovrabbondante, tant'è che i nostri agricoltori producono regolarmente surplus di alimenti (soprattutto cereali). La gola è considerata uno dei sette peccati capitali e una delle principali conseguenze ormonali dell'ingordigia di carboidrati è un'impennata della secrezione d'insulina, che rappresenta la più grave minaccia per i sistemi sanitari nazionali.

Praticamente tutte le malattie tipicamente «occidentali» sono conseguenze dirette o indirette di un'eccessiva produzione d'insulina. A differenza di quanto accade nel mondo sottosviluppato, gli americani e le altre popolazioni del mondo sviluppato mangiano dosi adeguate di proteine e, quindi, sono in grado di combattere con più efficacia le malattie infettive. Ma, d'altra parte, gli occidentali mangiano troppi glucidi, sotto forma di alimenti molto diffusi ed economici, come pane, patate, riso e pasta. Sostituendo molti di questi carboidrati complessi con altri a densità inferiore, come verdura e frutta, si potrebbe ridurre nettamente la secrezione d'insulina, aumentando al contempo il rifornimento di vitamine e minerali. Se, poi, coprissimo, almeno in buona parte, il nostro fabbisogno proteico con le proteine di soia anziché con quelle animali, ci metteremmo sostanzialmente al riparo da qualsiasi impennata dell'insulina, rafforzando la nostra capacità di mantenere i livelli di questo ormone all'interno della Zona, cioè nell'intervallo di valori che ci garantisce una salute ottimale.

Come vedete, siamo alle prese con un paradosso di dimensioni globali: nei paesi sottosviluppati impera la malnutrizione proteica, mentre il flagello dei paesi industrializzati è la gola (per lo più l'eccesso di carboidrati). La dieta della Zona con la soia può fornire la soluzione valida per entrambi i problemi, offrendo una forma di proteine economica, abbondante e anche rispettosa dell'ambiente, non richiedendo uno sfruttamento eccessivo delle risorse naturali. Sono fermamente convinto che questa dieta può dischiudere a miliardi di esseri umani le porte di una vita migliore, più salutare e più rispondente alle esigenze dell'ambiente in cui tutti viviamo.

In questo libro ho cercato di mostrarvi quanto sia semplice introdurre nel vostro stile di vita alimentare un maggiore numero di pasti a base di soia, per farvi compiere un importante passo verso l'obiettivo di una vita più lunga e sana. Desidero farvi sapere, però, che quella di permanere nella Zona con la soia non è un'impresa del genere «o tutto o niente». Molti di coloro che operano nell'ambiente della nutrizione pongono i loro pazienti di fronte a un categorico aut-aut: o cambiano totalmente il loro modo di mangiare o la loro salute non ne potrà mai trarre alcun giovamento. Francamente, io penso che cambiare il proprio modello di vita sia sempre una decisione molto sofferta e, per questo, preferisco essere un po' più realistico, riconoscendo che è più saggio procedere con gradualità. Perciò, concedetevi almeno un anno per integrare completamente la dieta della Zona nelle vostre abitudini quotidiane. Come primo passo, aumentate il consumo di proteine di soia e diminuite quello di pane, cracker e altri amidi. Naturalmente, se ci riuscite, potete accedere fin da subito ai massimi benefici aderendo completamente a tutte le regole della Zona con la soia.

Il mio consiglio, però, è di limitarvi ad aumentare progressivamente il numero di pasti della Zona inserendoli nel vostro regime alimentare abituale a un ritmo che non vi ponga problemi. Proprio per questo non tutte le ricette qui presentate comprendono la soia. Abbiate cura, comunque, che tutti gli altri pasti si basino anch'essi sui principi fondamentali della Zona: equilibrio e moderazione.

Infine, mi congedo da voi lasciandovi alla domanda che ho posto nel Capitolo 1: volete vivere più a lungo e godere di una migliore salute? Se la vostra risposta è sì, allora dovete entrare nella Zona. La Zona con la soia è la versione più salutare della dieta della Zona e anche quella che provoca meno danni all'ambiente in cui viviamo. Per chi desidera fare qualcosa per migliorare il nostro pianeta, è giunto il momento di farsi avanti e di contarsi. Incorporare la dieta della Zona con la soia nelle vostre abitudini alimentari quotidiane potrebbe essere un buon inizio. Sicuramente, se volete vivere più a lungo e contribuire a preservare il futuro della Terra, non faticherete a fare la scelta più giusta.

11

Gli acidi grassi omega 3 Rx

Gli acidi grassi omega 3 non sono una novità, da molto tempo se ne conosce l'utilità. Più di settant'anni fa si era scoperta l'esistenza di alcuni acidi grassi «essenziali», vale a dire con una struttura molecolare che non può essere fabbricata dal nostro organismo, esattamente come quella delle vitamine e di alcuni amminoacidi; proprio per questa ragione, qualche studioso parlò anche di «vitamina F», dall'iniziale della parola *fat* («grasso» in inglese). Si tratta di acidi grassi che hanno un doppio legame nella posizione 3 e, rispettivamente, nella posizione 6 a partire dal metile terminale; per questo sono stati denominati «acidi grassi omega 3» e «acidi grassi omega 6». Questi ultimi sono più presenti in molti alimenti che vengono consumati abitualmente, mentre lo stesso non si può dire per gli omega 3.

Negli ultimi tempi si parla tanto degli omega 3 soprattutto perché la ricerca scientifica ha compreso meglio alcune delle loro funzioni. Tra queste, va ricordata per prima quella di favorire la produzione nel nostro organismo delle forme più favorevoli di eicosanoidi e poi la loro capacità di entrare nella struttura delle membrane di tutte le cellule del nostro organismo comprese le membrane dei mitocondri, le «centrali energetiche» delle cellule stesse. Questo significa avere le membrane cellulari elastiche; l'esempio più significativo è quello dei globuli rossi che possono assumere una forma allungata, e incunearsi agilmente nei più piccoli capillari per portare nutrimenti e ossigeno ai tessuti.

Gli acidi grassi essenziali omega 3 (in particolare EPA e DHA) contenuti nel pesce hanno un ruolo di notevole importanza nel regolare il livello ematico dei trigliceridi, la fluidità del sangue, la risposta immunitaria e anti-infiammatoria, l'efficienza mentale. Appare, in ogni caso, sorprendente come semplici acidi grassi possano modulare più funzioni fisiologiche, tra l'altro così diversificate. La spiegazione è semplice: gli omega 3 influiscono sulla sintesi da parte dell'organismo degli eicosanoidi, un insieme di ormoni che sono in grado di regolare numerosi aspetti del metabolismo.

Inoltre studi recenti hanno dimostrato che le quantità di omega 3 che devono essere assunte ogni giorno dall'uomo sono assai superiori a quelle credute fino a qualche tempo fa. Non sempre, tuttavia, è possibile mangiare regolarmente le qualità di pesce ricco di omega 3 e bisogna fare i conti, purtroppo, anche con i contaminanti che l'uomo ha riversato nei mari (diossine, pesticidi, metalli pesanti) che finiscono per accumularsi proprio nel grasso dei pesci.

È del tutto consigliabile, dunque, assumere con regolarità degli integratori alimentari di omega 3. Ne andrebbero introdotti almeno 2,5 grammi, sotto forma di olio di pesce, ma dal momento che l'assunzione deve essere consistente e quotidiana, si deve essere sicuri che l'olio di pesce sia puro. Se si assumesse abitualmente olio di pesce non raffinato nelle quantità che vengono oggi raccomandate, infatti, a lungo andare i metalli pesanti e i pesticidi in essi eventualmente contenuti potrebbero risultare dannosi per il nostro organismo. Suggerisco quindi di consumare esclusivamente olio di pesce con grado di purezza Rx (si veda *La Zona Omega 3 Rx*).

Ecco le caratteristiche che definiscono gli oli di pesce con purezza Rx.

1. *Assenza di contaminanti*. Alcuni dei contaminanti che hanno raggiunto l'ambiente marino sono liposolubili (hanno, cioè, una spiccata affinità per le fasi grasse). In particolare i PCB, caratterizzati da elevata tossicità, si accumulano nel grasso dei pesci. Mediante le tecnologie meno evolute, gli omega 3 vengono concentrati con processi non selettivi che finiscono per concentrare anche i PCB, fino a raggiungere livelli significativi nel caso di utilizzo prolungato del prodotto alle dosi ritenute efficaci. Il processo produttivo degli oli Rx, invece, prevede una fase di concentrazione seguita da ripetuti step di distillazione molecolare, al termine dei quali la presenza di PCB non supera le 10 ppb (vale a dire 10 parti per miliardo).
2. *Ossidazione minima*. I livelli di perossidi dell'olio concentrato e distillato Rx sono minimi e possono arrivare a essere 10 volte inferiori rispetto ai prodotti di «penultima» generazione. I perossidi costituiscono delle «bombe a orologeria» chimiche, poiché propagano nell'olio di pesce un danno ossidativo attraverso reazioni a catena; un basso livello iniziale di perossidi implica un migliore mantenimento della qualità del prodotto durante la sua vita sullo scaffale. Questa caratteristica ha importantissime conseguenza pratiche: l'olio è praticamente insapore tanto da essere realmente bevibile anche quando non è incapsulato (ENERZONA OMEGA 3 RX liquido); inoltre, dopo l'ingestione, non si sperimenta alcun retrogusto.

Profilo degli acidi grassi

Per massimizzare l'efficacia degli omega è necessario che:

1. EPA e DHA siano presenti in rapporto 2:1;
2. l'olio di pesce abbia una concentrazione di omega 3 a catena lunga (EPA+DHA) non inferiore al 60%;
3. gli omega 3 totali raggiungano il 75%;
4. la concentrazione di acido arachidonico (AA) e quella dei grassi sia bassissima.

È possibile in questo modo assumere quantità consistenti di omega 3 senza incorrere in spiacevoli effetti collaterali sull'apparato gastrointestinale. Fra gli oli di pesce di alta qualità presenti sul mercato italiano, ENERZONA OMEGA 3 RX è l'unico a soddisfare tutti questi importanti requisiti.

Quanto olio di pesce si deve assumere?

L'olio di pesce concentrato e distillato (omega 3 Rx) possiede purezza e concentrazione di acidi grassi omega 3 a catena lunga maggiori di quante ne fossero disponibili in passato. Esso è estremamente raffinato: vengono eliminate quelle sostanze tossiche (come PCB, DDT e mercurio organico) che sono presenti di solito negli oli di pesce e sono eliminati molti degli acidi grassi che possono causare disturbi gastrici, comuni dopo l'assunzione dei normali oli di pesce. Questo permette di assumere la quantità di olio di pesce utile per fornire i necessari livelli di EPA e per modificare rapidamente il rapporto AA/EPA. Può essere assunto una sola volta al giorno, o addirittura, se ci si scorda di assumerlo, se ne può prendere una dose doppia il giorno successivo dato che l'emivita dell'olio di pesce è di circa due giorni. È solo grazie a questo olio di tipo superiore che può essere ottenuta la collaborazione a lungo termine del paziente, considerando gli alti livelli di integrazione richiesti per modificare il rapporto AA/EPA. Una buona dose di partenza per la maggior parte dei pazienti è di 2,5 grammi al giorno di acidi grassi omega 3 a catena lunga. Ciò equivale a un cucchiaio da tavola di olio di pesce. Va tenuto presente che maggiore è il controllo dell'insulina, minore è la quantità necessaria di olio di pesce. Questo perché ogni riduzione dei livelli di insulina diminuisce la produzione di AA. Al contrario, minore è il controllo dei livelli di insulina, maggiore sarà la quantità di olio di pesce necessaria per portare il rapporto AA/EPA nell'ambito dei valori desiderati (da 1,5 a 3).

Appendici

APPENDICE A

Miniblocchi di macronutrienti

Le tabelle (tratte da *Vivere in Zona* di Aronne e Memo Romano, Sperling & Kupfer, Milano 2003) sono state compilate secondo le seguenti modalità:

- Le grammature di ogni miniblocco o blocchetto sono ricavate dai dati forniti dall'Istituto Nazionale di Ricerca per gli Alimenti e la Nutrizione (aggiornamento 2000).
- Solo in pochissimi casi (2-3% circa) – e solo se la fonte succitata non li riportava – ci si è riferiti in prima battuta alle tabelle fornite dalla banca dati di composizione degli alimenti per gli studi epidemiologici, stilata dall'Istituto Europeo di Oncologia nel 1998, oppure ai valori nutrizionali medi riportati dal prodotto utilizzato.
- In ogni caso, se si dispone della tabella dei valori nutrizionali medi riportata sull'etichetta dell'alimento utilizzato, suggeriamo di riferirsi preferenzialmente a quella, essendo specifica del prodotto in questione.
- Le grammature riguardano alimenti crudi e già puliti.

L'alimento seguito dal simbolo ☺ è consigliato personalmente dal dottor Barry Sears.

Blocchetti di proteine
(circa 7 g di proteine per blocchetto)

Carne e pollame	
Miglior scelta (basso contenuto di grassi saturi)	
Agnello	35 g
Bresaola	20 g
Capretto	35 g
Cervo	35 g
Coniglio	35 g
Fagiano	30 g
Faraona (petto e non)	30 g
Lumache	55 g
Pollo (petto) ☺	30 g
Quaglia	30 g
Rane	45 g
Struzzo ☺	35 g
Tacchino (petto) ☺	30 g
Vitello	35 g
Discreta scelta	
Anatra	35 g
Carne bovina in gelatina (in scatola)	55 g
Carne bovina pressata (in scatola)	45 g
Cavallo	35 g
Gallina	35 g
Maiale (lonza o braciola)	35 g
Manzo (tagli magri)	35 g
Pollo (coscia)	35 g
Prosciutto crudo (sgrassato)	25 g
Prosciutto cotto (sgrassato)	30 g
Speck (sgrassato)	25 g
Tacchino (coscia)	40 g
Trippa	45 g
Pessima scelta (alto contenuto di grassi saturi)	
Big burger	50 g
Cheeseburger	50 g
Coppa	30 g
Cotechino	40 g
Fegato	35 g
Hamburger	50 g
Hot dog	50 g
Lingua	40 g
Maiale (tagli grassi)	35 g

segue

segue

Manzo (tagli grassi)	35 g
Manzo macinato (grassi circa 10-15%)	50 g
Mortadella	50 g
Oca	45 g
Pancetta magra	30 g
Pancetta tesa	35 g
Pâté di coniglio	55 g
Pâté di fegato	55 g
Pâté di pollo	60 g
Pâté di prosciutto	60 g
Salame	25 g
Salsiccia di suino	45 g
Würstel	50 g
Zampone precotto	35 g

Pesce e crostacei	
Ottima scelta	
Acciughe o alici (anche sotto sale)	30 g
Aragosta ☺	45 g
Baccalà ammollato ☺	30 g
Baccalà secco ☺	25 g
Boga	40 g
Branzino (di allevamento)	35 g
Branzino (di mare)	40 g
Calamari	55 g
Capesante	70 g
Carpa	40 g
Caviale	25 g
Cefalo muggine	45 g
Cernia	40 g
Coda di rospo o lotta o rana pescatrice	55 g
Coregone	35 g
Corvina	35 g
Cozze	60 g
Dentice	40 g
Gamberetti ☺	45 g
Gamberi ☺	50 g
Gamberi surgelati ☺	40 g
Granchio ☺	40 g
Halibut ☺	35 g
Luccio	35 g
Melù o pescemolo	40 g
Merluzzo ☺	40 g
Mormora	40 g

segue

Nasello	40 g
Occhiata	35 g
Orata	35 g
Ostriche	70 g
Pagello	35 g
Palombo	45 g
Pesce gatto	45 g
Pesce persico ☺	45 g
Pesce spada ☺	45 g
Polpo	65 g
Razza	50 g
Rombo	45 g
Salmone ☺	40 g
Salmone affumicato	30 g
Salmone in salamoia	35 g
Salpa	40 g
Sarda	35 g
Sardine ☺	35 g
Scorfano	35 g
Seppia	50 g
Sgombro ☺	40 g
Sgombro in salamoia	35 g
Sogliola	40 g
Spigola	40 g
Spigola di allevamento	35 g
Stoccafisso ammollato	35 g
Stoccafisso secco	10 g
Storione	35 g
Sugarello o suro	40 g
Tinca	40 g
Tonno (in salamoia o sott'olio) sgocciolato	30 g
Tonno (trancio) ☺	35 g
Triglia	45 g
Trota ☺	50 g
Trota di allevamento	35 g
Trota surgelata (filetti)	40 g
Vongole	70 g
Pessima scelta (troppo grassi)	
Acciughe sott'olio	25 g
Anguilla di fiume	60 g
Anguilla (di mare, di allevamento, filetti e marinata)	50 g
Aringa (affumicata o sotto sale)	35 g
Aringa (anche marinata)	40 g
Bastoncini di pesce (anche un miniblocco di carboidrati)	65 g
Bottarga (uova)	20 g
Capitone	55 g

Uova	
Miglior scelta	
Albume ☺	di 2 uova
Discreta scelta	
Uova di quaglia	4
Uova intere	1

Latticini	
Miglior scelta	
Cacioricotta di capra	60 g
Caprino light	50 g
Feta	45 g
Fiocchi di latte magro ☺	70 g
Fior di latte	35 g
Formaggi cremosi spalmabili light	75 g
Formaggi freschi di capra	35 g
Formaggi light	45 g
Formaggino light	50 g
Mozzarella light	35 g
Parmigiano	20 g
Primo sale	45 g
Quartirolo	40 g
Ricotta (di pecora)	75 g
Ricotta (di vacca) ☺	80 g
Discreta scelta	
Caciottina fresca	40 g
Grana	20 g
Mozzarella (di bufala)	40 g
Mozzarella (di vacca)	35 g
Ricotta (di bufala)	65 g
Sottiletta light	30 g
Pessima scelta (alto contenuto di grassi saturi)	
Brie	35 g
Butirro calabro	30 g
Caciocavallo	20 g
Caciotta	20 g
Caciotta mista e toscana	30 g
Caciotta romana di pecora	25 g

segue

Caciottina mista	25 g
Caciottina vaccina	35 g
Camembert	35 g
Cheddar	30 g
Crescenza	45 g
Emmenthal	25 g
Fontina	30 g
Formaggino	60 g
Formaggino cremoso spalmabile	80 g
Formaggio molle da tavola	30 g
Gorgonzola	35 g
Groviera	25 g
Italico	35 g
Latteria	25 g
Pecorino (romano e siciliano)	25 g
Provolone	25 g
Robiola	35 g
Scamorza	30 g
Stracchino	40 g
Taleggio	35 g

Cibi a base di soia	
Bacon canadese alla soia	3 strisce
Germogli di soia ☺	115 g
Hamburger di soia ☺	1/2
Hot dog di soia	1
Latte di soia	240 ml
Proteine in polvere ☺	9 g
Salsiccia di soia	1
Seitan	35 g
Tempeh	30 g
Tofu ☺	85 g

Fonti proteiche miste

	Per miniblocco di proteine	*Miniblocchi di carboidrati associati*
Fagioli di soia (bolliti)	60 g	2/3
Farina di soia	19 g	1/2
Pasta di kamut	40 g	2
Yogurt di soia	200 g	1/2

Formano un blocco (proteine + carboidrati + grassi)	
Latte di capra	180 ml
Latte parzialmente scremato ☺	200 ml
Yogurt bianco magro ☺	200 g
Yogurt di capra	190 g

Blocchetti di carboidrati (circa 9 g di carboidrati per blocchetto)

Carboidrati favorevoli	
Verdure e legumi	
Asparagi ☺	300 g
Asparagi di bosco ☺	225 g
Asparagi di campo ☺	270 g
Asparagi di serra ☺	300 g
Biete	320 g
Broccoletti di rapa (cime, broccolo verde ramoso)	450 g
Broccoli ☺	290 g
Carciofi ☺	360 g
Cardi	530 g
Cavolfiori ☺	330 g
Cavolini di Bruxelles ☺	215 g
Cavolo cappuccio ☺	360 g
Cavolo cappuccio rosso	335 g
Ceci in scatola (scolati)	65 g
Ceci secchi	20 g
Cetrioli	500 g
Cicoria	530 g
Cicoria da campo	1285 g
Cipolle (o scalogni) ☺	160 g
Cipolline ☺	105 g
Coste	250 g
Crauti	140 g
Crescione	225 g
Fagioli borlotti freschi	40 g
Fagioli borlotti in scatola	55 g
Fagioli cannellini in scatola	70 g
Fagioli cannellini secchi	20 g
Fagioli dall'occhio secchi	20 g
Fagioli secchi	20 g
Fagiolini verdi ☺	380 g

segue

Fave fresche	200 g
Fave secche	30 g
Fave secche sgusciate	15 g
Finocchi ☺	900 g
Funghi	900 g
Indivia belga	280 g
Indivia e scarola	330 g
Lattuga ☺	400 g
Lattuga cappuccio	300 g
Lenticchie in scatola (scolate)	60 g
Lenticchie secche ☺	20 g
Lupini ammollati	125 g
Melanzane ☺	350 g
Minestra di verdure	1 piatto
Passato di verdure	1 piatto
Peperoni ☺	140 g
Peperoni gialli	130 g
Peperoni rossi e gialli	135 g
Peperoni verdi	150 g
Pomodori (passata, pelati, San Marzano, succo)	300 g
Pomodori conserva	45 g
Pomodori maturi ☺	260 g
Pomodori per insalata ☺	320 g
Porri	170 g
Radicchio rosso	560 g
Rape ☺	240 g
Ravanelli ☺	500 g
Rucola	230 g
Sedano	380 g
Sedano rapa	235 g
Spinaci (anche surgelati) ☺	300 g
Tarassaco o dente di leone	245 g
Topinambur	45 g
Verza cappuccio ☺	400 g
Zucchini	640 g

Frutta

	n.	
Albicocche ☺	3	130 g
Amarene		90 g
Ananas		90 g
Arancia ☺	1/2	115 g
Castagne		25 g
Castagne arrosto		20 g
Castagne secche		15 g
Ciliegie	15	100 g

segue

Clementine	2	100 g
Fragole ☺		170 g
Kiwi ☺	1	100 g
Lamponi ☺		140 g
Limoni	3	390 g
Macedonia al naturale		115 g
Mandaranci	1	70 g
Mandarini	1	50 g
Mela	1/2	90 g
Mela (succo)		60 g
Mela cotogna	1/2	140 g
Mela golden		85 g
Melagrana		55 g
Melone (estate)		120 g
Melone (inverno)		185 g
Mirtilli ☺		175 g
More ☺		110 g
Nespole		150 g
Pera	1/2	100 g
Pesca	1	150 g
Pompelmo ☺	1/2	145 g
Prugne ☺	1	85 g
Prugne gialle ☺	1	125 g
Prugne rosse ☺	1	85 g
Ribes ☺		135 g
Uva		60 g

Cereali

Avena decorticata (cotta) ☺		50 g
Farina d'avena		12 g
Farina d'orzo		15 g
Farro		15 g
Fiocchi d'avena		10 g
Orzo mondo		20 g
Orzo perlato		13 g

Dolcificanti

Fruttosio	1 cucchiaio	11 g
Fruttosio puro		9 g

Carboidrati sfavorevoli (consumare con moderazione)		
Verdure		
Barbabietola		225 g
Carote		120 g
Cuore di palma		160 g
Fagioli in umido		40 g
Mais		30 g
Patate		50 g
Patate arrosto		35 g
Patate fritte		30 g
Patate novelle		60 g
Piselli freschi		140 g
Piselli in scatola (scolati)		80 g
Piselli secchi		20 g
Piselli surgelati		70 g
Purè di patate		30 g
Zucca		250 g
Frutta		
	n.	
Albicocche disidratate		11 g
Albicocche secche	1	14 g
Anguria		250 g
Banana	1/3	60 g
Cachi		55 g
Cocco		100 g
Datteri	2	14 g
Fichi	1	80 g
Fichi d'India		70 g
Fichi secchi	1	15 g
Litchi		50 g
Mango		70 g
Mele disidratate		10 g
Papaia		130 g
Passiflora		160 g
Prugne secche	2	16 g
Uvetta sultanina	1 cucchiaio	15 g
Succhi di frutta		
Sidro di mela		75 g
Succo d'ananas		60 g
Succo d'arancia		110 g
Succo d'uva		50 g
Succo di limone		110 g

segue

Succo di pompelmo		75 g
Succo tropicale		60 g

Cereali e pane

	n.	
Biscotti	1	12 g
Brioche	1/2	25 g
Cereali secchi		10 g
Cialda	1/2	15 g
Cracker integrali	2	15 g
Cracker salati		11 g
Croissant senza ripieno	1/2	25 g
Crostini		15 g
Cuscus		15 g
Farina di frumento tipo 0 o 00		12 g
Farina di grano duro		14 g
Farina di grano duro integrale		13 g
Farina di mais		10 g
Farina di segale		15 g
Farina integrale		14 g
Fetta biscottata	1	11 g
Fetta biscottata integrale	1	15 g
Focaccina	1/2	15 g
Frittella	1/2	15 g
Galletta di riso soffiato	1	10 g
Grano saraceno		15 g
Grissini	2	13 g
Mais		12 g
Pane arabo		15 g
Pane bianco tipo 0		14 g
Pane bianco tipo 00		13 g
Pane di segale	1 fetta	20 g
Pane integrale		19 g
Pasta all'uovo		12 g
Pasta di semola		11 g
Pasta integrale		14 g
Piadina		15 g
Polenta		40 g
Pop-corn		12 g
Riso brillato		11 g
Riso integrale		12 g
Riso parboiled		11 g
Toast		15 g
Tortellini freschi		18 g
Tortellini secchi		15 g

segue

Alcolici		
Aperitivi		50 ml
Birra		180 ml
Superalcolici		30 ml
Vino		120 ml

Altro		
Barrette (al cioccolato eccetera)		15 g
Cacao in polvere amaro		80 g
Cacao in polvere dolce solubile		13 g
Cioccolato al latte		15 g
Cioccolato fondente		20 g
Gelato (caffè, cioccolato, nocciola, vaniglia)		35 g
Gelato (fiordilatte)		45 g
Gelato (panna, stracciatella)		30 g
Gelato alla frutta		25 g
Gelato confezionato		30 g
Ketchup		35 g
Marmellata	1 cucchiaio	15 g
Miele	1 cucchiaio	11 g
Panettone		15 g
Patatine in busta		15 g
Salatini		15 g
Torrone		17 g
Triangoli di mais		15 g
Zucchero di canna	3/4 di cucchiaio	7 g
Zucchero raffinato	1 cucchiaio	9 g

Blocchetti di grassi (circa 1,5 g di grassi per blocchetto)

Miglior scelta (alto contenuto di grassi monoinsaturi)		
	n.	
Anacardi ☺	3	3 g
Arachidi	6	3 g
Avocado ☺	1 cucchiaio grande	6 g
Lecitina di soia	1 cucchiaino	
Mandorle ☺	3	3 g
Nocciole	3	2,5 g
Noci	1	2,5 g

segue

Noci di macadamia ☺	1	2,5 g
Olio d'oliva ed extravergine ☺	1/3 di cucchiaino	1,5 ml
Olio di semi vari	1/3 di cucchiaino	1,5 ml
Olive conservate	3	5 g
Olive nere ☺	3	5 g
Olive verdi ☺	3	10 g
Pecan	1	2 g
Pinoli	8	3 g
Pistacchi ☺	6	2,5 g
Discreta scelta (basso contenuto di grassi saturi)		
Maionese light	1 cucchiaino	6 ml
Olio di arachidi	1/3 di cucchiaino	1,5 ml
Olio di semi di soia	1/3 di cucchiaino	1,5 ml
Olio di sesamo	1/2 cucchiaino	1,5 ml
Pessima scelta (alto contenuto di grassi saturi)		
Burro	1/3 di cucchiaino	2 g
Lardo	1/3 di cucchiaino	1,5 g
Maionese	1/3 di cucchiaino	2 g
Margarina	1/3 di cucchiaino	2 g
Mascarpone	1 cucchiaino	4 g
Pancetta a cubetti	2 cucchiaini	4 g
Panna	1 cucchiaio	4 g
Panna acida	1/2 cucchiaio	3 g
Strutto	1/3 di cucchiaino	1,5

Alimenti a composizione mista

Prodotti EnerZona a base di soia e senza derivati del latte	
EnerZona Snack Arancia	1 blocco
EnerZona Snack Mela	1 blocco
EnerZona Proteine Soia 90	1 misurino = 1 miniblocco di proteine
Enervit Protein Soya Drink	1 blocco ogni 250 ml
Enervit Protein Frollini alla Soia	4 frollini = 1 blocco
Piatti surgelati vegetali	
EnerZona Lasagne al Seitan	3 blocchi
EnerZona Spezzatino di Seitan	3 blocchi
EnerZona Pizza al Kamut	4 blocchi
EnerZona Spezzatino di soia	4 blocchi

segue

Altri prodotti EnerZona	
EnerZona Snack Cacao	1 blocco
EnerZona Snack Cocco	1 blocco
EnerZona Nutrition Bar Cioccolato	2 blocchi
EnerZona Nutrition Bar Frutti di Bosco	2 blocchi
EnerZona Nutrition Bar Limone	2 blocchi
EnerZona Zuppa del Contadino	3 blocchi
EnerZona Zuppa del Pescatore	3 blocchi
EnerZona Frollini all'Avena (senza latte e derivati)	4 frollini = 1 blocco
Enervit Protein Snack Albicocca	1 blocco
Enervit Protein Snack Cioccolato	1 blocco
Enervit Protein Barretta sostitutivo pasto ai cereali e malto	2 blocchi
Enervit Protein Barretta sostitutivo pasto al cioccolato	2 blocchi
EnerZona Instant Meal	3 blocchi con latte
EnerZona Proteine Whey 90	1 misurino = 1 miniblocco di proteine

Piatti surgelati	
Pollo con verdure	4 blocchi
Risotto con pollo e funghi	4 blocchi
Tagliatelle all'avena al ragù	4 blocchi
Tagliatelle all'avena al salmone	4 blocchi
Trota con legumi	4 blocchi

EnerZona Omega 3 Rx	
EnerZona Omega 3 Rx	90 capsule (8 cps = 2,5 g Omega 3 a catena lunga)
EnerZona Omega 3 Rx	180 capsule (8 cps = 2,5 g Omega 3 a catena lunga)
EnerZona Omega 3 Rx liquido	3 flaconi da 33,3 ml (1 mis. = 2,5 g Omega 3 a catena lunga)

Prodotti approvati da EnerZona	
Fructofin	fruttosio
MCE Proenergy	integratore proenergetico a base di estratti vegetali
Saldue	sale dietetico iposodico

APPENDICE B

Come calcolare la massa grassa e la massa magra

a cura di Fabrizio Duranti*

IL grasso corporeo può essere rapidamente determinato utilizzando un semplice metro da sarto. Spogliatevi ed effettuate tutte le misurazioni sulla pelle, assicurandovi che il nastro stringa moderatamente, senza comprimere la pelle e i tessuti sottostanti. Misurate in centimetri e ripetete ogni misurazione tre volte, calcolando la media.

Calcolo della percentuale di grasso corporeo nelle donne

Eseguite queste cinque facili operazioni:

1. Misuratevi le anche nel punto più largo, e la vita all'altezza dell'ombelico. È molto importante prendere le misure all'altezza dell'ombelico e non nel punto in cui la vita è più stretta. Prendete ognuna di queste due misure tre volte e calcolate la media.

* Chirurgo plastico, Zone Certified Instructor, autore di *Supersalute con la Zona*, Sperling & Kupfer, Milano 2002.

2. Misurate la vostra altezza da scalze.
3. Annotate altezza, vita e misura delle anche sull'apposita maschera qui sotto.
4. Cercate queste misure nella relativa colonna della Tabella B.1 (pp. 225-226), e segnate le costanti corrispondenti sullo stesso modulo.
5. Sommate le costanti A e B, quindi sottraete C e arrotondate al numero intero più vicino. Questa è la vostra percentuale di massa grassa.

Percentuale di massa grassa nelle donne		
Circonferenza media delle anche	....	(serve per la costante A)
Circonferenza media dell'addome	....	(serve per la costante B)
Altezza	....	(serve per la costante C)

Utilizzando la Tabella B.1, incolonnate nel prospetto seguente le costanti corrispondenti a ciascuna misura:

Costante A =	....
Costante B =	....
Costante C =	....
Percentuale approssimativa di massa grassa (A + B – C) =	....

Anche		Addome		Altezza	
cm	costante A	cm	costante B	cm	costante C
76,2	33,48	50,8	14,22	139,7	33,52
77,4	33,83	52,0	14,40	140,9	33,67
78,7	34,87	53,3	14,93	142,2	34,13
80,0	35,22	54,6	15,11	143,5	34,28
81,2	36,27	55,8	15,64	144,7	34,74
82,5	36,62	57,1	15,82	146,0	34,89
83,8	37,67	58,4	16,35	147,3	35,35
85,0	38,02	59,6	16,53	148,5	35,50
86,3	39,06	60,9	17,06	149,8	35,96
87,6	39,41	62,2	17,24	151,1	36,11
88,9	40,46	63,5	17,78	152,4	36,57
90,1	40,81	64,7	17,96	153,6	36,72
91,4	41,86	66,0	18,49	154,9	37,18
92,7	42,21	67,3	18,67	156,2	37,33
93,9	43,25	68,5	19,20	157,4	37,79
95,2	43,60	69,8	19,38	158,7	37,94
96,5	44,65	71,1	19,91	160,0	38,40
97,7	45,32	72,3	20,27	161,2	38,70
99,0	46,05	73,6	20,62	162,5	39,01
100,3	46,40	74,9	20,80	163,8	39,16
101,6	47,44	76,2	21,33	165,1	39,62
102,8	47,79	77,4	21,50	166,3	39,77
104,1	48,84	78,7	22,04	167,6	40,23
105,4	49,19	80,0	22,22	168,9	40,38
106,6	50,24	81,2	22,75	170,1	40,84
107,9	50,59	82,5	22,93	171,4	40,99
109,2	51,64	83,8	23,46	172,7	41,45
110,4	51,99	85,0	23,64	173,9	41,60
111,7	53,03	86,3	24,18	175,2	42,06
113,0	53,41	87,6	24,36	176,5	42,21
114,3	54,53	88,9	24,89	177,8	42,67

segue

Tabella B.1 - Costanti di conversione per il calcolo della percentuale di massa grassa nelle donne.

Anche		Addome		Altezza	
cm	costante A	cm	costante B	cm	costante C
115,5	54,86	90,1	25,07	179,0	42,82
116,8	55,83	91,4	25,60	180,3	43,28
118,1	56,18	92,7	25,78	181,6	43,43
119,3	57,22	93,9	26,31	182,8	43,89
120,6	57,57	95,2	26,49	184,1	44,04
121,9	58,62	96,5	27,02	185,4	44,50
123,1	58,97	97,7	27,20	186,6	44,65
124,4	60,02	99,0	27,73	187,9	45,11
125,7	60,37	100,3	27,91	189,2	45,26
127,0	61,42	101,6	28,44	190,5	45,72
128,2	61,77	102,8	28,62	191,7	45,87
129,5	62,81	104,1	29,15	193,0	46,32
130,8	63,16	105,4	29,33		
132,0	64,21	106,6	29,87		
133,3	64,56	107,9	30,05		
134,6	65,61	109,2	30,58		
135,8	65,96	110,4	30,76		
137,1	67,00	111,7	31,29		
138,4	67,35	113,0	31,47		
139,7	68,40	114,3	32,00		
140,9	68,75	115,5	32,18		
142,2	69,80	116,8	32,71		
143,5	70,15	118,1	32,89		
144,7	71,19	119,3	33,42		
146,0	71,54	120,6	33,60		
147,3	72,59	121,9	34,13		
148,5	72,94	123,1	34,31		
149,8	73,99	124,4	34,84		
151,1	74,34	125,7	35,02		
152,4	75,39	127,0	35,56		

Calcolo della percentuale di grasso corporeo negli uomini

Eseguite queste quattro facili operazioni:

1. Misuratevi la circonferenza della vita all'altezza dell'ombelico. Prendete le misure tre volte e calcolate la media.
2. Misurate la circonferenza del polso della mano dominante, tra la mano e polso nel punto in cui questo si piega.
3. Annotate queste misure sull'apposita maschera qui sotto.
4. Sottraete la misura del polso dalla misura della vita e trovate il valore corrispondente sulla Tabella B.2 (pp. 228 e sgg.). La percentuale di massa grassa si trova in questa tabella, direttamente all'incrocio tra la riga corrispondente al vostro peso e la colonna corrispondente alla misura «vita meno polso» espressa in centimetri.

Percentuale di massa grassa negli uomini	
Circonferenza media della vita	....
Circonferenza media del polso	....

Vita – polso (cm)	55,9	57,2	58,4	59,7	61,0	62,2
Peso (kg)						
54,4	4	6	8	10	12	14
56,7	4	6	7	9	11	13
59,0	3	5	7	9	11	12
61,2	3	5	7	8	10	12
63,5	3	5	6	8	10	11
65,8		4	6	7	9	11
68,0		4	6	7	9	10
70,3		4	5	6	8	10
72,6		4	5	6	8	9
74,8		3	5	6	8	9
77,1		3	4	6	7	9
79,4			4	6	7	8
81,6			4	5	7	8
83,9			4	5	6	8
86,2			4	5	6	7
88,5			3	5	6	7
90,7			3	4	6	7
93,0				4	5	6
95,3				4	5	6
97,5				4	5	6
99,8				4	5	6
102,1				3	4	6
104,3				3	4	5
106,6				3	4	5
108,9					4	5
111,1					4	5
113,4					4	5
115,7					3	4
117,9					3	4
120,2						4
122,5						4
124,7						4
127,0						4
129,3						4
131,5						3
133,8						3
136,1						3

segue

Tabella B.2 - Calcolo della percentuale di massa grassa negli uomini.

63,5	64,8	66,0	67,3	68,6	69,9	71,1
16	18	20	21	23	25	27
15	17	19	20	22	24	26
14	16	18	20	21	23	25
13	15	17	19	20	22	24
13	15	16	18	19	21	23
12	14	15	17	19	20	22
12	13	15	16	18	19	21
11	13	14	16	17	19	20
11	12	14	15	17	18	19
10	12	13	15	16	17	19
10	11	13	14	15	17	18
10	11	12	14	15	16	17
9	10	12	13	14	16	17
9	10	11	13	14	15	16
8	10	11	12	13	15	16
8	9	11	12	13	14	15
8	9	10	11	12	14	15
8	9	10	11	12	13	14
7	8	9	11	12	13	14
7	8	9	10	11	12	13
7	8	9	10	11	12	13
7	8	9	10	11	12	13
6	7	8	9	10	11	12
6	7	8	9	10	11	12
6	7	8	9	10	11	12
6	7	8	9	9	10	11
6	6	7	8	9	10	11
5	6	7	8	9	10	11
5	6	7	8	9	10	10
5	6	7	8	8	9	10
5	6	7	7	8	9	10
5	5	6	7	8	9	10
4	5	6	7	8	9	9
4	5	6	7	8	8	9
4	5	6	7	7	8	9
4	5	6	6	7	8	9
4	5	5	6	7	8	9

segue

Vita – polso (cm)	72,4	73,7	74,9	76,2	77,5	78,7
Peso (kg)						
54,4	29	31	33	35	37	39
56,7	28	30	32	33	35	37
59,0	27	28	30	32	34	36
61,2	26	27	29	31	32	34
63,5	24	26	28	29	31	33
65,8	23	25	27	28	30	31
68,0	23	24	26	27	29	30
70,3	22	23	25	26	28	29
72,6	21	22	24	25	27	28
74,8	20	22	23	24	26	27
77,1	19	21	22	24	25	26
79,4	19	20	21	23	24	25
81,6	18	19	21	22	23	25
83,9	18	19	20	21	23	24
86,2	17	18	19	21	22	23
88,5	16	18	19	20	21	22
90,7	16	17	18	19	21	22
93,0	15	17	18	19	20	21
95,3	15	16	17	18	19	21
97,5	15	16	17	18	19	20
99,8	14	15	16	17	18	19
102,1	14	15	16	17	18	19
104,3	13	14	15	16	17	18
106,6	13	14	15	16	17	18
108,9	13	14	15	16	17	17
111,1	12	13	14	15	16	17
113,4	12	13	14	15	16	17
115,7	12	13	14	14	15	16
117,9	11	12	13	14	15	16
120,2	11	12	13	14	15	15
122,5	11	12	13	13	14	15
124,7	11	11	12	13	14	15
127,0	10	11	12	13	14	14
129,3	10	11	12	12	13	14
131,5	10	11	11	12	13	14
133,8	10	10	11	12	13	14
136,1	9	10	11	12	12	13

segue

80,0	81,3	82,6	83,8	85,1	86,4	87,6
41	43	45	47	49	50	52
39	41	43	45	46	48	50
37	39	41	43	44	46	48
36	38	39	41	43	44	46
34	36	38	39	41	43	44
33	35	36	38	39	41	43
32	33	35	36	38	40	41
31	32	34	35	37	38	40
30	31	33	34	35	37	38
29	30	31	33	34	36	37
28	29	30	32	33	34	36
27	28	29	31	30	33	35
26	17	28	30	31	32	34
25	26	28	29	30	31	33
24	26	27	28	29	30	32
24	25	26	27	28	30	31
23	24	25	26	28	29	30
22	23	25	26	27	28	29
22	23	24	25	26	27	28
21	22	23	24	25	26	28
20	22	23	24	25	26	27
20	21	22	23	24	25	26
19	20	21	22	23	24	25
19	20	21	22	23	24	25
18	19	20	21	22	23	24
18	19	20	21	22	23	24
18	18	19	20	21	22	23
17	18	19	20	21	22	23
17	18	19	19	20	21	22
16	17	18	19	20	21	22
16	17	18	19	19	20	21
16	16	17	18	19	20	21
15	16	17	18	19	19	20
15	16	17	17	18	19	20
15	15	16	17	18	19	19
14	15	16	17	17	18	19
14	15	16	16	17	18	19

segue

Vita – polso (cm)	88,9	90,2	91,4	92,7	94,0	95,3
Peso (kg)						
54,4	54					
56,7	52	54				
59,0	50	52	53	55		
61,2	48	50	51	53	55	
63,5	46	48	49	51	53	54
65,8	44	46	47	49	51	52
68,0	43	44	46	47	49	50
70,3	41	43	44	46	47	49
72,6	40	41	43	44	46	47
74,8	38	40	41	43	44	45
77,1	37	39	40	41	43	44
79,4	36	37	39	40	41	43
81,6	35	36	37	39	40	41
83,9	34	35	36	38	39	40
86,2	33	34	35	37	38	39
88,5	32	33	34	35	37	38
90,7	31	32	33	35	36	37
93,0	30	31	32	34	35	36
95,3	29	30	32	33	34	35
97,5	29	30	31	32	33	34
99,8	28	29	30	31	32	33
102,1	27	28	29	30	31	32
104,3	26	27	28	30	31	32
106,6	26	27	28	29	30	31
108,9	25	26	27	28	29	30
111,1	25	26	27	27	28	29
113,4	24	25	26	27	28	29
115,7	24	24	25	26	27	28
117,9	23	24	25	26	27	27
120,2	22	23	24	25	26	27
122,5	22	23	24	25	25	26
124,7	22	22	23	24	25	26
127,0	21	22	23	24	24	25
129,3	21	21	22	23	24	25
131,5	20	21	22	23	23	24
133,8	20	21	21	22	23	24
136,1	19	20	21	22	22	23

segue

96,5	97,8	99,1	100,3	101,6	102,9	104,1
54	55					
52	53	55				
50	52	53	55			
48	50	51	53	54		
47	48	50	51	52	54	55
45	47	48	49	51	52	54
44	45	47	48	49	51	52
43	44	45	47	48	49	50
41	43	44	45	46	48	49
40	41	43	44	45	46	48
39	40	41	43	44	45	46
38	39	40	41	43	44	45
37	38	39	40	41	43	44
36	37	38	39	40	42	43
35	36	37	38	39	40	42
34	35	36	37	38	39	41
33	34	35	36	37	38	40
33	34	35	36	37	38	39
32	33	34	35	36	37	38
31	32	33	34	35	36	37
30	31	32	33	34	35	36
30	31	31	32	33	34	35
29	30	31	32	33	34	34
28	29	30	31	32	33	34
28	29	29	30	31	32	33
27	28	29	30	31	31	32
27	27	28	29	30	31	32
26	27	28	29	29	30	31
26	26	27	28	29	30	30
25	26	27	27	28	29	30
25	25	26	27	28	28	29
24	25	26	26	27	28	29

segue

Vita – polso (cm)	**105,4**	**106,7**	**108,0**	**109,2**	**110,5**	**111,8**
Peso (kg)						
54,4						
56,7						
59,0						
61,2						
63,5						
65,8						
68,0						
70,3						
72,6						
74,8						
77,1	55					
79,4	53	55				
81,6	52	53	54			
83,9	50	51	53	54	55	
86,2	49	50	51	52	54	55
88,5	47	49	50	51	52	53
90,7	46	47	48	50	51	52
93,0	45	46	47	48	49	51
95,3	44	45	46	47	48	49
97,5	43	44	45	46	47	48
99,8	42	43	44	45	46	47
102,1	41	42	43	44	45	46
104,3	40	41	42	44	44	45
106,6	39	40	41	42	43	44
108,9	38	39	40	41	42	43
111,1	37	38	39	40	41	42
113,4	36	37	38	39	40	41
115,7	35	36	37	38	39	40
117,9	35	35	36	37	38	39
120,2	34	35	36	36	37	38
122,5	33	34	35	36	37	37
124,7	32	33	34	35	36	37
127,0	32	33	33	34	35	36
129,3	31	32	33	34	34	35
131,5	31	31	32	33	34	35
133,8	30	31	32	32	33	34
136,1	29	30	31	32	33	33

segue

113,0	114,3	115,6	116,8	118,1	119,4	120,7
55						
53	54	55				
52	53	54	55			
50	51	53	54	55		
49	50	51	52	53	54	55
48	49	50	51	52	53	54
47	48	49	50	51	52	53
46	47	48	49	50	51	52
45	46	47	48	49	50	51
44	45	46	46	47	48	49
43	44	44	45	46	47	48
42	43	44	44	45	46	47
41	42	43	44	44	45	46
40	41	42	43	43	44	45
39	40	41	42	43	43	44
38	39	40	41	42	43	43
38	38	39	40	41	42	43
37	38	38	39	40	41	42
36	37	38	39	39	40	41
35	36	37	38	39	39	40
35	36	36	37	38	39	39
34	35	36	36	37	38	39

segue

Vita – polso (cm)	121,9	123,2	124,5	125,7	127,0
Peso (kg)					
54,4					
56,7					
59,0					
61,2					
63,5					
65,8					
68,0					
70,3					
72,6					
74,8					
77,1					
79,4					
81,6					
83,9					
86,2					
88,5					
90,7					
93,0					
95,3					
97,5					
99,8	55				
102,1	54	55			
104,3	53	54	55		
106,6	51	52	53	54	55
108,9	50	51	52	53	54
111,1	49	50	51	52	53
113,4	48	49	50	51	52
115,7	47	48	49	51	51
117,9	46	47	48	49	50
120,2	45	46	47	48	49
122,5	44	45	46	47	48
124,7	43	44	45	46	47
127,0	43	43	44	45	46
129,3	42	43	43	44	45
131,5	41	42	43	43	44
133,8	40	41	42	43	43
136,1	39	40	41	42	43

Calcolo della massa magra di uomini e donne

Una volta nota la percentuale di massa grassa, il passo successivo consiste nell'utilizzare l'informazione per calcolare il peso in kg della parte grassa del corpo. Ciò si ottiene moltiplicando il peso per la percentuale di massa grassa, e dividendo il risultato per 100:

$$\frac{\text{peso} \times \text{\% di massa grassa}}{100} = \text{peso totale di grasso del corpo}$$

Una volta noto il peso totale dei tessuti grassi, basta sottrarli dal vostro peso corporeo totale per ottenere la massa magra. La massa magra, dunque, è il peso totale di tutte le parti non grasse del vostro corpo.

	....	il vostro peso
meno	....	la vostra massa grassa totale
uguale	....	la vostra massa magra

APPENDICE C

La soia nella ricerca scientifica

a cura di Enrico Arcelli, Lorenzo Somenzini e Giovanni Calori*

Le più recenti ricerche scientifiche sulla Zona

SONO molti gli scienziati che, negli ultimi anni, si sono occupati degli effetti benefici della soia; di conseguenza, sono stati numerosi gli articoli che, su tale argomento, sono stati pubblicati sulle riviste scientifiche internazionali. Nell'ottobre 2004, a Bruges, in Belgio, inoltre, si è tenuto un convegno internazionale su «Soy & Health» (Soia e salute). In questa appendice si parlerà appunto delle novità più importanti emerse dagli articoli scientifici e dal convegno.

Gli effetti dei fitoestrogeni della soia sul cuore e sulla circolazione

Certamente l'uso abituale di alimenti a base di soia può essere utile nella prevenzione delle malattie del cuore e della circolazione. Già nell'ottobre 1999, del resto, la

* Professor Enrico Arcelli, medico dietologo e medico dello sport; Lorenzo Somenzini, dietologo; Giovanni Calori, laureato in Scienze motorie e membro del comitato scientifico EnerZona.

Food and Drug Administration, vale a dire l'ente federale degli Stati Uniti che si occupa degli alimenti e dei farmaci, aveva consentito di porre questa frase sulle etichette dei prodotti a base di proteine di soia: «Il consumo di 25 grammi di proteine di soia al giorno, come parte di una dieta con basse quantità di grassi saturi e di colesterolo, può ridurre il rischio di malattie cardiache».

Le proteine della soia, infatti, hanno la capacità di determinare una riduzione di uno dei più importanti fattori di rischio per le malattie cardio-circolatorie, vale a dire gli elevati livelli di colesterolo nel sangue. I benefici della soia sono particolarmente importanti nei soggetti affetti da diabete di tipo 2 e nelle donne in menopausa. In queste ultime, le malattie cardiache diventano la prima causa di morte, anche a causa della carente produzione endogena di estrogeni; a tale carenza pone rimedio, per lo meno parzialmente, l'apporto degli isoflavoni della soia, che sono stati chiamati fitoestrogeni per la somiglianza strutturale con gli estrogeni prodotti dall'organismo femminile.

La soia, il colesterolo e i trigliceridi

Fra i più importanti fattori di rischio delle malattie cardiocircolatorie ci sono senza dubbio le dislipidemie, vale a dire gli elevati valori di colesterolo totale, di LDL («colesterolo cattivo») e di trigliceridi, oltre ai bassi livelli di HDL («colesterolo buono»). La dottoressa Maria Rosa Lovati dell'Università degli Studi di Milano – che è stata la prima relatrice al convegno di Bruges – ha affermato che nessun mezzo dietetico è tanto efficace quanto la soia nel determinare un abbassamento dei livelli del colesterolo nel sangue in chi li ha troppo alti. È probabile che nelle proteine della soia vi siano particolari subunità in grado di attivare i recettori delle LDL e che la diminuzione del colesterolo totale avvenga proprio grazie a tale meccanismo che, si badi, è diverso da quello che interviene con i farmaci oggi utilizzati per abbassare i lipidi del sangue e anche da quello che agisce quando si ricorre ad altri tipi di dieta. Già negli studi condotti in passato, del resto, si era visto che l'azione della soia si manifesta soprattutto nei confronti delle LDL, mentre lascia invariate le HDL.

Sempre al convegno di Bruges, uno studioso dell'Università di Vienna, Kurt Widhalm, ha dimostrato che l'aggiunta alla dieta di proteine di soia determina una sensibile riduzione delle LDL anche nei giovani pazienti che sono affetti da ipercolesterolemia famigliare.

Secondo uno studio realizzato da Magdalena S. Rosell e da altri ricercatori dell'Università di Oxford su oltre mille donne (sia prima sia dopo la menopausa), pubblicato nel novembre 2004 sull'*American Journal of Clinical Nutrition*, le consumatrici di almeno 6 grammi quotidiani di soia hanno le LDL del 12,4% più basse di quello delle donne che ne assumono meno di mezzo grammo al giorno. Questo, in pratica, significa che è sufficiente bere ogni giorno un bicchiere di latte di soia 40-30-30 per ottenere un abbassamento del «colesterolo cattivo» di tale entità (o ancora maggiore se i valori di partenza sono piuttosto alti).

Si può dire, insomma, che la soia svolge un'azione complementare a quella dell'olio di pesce relativamente agli effetti positivi sulle dislipidemie. Gli acidi grassi omega 3 a catena lunga (che si trovano in abbondanza proprio nell'olio di pesce concentrato), infatti, determinano un abbassamento dei trigliceridi e un innalzamento delle HDL, mentre la soia produce un abbassamento del colesterolo totale e delle LDL. Ne risultano così nettamente migliorati i rapporti che sono spesso utilizzati come indici di rischio cardiaco, quali trigliceridi/HDL, colesterolo totale/HDL o LDL/HDL.

La soia e il diabete

Il diabete di tipo 2 è quello dell'età adulta, nel quale di solito – a differenza di quanto succede nel diabete di tipo 1 – il pancreas è ancora in grado di produrre insulina. In chi soffre di tale patologia vi è un aumento da due a quattro volte del rischio di incorrere nell'infarto e in altre malattie del cuore e della circolazione. Nelle donne diabetiche la mortalità per una malattia cardiovascolare è cinque volte superiore a quella delle donne che non soffrono di diabete; il rischio è ancora più alto in menopausa, quando cessa la produzione endogena di estrogeni e, quindi, viene meno il loro effetto protettivo nei riguardi delle malattie cardiache.

Da anni è noto che i giapponesi che sono emigrati negli Stati Uniti si ammalano quattro volte di più di diabete di tipo 2 di quelli che vivono a Tokyo e che, anche a parità dei livelli della glicemia, hanno una resistenza all'insulina assai maggiore. Si è inoltre constatato che il consumo di soia è inversamente correlato con la probabilità di diventare diabetici. In una ricerca pubblicata nel 2002 sulla rivista *Diabetes Care* e compiuta da V. Jayagopal e da altri studiosi dell'Università di Hull, in Gran Bretagna, 16 donne in menopausa hanno dapprima assunto, per tre mesi, 30 grammi di proteine di soia al giorno; dopo aver lasciato trascorrere due settimane senza prendere nulla (*washout*), hanno assunto, invece, sempre per tre mesi, 30 grammi di cellulosa come placebo. Altre 16 donne in menopausa hanno fatto il contrario: tre mesi di placebo, due settimane di *washout* e tre mesi di proteine di soia. Si è constatato che nelle donne, già poche settimane dopo che avevano cominciato a consumare la soia, si era avuto un netto miglioramento del diabete, come era dimostrato dal significativo abbassamento dei livelli dell'insulina, della resistenza all'insulina e dell'emoglobina glicata, oltre che del colesterolo totale e delle LDL.

Secondo S.L. Atkin, un altro studioso britannico che ha tenuto una relazione al convegno di Bruges, i benefici nei diabetici di tipo 2 sono determinati soprattutto dagli isoflavoni presenti nelle proteine della soia (in particolare la genisteina e la daidzeina); gli effetti sugli uomini malati di diabete di tipo 2, in ogni caso, non sono tanto positivi quanto quelli che si ottengono nelle donne.

La soia, il senso di sazietà e il calo del peso corporeo

È ben noto che un'alimentazione ricca in proteine è in grado di aumentare il senso di sazietà e di ridurre la fame in misura assai maggiore di una dieta che, a parità di apporto calorico, contenga una più elevata quantità di carboidrati. È altresì noto che nelle ore successive a un pasto ricco di proteine si ha un'assunzione spontanea con gli alimenti di una quantità di calorie inferiore a quella che, invece, verrebbe consumata dopo un pasto ricco di carboidrati. Sono due i motivi principali per i quali questo accade. Il primo è che i carboidrati hanno un indice glicemico sempre assai più alto di quello delle proteine e, dunque, determinano non soltanto un notevole innalzamento della glicemia, ma, successivamente, anche un suo abbassamento che avviene, per intervento dell'insulina, dopo poche ore dall'assunzione dei cibi e che determina un aumento della fame. Il secondo motivo è che il consumo di proteine stimola l'immissione in circolo di un ormone intestinale, la colecistochinina (CCK), che agisce sugli specifici centri del cervello sopprimendo la fame.

Da tali punti di vista, le proteine della soia hanno alcune caratteristiche molto favorevoli. Da un lato, infatti, come hanno dimostrato C. Lavigne e i suoi collaboratori presso la Laval University del Quebec (la ricerca è stata pubblicata nel 2000 sulla rivista *American Journal of Physiology*), determinano un limitatissimo innalzamento dell'insulina, sensibilmente inferiore a quello delle proteine del latte. Dall'altro lato, le proteine della soia hanno come maggiore componente la beta-conglicinina, un peptone che è molto efficace proprio nello stimolare il rilascio della CCK (T. Nishi e coll., *Journal of Nutrition*, 2003).

L'abitudine a consumare proteine di soia, in definitiva, è sicuramente utile quando si intende perdere il grasso superfluo, dal momento che consente di controllare più facilmente l'assunzione di cibi. Al tempo stesso si assumono, unitamente alle proteine della soia, anche sostanze utili da vari punti di vista e si evita di ingerire quei grassi saturi e quel colesterolo che è spesso associato ai cibi proteici di origine animale.

La soia e l'osteoporosi

Soprattutto nei paesi industrializzati l'osteoporosi rappresenta un problema sanitario fra i maggiori. Consiste, in pratica, nella perdita di una notevole percentuale dei minerali contenuti nello scheletro, il che determina una fragilità delle ossa che, di conseguenza, si fratturano con facilità. Normalmente la quantità di minerali nelle ossa (o BMC, *bone mineral content*) raggiunge un valore massimo attorno ai 30 anni; a 35-40 comincia invece a manifestarsi una sua riduzione, che nell'uomo è di circa dello 0,5% all'anno e nella donna di circa il doppio fino alla menopausa, quando raggiunge il 2-3%. Per questo motivo, a una certa età (diversa da individuo a individuo, in rapporto a vari fattori, quali l'attività fisica praticata, l'assunzione di basse quantità di calcio con gli alimenti, l'assunzione di elevate quantità di alcol, il fumo e così via), alcune persone – soprattutto donne in menopausa – presentano un BMC inferiore al livello critico; ciò favorisce le fratture anche in seguito a sollecitazioni di entità limitata. Le vertebre e il femore sono le ossa più facilmente soggette a frattura. L'osteoporosi è una condizione silente che affligge circa il 30% delle donne in menopausa e circa il 70% di quelle oltre gli 80 anni. Annualmente, per ogni 100.000 abitanti le fratture di femore sono meno di 10 in Cina e più di 100 negli Stati Uniti e negli altri paesi più industrializzati.

La ragione per la quale l'osteoporosi diventa molto comune nelle donne in menopausa è che c'è in loro una sensibile riduzione dei livelli degli estrogeni, gli ormoni femminili che hanno un ruolo fondamentale nel mantenimento della massa ossea. Anche per questo motivo, molti studiosi hanno cercato di stabilire se, soprattutto nelle donne in menopausa, il consumo abituale di soia possa avere un ruolo nella prevenzione dell'osteoporosi, tenendo conto del fatto che i fitoestrogeni contenuti in essa possono in parte sostituire gli estrogeni endogeni diventati carenti.

Gli studi di K.D.R. Setchell e coll. (*American Journal of Clinical Nutrition*, 2003) e di S.C. Ho e coll. (*Osteoporosis International*, 2003) hanno indicato che, indipendentemente dall'etnia e dalla località di residenza, le donne in menopausa che assumono regolarmente più soia hanno una densità ossea più alta del 6-14% di quelle che ne consumano meno. Le differenze non sono invece significative nelle donne prima della menopausa. Nello stesso studio di K.D.R. Setchell e coll., così come in quello di Y. Yamori e coll. (*Journal of American Nutrition*, 2002), si è determinato, valutando i vari marker di perdita di minerali scheletrici, che l'assunzione di soia (o di fitoestrogeni purificati) è in grado di rallentare in misura significativa il riassorbimento osseo nelle donne in menopausa.

Sempre nelle donne in menopausa, N. Morabito, A. Crisafunni, C. Vergara e altri studiosi dell'Università di Messina, in una ricerca in doppio cieco durata un anno, nella quale hanno confrontato l'effetto della genisteina, dell'estradiolo e del placebo, hanno constatato che vi è un effetto protettivo del tutto simile da parte delle genisteina e dell'estradiolo, con un guadagno di circa il 3% della densità ossea a livello della colonna lombare e dell'anca. In uno studio durato due anni (E. Lydeking-Olsen e coll., *European Journal of Nutrition*, 2004) si è visto che vi era un effetto preventivo sulla perdita di massa ossea a livello di colonna lombare nelle pazienti che assumevano latte di soia arricchito con isoflavoni, mentre l'effetto era molto inferiore nelle donne che assumevano latte di soia senza isoflavoni.

La soia e il cancro

Come si è detto, la Food and Drug Administration già permette di scrivere sulle etichette dei prodotti a base di proteine di soia che esse possono ridurre i rischi di malattie cardiache.

Dal momento che sono moltissime le pubblicazioni che dimostrano che la soia possiede un effetto protettivo nei confronti delle malattie tumorali, nel marzo 2004 all'ente statunitense è stato chiesto di poter indicare anche che il consumo di proteine di soia può ridurre il rischio di incorrere in alcuni tipi di cancro, come quelli al seno, al colon e alla prostata. È proprio alle pubblicazioni che indicano quanto le proteine della soia possano essere vantaggiose da tale punto di vista che sono dedicati i prossimi paragrafi.

Cancro al seno

Sono ben 350.000 i nuovi casi di cancro al seno che ogni anno vengono diagnosticati alle donne europee. Dal momento che tale patologia è molto meno frequente fra le donne asiatiche che fra quelle occidentali (fra le quali rappresenta la forma di cancro più diffusa), già in passato molti ricercatori hanno ritenuto che in questo potessero avere molta importanza le abitudini alimentari, in particolare il consumo di soia, gli isoflavoni della quale – come si è già detto in precedenza – sono detti fitoestrogeni, data l'analogia di una parte della loro struttura con gli estrogeni prodotti dall'organismo femminile. Proprio per tale motivo, si è ritenuto che possano avere effetti significativi sui cancri ormone-dipendenti, quale appunto è il cancro al seno. In alcuni studi epidemiologici su donne americane e asiatiche si è anche potuto constatare che le consumatrici di soia hanno un rischio ridotto di cancro al seno nei confronti di quelle che non ne consumano. Si è anche appurato che le donne asiatiche che emigrano negli Stati Uniti e adottano la dieta occidentale perdono il vantaggio del basso rischio di cancro al seno. Secondo uno studio effettuato a Shanghai da ricercatori cinesi (X.O. Shu e coll., 2001), però, sembra che il rischio di contrarre il cancro al seno nell'età adulta dipenda soprattutto dal consumo di cibi ricchi di isoflavoni della soia avvenuto durante l'adolescenza. Anche da uno studio effettuato su donne asiatiche che vivono negli Stati Uniti e pubblicato sulla rivista *Carcinogenesis* (A.H. Wu e coll., 2002) risulta che è poco efficace l'assunzione della soia nell'età adulta, mentre lo è quella iniziata nell'adolescenza e continuata poi per tutta la vita.

Secondo A.M. Duncan dell'Università canadese di Guelph, nell'Ontario (2004), l'ipotesi che correla il cancro al seno alla soia è che gli isoflavoni di tale legume hanno un effetto estrogeno piuttosto debole e competono (legandosi agli stessi recettori alfa e beta) con gli estrogeni endogeni, molto più potenti; il risultato netto è che vi è un effetto anti-estrogeno.

I fitoestrogeni della soia potrebbero svolgere un ruolo protettivo nei confronti del cancro anche nelle donne portatrici di una predisposizione ereditaria a contrarre il cancro al seno; lo sostiene lo studioso francese Yves-Jean Bignon, di Clermont-Ferrand, secondo il quale esperimenti *in vitro* e *in vivo* suggeriscono che la genisteina e la daidzeina siano in grado di esercitare un'azione protettiva in tali soggetti.

Cancro alla prostata

In molti paesi occidentali quello alla prostata è, nell'uomo, la forma di cancro più comune ed è altresì la seconda causa di mortalità per cancro. Sebbene le forme latenti e non infiltrative di cancro alla prostata abbiano la stessa frequenza nel mondo occidentale e in quello asiatico, in Occidente la mortalità è molto più alta. L'importanza dei fattori ambientali (vale a dire non genetici) è evidenziata dagli studi sulle popolazioni emigrate; i giapponesi che vivono alle Hawaii, in particolare, manifestano un rischio di cancro alla prostata dieci volte superiore rispetto ai connazionali che sono rimasti in Giappone.

Rispetto alle popolazioni occidentali, gli isoflavoni della soia fanno registrare livelli più alti nel plasma e nei fluidi prostatici negli uomini che vivono nei paesi orientali, nei quali, come si è detto, la mortalità di cancro è più bassa. Gli studi epidemiologici indicano, in genere, che vi è una riduzione del cancro alla prostata che è attorno al 40-50% in chi consuma abitualmente cibi derivati dalla soia. D'altro lato, nelle ricerche in cui si fanno consumare cibi contenenti isoflavoni a soggetti con cancro alla prostata, si nota che sono più lenti i tassi di incremento dell'antigene specifico della prostata, un marker dell'evoluzione del cancro.

Secondo Ian Rowland, un ricercatore dell'Università dell'Ulster, nell'Irlanda del Nord, le ricerche compiute su un'ampia varietà di modelli animali (tumori spontanei, tumori indotti chimicamente, cellule di cancro umano trapiantate, topi transgenici) dimostrerebbero che la soia e gli isoflavoni in essa contenuti sono in grado di inibire in misura considerevole la crescita e lo sviluppo del tessuto tumorale e agiscono altresì sulle metastasi. In numerosi studi *in vitro* su cellule derivate da cancro alla prostata umano, gli isoflavoni daidzeina e genisteina hanno dimostrato di possedere un'attività anticancerogena, compresa un'inibizione della proliferazione cellulare e un effetto anti-invasivo.

Cancro al colon

Quello al colon è il terzo cancro più comune nel mondo ed è ben noto che il consumo abituale di frutta, di verdura, di legumi e di cereali integrali ne riduce l'incidenza. Circa l'85% delle forme di cancro al colon non è ereditaria e si sviluppa molto lentamente, in un periodo di 10-30 anni, e si manifesta molto di frequente dopo i 55 anni d'età.

Secondo M.R. Bennink e K.G. Barrett della Michigan State University, se si riesce a rallentare, anche di poco, il processo tumorale nel periodo che intercorre fra quando cominciano a esserci cellule precancerose e quello in cui si manifesta un vero e proprio cancro, la maggior parte degli individui, in pratica, non andrà incontro al cancro per la maggior parte o per tutta la propria vita. In questo senso può essere molto utile, secondo alcuni studiosi della Georgia, negli Stati Uniti, il consumo abituale di soia. In una ricerca compiuta da Symolon e dai suoi collaboratori e pubblicata nel maggio 2004 sul *Journal of Nutrition*, si sostiene che la componente della soia efficace da tale punto di vista è un particolare grasso, uno sfingolipide, per la precisione una glicosil-ceramide. Già in passato si era visto che gli sfingolipidi del latte e altri sfingolipidi di origine vegetale possono ridurre la formazione e la crescita del cancro al colon. Secondo i ricercatori americani, per ottenere un effetto anticancro non occorre una dose elevata di glicosil-ceramide: è sufficiente una quantità simile a quella che si trova normalmente negli alimenti a base di soia.

La soia e le funzioni cognitive

Alcune recenti ricerche si sono occupate dei possibili effetti della soia sulle funzioni cognitive in individui giovani o in donne già in menopausa, con periodi di controllo fra le sei settimane e i sei mesi. Sotto la terminologia «funzioni cognitive» sono comprese molte funzioni mentali, per esempio l'attenzione, l'apprendimento, la memoria, la flessibilità mentale e la pianificazione; le ricerche avevano lo scopo di verificare se l'uso abituale di alimenti derivati dalla soia possa effettivamente determinare qualche beneficio su alcune di queste caratteristiche. I risultati tendono a escludere che ci possa essere un miglioramento dell'attenzione; anche per quanto riguarda la memoria a breve termine, sembrano non manifestarsi vantaggi significativi.

Diverso, invece, è il discorso per la memoria a lungo termine. Nel 2001, infatti, la studiosa londinese S.E. File e i suoi collaboratori hanno constatato un notevole miglioramento di questa funzione in un gruppo di studenti dopo dieci settimane di utilizzo di una quantità di soia che apportava circa 100 mg al giorno di isoflavoni.

Nel 2003 un altro studioso britannico, R. Duffy, ha rilevato benefici notevoli in donne in menopausa dopo tre mesi di consumo di soia che forniva 60 mg di isoflavoni. In ricerche di durata di poche settimane, invece, non sono stati messi in evidenza particolari effetti positivi, forse perché occorre che il consumo della soia si protragga per periodi più lunghi per ottenere i benefici desiderati. I vantaggi più considerevoli, in ogni caso, si sono dimostrati relativamente a caratteristiche che fanno riferimento al lobo frontale del cervello, vale a dire la flessibilità mentale e la programmazione. Effetti particolarmente favorevoli sono stati registrati nelle donne dopo la menopausa, nelle quali si ha normalmente un declino delle prestazioni cognitive.

Perché la soia è così efficace

È davvero stupefacente come dalla soia possano derivare tanti vantaggi per la salute. Com'è possibile che un solo alimento possieda tanti pregi?

Alcuni benefici derivano semplicemente dal fatto che chi assume buona parte delle proteine quotidiane attraverso alimenti derivati dalla soia riduce automaticamente il consumo di fonti proteiche di origine animale, alcune delle quali apportano anche grassi saturi e colesterolo, sostanze certamente non salutari.

Le proteine della soia, inoltre, essendo costituite in gran parte da beta-conglicinina, una volta assorbite determinano il rilascio della CCK, l'ormone che induce il senso di sazietà. Questo può aiutare a spiegare la ragione per cui gli abitanti dell'isola di Okinawa, i più longevi del mondo e abituali consumatori di proteine di soia, introducono quotidianamente poche calorie, un fatto questo che tutti gli studiosi considerano favorevole per la longevità e per la buona salute.

Ma la soia contiene anche vari isoflavoni, sostanze ben note come antiossidanti (capaci, cioè, di annullare gli effetti negativi dei radicali liberi). Nel caso specifico degli isoflavoni della soia, però, c'è da tenere altresì presente che i due isoflavoni con la massima concentrazione, la genisteina e la daidzeina, sono in grado di legarsi agli stessi recettori degli estrogeni, gli ormoni femminili, venendo per questo definiti «fitoestrogeni», vale a dire estrogeni di origine vegetale. Al convegno di Bruges, S.L. Atkin, dell'Università britannica di Hull, ha sostenuto che i fitoestrogeni sono modulatori selettivi dei recettori degli estrogeni, nel senso che funzionano come agonisti degli estrogeni (in altre parole compiono un'attività che va nella stessa direzione) nei confronti del sistema cardiovascolare, delle ossa e del cervello, mentre operano come antagonisti degli estrogeni (ossia eseguono l'attività contraria) a livello della mammella e dell'utero.

È per questo motivo che essi possono essere tanto utili nelle donne in menopausa – alle quali viene a mancare la produzione endogena di estrogeni – nel prevenire le malattie cardiocircolatorie, l'osteoporosi e il calo delle funzioni cognitive, ma al tempo stesso proteggono dai tumori al seno e all'utero. Secondo una ricerca di A. Crisafulli e altri studiosi italiani, pubblicata nel 2004 sulla rivista *Menopause*, gli isoflavoni della soia consentono anche di ridurre sensibilmente le vampate di calore nelle donne in menopausa, senza alcun effetto negativo in altri organi, utero compreso.

Si noti che ancora più efficace della genisteina e della daidzeina è l'equolo, una molecola che – per l'intervento di specifici ceppi batterici – si forma, a partire dalla daidzeina, nell'intestino del 20-30% dei soggetti dei paesi occidentali e in una percentuale più elevata di quelli dei paesi asiatici.

Secondo K.D.R. Setchell, dell'Università dell'Ohio, l'equolo ha un'affinità assai maggiore della daidzeina e della genisteina nei confronti dei recettori degli estrogeni, specie di quelli beta. L'equolo, fra le altre cose, possiede un'altissima attività antiossidante ed è un potente antagonista di un ormone maschile, il didrotestosterone; questo spiegherebbe la sua efficacia nella prevenzione del cancro prostatico.

Per quanto riguarda il cancro al colon, invece, sembra essere una sostanza lipidica, per la precisione uno sfingolipide (come si è detto più sopra), quella che esercita l'effetto protettivo.

Quanto all'attività anti-infiammatoria che è senza dubbio posseduta dai prodotti a base di soia (nei riguardi, per esempio, delle prostatiti), non si è certi se questa derivi anch'essa dagli isoflavoni.

Le novità tecnologiche

In questi ultimi anni ci sono stati anche passi avanti importanti nella produzione dei prodotti a base di soia. Fino a qualche tempo fa, tali prodotti – comprese le proteine – avevano sempre un gusto di fagiolo, talvolta lieve, ma altre volte marcato; c'era chi rinunciava alle proteine di soia proprio perché non gradiva questo sapore. Ora, però, la Solae Company ha messo a punto un processo nel quale i semi di soia sono decorticati, tagliati e trasformati in fiocchi; vengono poi sottoposti a un processo caratterizzato dall'uso dell'acqua (invece che dei solventi organici) e dalle alte temperature. In questa maniera si ottengono due vantaggi: scompare del tutto il gusto di fagiolo e nelle proteine vengono trattenuti gli isoflavoni, che – come si è detto più sopra – sono così utili per la salute. Fra l'altro, la soia della Solae Company ha un'altra caratteristica che senza dubbio è molto apprezzata in Europa, dove c'è una diffusa sensibilità a proposito dei prodotti modificati geneticamente. Essa non soltanto deriva da semi non OGM, ma è altresì IP (*Identity Preserved*); in pratica, per evitare ogni possibile contaminazione, nel suo processo di produzione sono usati semi la cui coltivazione è sicuramente avvenuta a notevole distanza dalle piantagioni OGM e si usano linee di trasporto e di produzione dedicate esclusivamente a prodotti non OGM. La modalità con cui ciò avviene, inoltre, è certificata da un ente esterno che garantisce l'accuratezza e la serietà dei provvedimenti adottati.

APPENDICE D
Bibliografia

Capitolo 1 - La soia fa bene alla salute

Akisaka M., Asato L., Chan Y.C., Suzuki M., Uezata T. e Yamamoto S., «Energy and nutrient intake of Okinawan centenarians», *J Nutr Sci Vitaminol*, 42: 241-248 (1996).

Akisaka M., Suzuki M. e Inoko H., «Molecular genetic studies on DNA polymorphism of the HLA class II genes associated with human longevity», *Tissue Antigens*, 50: 489-493 (1997).

Albertazzi P., Pansini F., Bonaccorsi G., Zamitti L., Forini E. e de Aloysio D., «The effect of dietary soy supplement on hot flashes», *Obstet Gynecol*, 91: 6-11 (1988).

American Heart Association, *1997 Heart and Stroke Statistical Update*, American Heart Association, Dallas (Texas) 1996.

Anderson J.W., Johnstone B.M. e Cook-Newell M.E., «Meta-analysis of the effects of soy protein intake on serum lipids», *N Engl J Med*, 333: 276-82 (1995).

Chatenoud L., La Vecchia C., Francheschi S., Tavani A., Jacobs D.R., Parpinel M.T., Soler M. e Negri E., «Refined-cereal intake and risk of selected cancers in Italy», *Am J Clin Nu*tr, 70: 1107-1110 (1999).

Depres J.-P., Lamarch B., Mauriege P., Cantin B., Dagenais G.R., Moorjani S. e Lupien P.J., «Hyperinsulinemia as an independent risk factor for ischemic heart disease», *N Engl J Med*, 334: 952-57 (1996).

Duncan A.M., Merz B.E., Xu X., Nagel T.C., Phipps W.R. e Kurzer M.S., «Soy isoflavones exert modest hormonal effects in premenopausal women», *J Clin Endocrinol Metab*, 84: 192-97 (1999).

Duncan A.M., Underhill K.E.W., Xu X., Lavalleur J., Phipps W.R. e Kurzer M.S., «Modest hormonal effects of soy isoflavones in postmenopausal women», *J Clin Endocrinol and Metab*, 84: 3479-84 (1999).

Franceschi S., Favero A., Decarli D., Negri E., La Vecchia C., Ferraroni M., Russo A., Salvini S., Amadori D., Conti E., Montella M. e Giacosa A., «Intake of macronutrients and risk of breast cancer», *Lancet*, 347: 1351-1356 (1996).

Ginsburg B. e Milken M., *The Taste for Living Cookbook*, Cap CURE, Santa Monica (California) 1998.

Giovannucci E., «Insulin and colon cancer», *Cancer Causes and Control*, 6: 164-179 (1997).

Kagawa Y., «Impact of Westernization on the nutrition of Japanese: Changes in physique, cancer, longevity, and centenarians», *Prev* Med, 7: 205-217 (1978).

Kagawa Y., Nishizawa M., Suzuki M., Miyatake T., Hamamoto T., Goto K., Montaonga E., Izumikawa H., Hirata H. e Eibhara A., «Eicospolyenoic acids of serum lipids of Japanese islanders with low incidence of cardiovascular diseases», *J Nutr Sci Vitaminol*, 28: 441-453 (1982).

Ludwig D.S., Majzoub J.A., Al-Zahrani A., Dallal G.E., Blanco I. e Roberts S.B., «High glycemic index foods, overeating, and obesity», *Pediatrics*, 103: E26 (1999).

Markovic T.P., Jenkins A.B., Campbell L.V., Furler S.M., Kraegen E.W. e Chisholm D.J., «The determinants of glycemic responses to dietetic responses to diet restriction and weight loss in obesity and NIDDM», *Diabetes Care*, 21: 687-94 (1994).

McKeown-Eyssen G., «Epidemiology of colorectal cancer revisited: Are serum triglycerides and/or plasma glucose associated with risk?», *Cancer Epidemiology, Biomarkers and Prevention*, 3: 687-695 (1994).

Messina V. e Messina M., *The Vegetarian Way*, Crown, New York 1996.

Mimura G., Murakami K. e Gushiken M., «Nutritional factors for longevity in Okinawa – present and future», *Nutr Health*, 8: 159-163 (1992).

Mizushima S. e Yamori Y., «Nutritional improvement, cardiovascular disease, and longevity in Japan», *Nutr Health*, 8: 97-105 (1992).

Mokdad A.H., Serdula M.K., Dietz W.H., Bowman B.A., Marks J.S. e Koplan J.P., «The spread of the obesity epidemic in the United States, 1991-1998», *JAMA*, 282: 1519-1522 (1999).

Murkies A.L., Lombard C., Strauss B.J., Wilcox G., Burger H.G. e Morton M.S., «Dietary flour supplementation decreases post-menopausal hot flashes: effect of soy and wheat», *Maturitas*, 21: 189-95 (1995).

Okamoto K. e Sasaki R., «Geographical epidemiologic studies on factors associated with centenarians in Japan», *Nippon Ronen Igakkai Zasshi*, 32: 485-490 (1995).

Potter S.M., Baum J.A., Teng H., Stillman R.J. e Erdman J.W., «Soy protein and isoflavones exert modest hormonal effects on blood lipids and bone density in postmenopausal women», *Am J Clin Nutr*, 68: 1375S-1379S (1998).

Sears B., *The Zone*, HarperCollins, New York 1995 (trad. it. *Come raggiungere la Zona*, Sperling & Kupfer, Milano 1999).

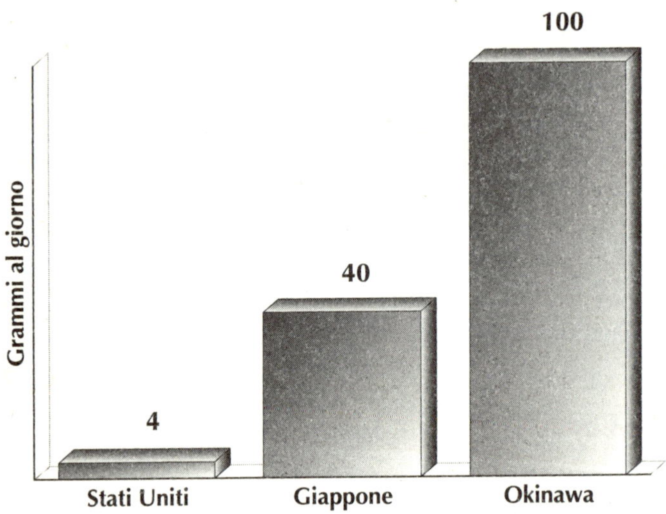

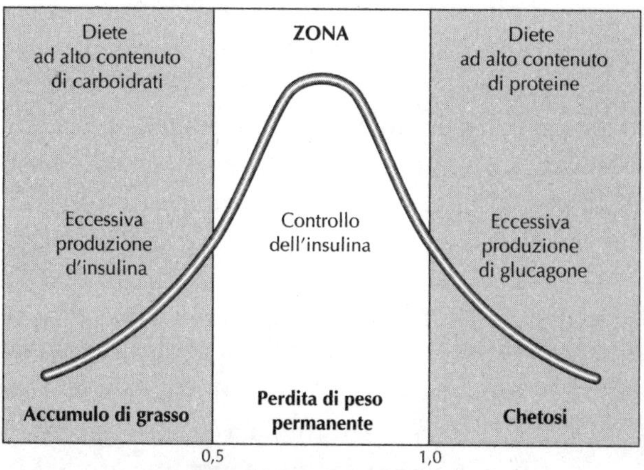

Sears, B., *The Anti-Aging Zone*, ReganBooks, NewYork 1999 (trad. it. *La Zona anti-età*, Sperling & Kupfer, Milano 2002).
Shibata H., Hagai H., Haga H., Yasumura S., Suzki T. e Suyama Y., «Nutrition for the Japanese elderly», *Nutr Health*, 8: 165-175 (1992).
Stoll B.A., «Essential fatty acids, insulin resistance, and breast cancer risk», *Nutrition and Cancer*, 31: 72-77 (1998).
Walford R.L., *The 120-Year Diet*, Simon and Schuster, New York 1986.
Walford R.L. e Walford L., *The Anti-Aging Plan*, Four Walls Eight Windows, New York 1994.
Weindruch R. e Walford R.L., *The Retardation of Aging and Disease by Dietary Restriction*, Charles C. Thomas, Springfield (Illinois) 1988.
Weindruch R. e Walford R.L., «Caloric restriction and aging», *Sci Am*, 274: 46-52 (1996).

Capitolo 2 - Entrate nella Zona con la soia

Adams P.B., Lawson S., Sanigorski A. e Sinclair A.J., «Arachidonic acid to eicosapentaenoic acid ratio in blood correlates positively with clinical symptoms of depression», *Lipids*, 31: S 157-161 (1996).
Agren J.J., Tormala M.L., Nenonem M.J. e Haainea O.O., «Fatty acid composition of erythrocyte, platelet and serum lipids in strict vegetarians», *Lipids*, 30: 365-369 (1995).
Carlson S. e Werkman S., «A randomized trial of visual attention of preterm infants fed docosahexaenoic acid until two months», *Lipids*, 31: 85-90 (1996).
Connor W.E., Neuringer M. e Reisbick S., «Essential fatty acids: The importance of n-3 fatty acids in the retina and brain», *Nutr Rev*, 50: 21-29 (1992).
Conquer J.A. e Holub B.J., «Supplementation with an algae source of docosahexaenoic acid increases (n-3) fatty acid status and alters selected risk factors for heart disease in vegetarian subjects», *J Nutr*, 126: 3032-3039 (199G).
Crawford M.A., Bloom M., Broadhurst C.L., Schmidt W.F., Cunnane S.C., Galli C., Gehbremeskel K., Linseisen F., Lloyd-Smith J. e Parkington J., «Evidence for the unique function of docosahexaenoic acid during the evolution of the modern hominid brain», *Lipids*, 34: S39-S47 (1999).
Hamazaki T.S., Sawazaki S., Itomura M., Asaoka E., Nagao Y., Nishimura N., Yazawa K., Kawamori T. e Kobayashi M., «The effect of docosahexaenoic acid on aggression in young adults», *J Clin Investigation*, 97: 1129-1133 (1996).
Harris W.S., «n-3 fatty acids and serum lipoproteins: human studies», *Am J Clin Nutr*, 65: 1645S-1654S (1997).
Hibbeln J.R. e Salem N., «Dietary polyunsaturated fatty acids and depression: When cholesterol does not satisfy», *Am J Clin Nutr*, 62: 1-9 (1995).
Holmes M.D., Stampfer M.J., Colditz, Rosner B., Hunter D.J. e Willett

W.C., «Dietary factors and the survival of women with breast cancer», *Cancer*, 86: 751-753 (1999).

Hu F.B., Stampfer M.J., Manson J.E., Rimm E., Colditz G.A., Speizer F.E., Hennekens C.H. e Willett W.C., «Dietary protein and the risk of ischemic heart disease in women», *Am J Clin Nutr*, 70: 221-227 (1999).

Kris-Etherton P.M., Pearson T.A., Wan Y., Hargrove R.L., Moriaty K., Fishell V. e Etherton T.D., «High-monounsaturated fatty acid diets lower both plasma cholesterol and triglycerol concentrations», *Am J Clin Nutr*, 70: 1009-1015 (1999).

Kyle D.J. e Arterburn L.M., «Single cell oil sources of docosahexaenoic acid: Clinical studies», *World Rev Nutr Diet*, 83: 11G-31 (1998).

Lanting C.I., Fidler V., Huisman M., Touwen B.C.L. e Boersma E.R., «Neurological differences between 9-year old children fed breast-milk or formula-milk as babies», *Lancet*, 344: 1319-1322 (1994).

Lemon P., «Do athletes need more dietary protein and amino acids?», *Int J Sports Nutr*, 5: S39-61 (1995).

Makrides M., Neumann M., Simmer K., Pater J. e Gibson R.A., «Are long-chain polyunsaturated fatty acids essential nutrients in infancy?», *Lancet*, 345: 1463-1468 (1995).

Makrides M., Simmer K., Goggin M. e Gibson R.A., «Erthyrocyte docosahexaenoic acid correlates with the visual response of healthy, term infants», *Pediatric Res*, 33: 425-427 (1992).

Munger R.G., Cerhan J.R. e C.-H. Chiu B., «Prospective study of dietary protein intake and risk of hip fracture in postmenopausal women», *Am J Clin Nutr*, 69: 147-152 (1999).

Reddy S., Sanders T.B. e Obeid O., «The influence of maternal vegetarian diet on essential fatty acid status of the newborn», *Eur J Clin Nutr*, 48: 358-368 (1994).

Rimm E.B., Stampfer M.J., Ascherio A., Giovannucci E., Colditz G.A. e Willett W.C., «Vitamin E consumption and risk of coronary heart disease in men», *N Engl J Med*, 328: 1450-1456 (1993).

Sanders T.A.B. e Reddy S., «The influence of a vegetarian diet on the fatty acid composition of milk and the essential fatty acid status of the infant», *J Pediatrics*, 120: S71-S77 (1992).

Schmidt M.A., *Smart Fats*, Frog Ltd, Berkeley (California) 1997.

Sears B., *The Zone*, HarperCollins, New York 1995 (trad. it. *Come raggiungere la Zona*, Sperling & Kupfer, Milano 1999).

Sears B., *Mastering the Zone*, ReganBooks, New York 1997 (trad. it. *La Zona: la nuova alimentazione*, Sperling & Kupfer, Milano 2004).

Sears B., *Zone Perfect Meals in Minutes*, ReganBooks, New York 1998.

Sears B., *Zone Food Blocks*, ReganBooks, New York 1998.

Sears B., *The Anti-Aging Zone*, ReganBooks, New York 1999 (trad. it. *La Zona anti-età*, Sperling & Kupfer, Milano 2002).

Singh A. e Ward O.P., «Microbial production of docosahexaenoic acid (DHA, C22:6)», *Adv Appl Microbiol*, 45: 271-312 (1997).

Skov A.R., Toubro S., Ronn B., Holm L. e Astrup A., «Randomized trial on protein vs carbohydrate in ad libitum fat reduced diet for the treatment of obesity», *International Journal of Obesity*, 23: 528-536 (1999).
Soderberg M., Edlund C., Kristensson K. e Dallner G., «Fatty acid composition of brain phospholipids in aging and in Alzheimer's disease», *Lipids*, 26: 421-425 (1996).
Sprecher H., Chen Q. e Yin F.-Q., «Regulation of the biosynthesis of 22:5n-6 and 22:6n-3: A complex intracellular process», *Lipids*, 34: S153-S156 (1999).
Stampfer M.J., Hennekens C.H., Manson J.E., Colditz G.A., Rosner B. e Willett W.C., «Vitamin E consumption and risk of coronary heart disease in women», *N Engl J Med*, 328: 1444-1449 (1993).
Stevens L.J., Zentall S.S. e Burgress J.R., «Omega-3 fatty acids in boy with behavior, learning, and health problems», *Physiology and Behavior*, 59: 915-920 (1996).
Stevens L.J., Zentall S.S., Deck J.L., Abate M.L., Watkins B.A., Lipp S.R. e Burgress J.R., «Essential fatty acid metabolism in boys with attention-deficit hyperactivity disorder», *Am J Clin Nutr*, 62: 761-768 (1995).
Stoll A.L., Severus E., Freeman M.P., Rueter S., Zhoyan H.A., Diamond E., Cress K.K. e Marangell L.B., «Omega-3 fatty acids in bipolar disorder», *Arch Gen Psychiatry*, 56: 407-412 (1999).
Swisklocki A.M., Chen Y.-D., Golay M.A., Cheng M.-D. e Reaven G.M., «Insulin suppression of plasma free fatty acid concentration in normal individuals or patients with type II (non-insulin-dependent) diabetes», *Diabetologia*, 30: 622-626 (1987).
Uauy R., Peiremo P., Hoffman D., Mena P., Birch D. e Birch E., «Role of essential fatty acids in the function of the developing nervous system», *Lipids*, 31: S167-176 (1996).
Unger R.H., «Glucagon and the insulin: glucagon ratio in diabetes and other catabolic illnesses», *Diabetes*, 20: 834-838 (1971).
Unger R.H. e Lefebvre P.J., *Glucagon: Molecular Physiology, Clinical and Therapeutic Implications*, Pergamon Press, Oxford 1972.
Willatts P., Forsyth J.S., DiModugno M.K., Varma S. e Colvin M., «Effect of long-chain polyunsaturated fatty acids in infant formula on problem solving at 10 months of age», *Lancet*, 352: 688-691 (1998).
Young V.R., «Protein and amino acid requirements in humans», *Scand J Nutr*, 36: 47-56 (1992).
Young V.R., Bier D.M. e Pellett P.L., «A theoretical basis for increasing current estimates of the amino acid requirements in adult man, with experimental support», *Am J Clin Nutr*, 50: 80-92 (1989).

Capitolo 3 - Come organizzare la vostra cucina

Braga G., *La Zona italiana*, Sperling & Kupfer, Milano 2002.
Greenberg P., *The Whole Soy Cookbook*, Three Rivers Press, New York 1998.
Sass L., *Great Vegetarian Cooking Under Pressure*, William Morrow, New York 1989.
Sass L., *Lorna Sass' Complete Vegetarian Kitchen*, Hearst Books, New York 1992.
Sass L., *The New Soy Cookbook*, Chronicle Books, San Francisco 1998.
Romano A. e Romano M., *Vivere in Zona*, Sperling & Kupfer, Milano 2003.
Sears B., *Zone Perfect Meals in Minutes*, ReganBooks, New York 1998.
Shurtleff W. e Aoyagi A., *The Book of Tofu*, Ballantine, New York 1975.

Capitolo 5 - Mettiamo a punto la Zona con la soia

Lemon P., «Do athletes need more dietary protein and amino acids?», *Int J Sports Nutr*, 5: S39-61 (1995).
Sears B., *The Zone*, HarperCollins, New York 1995 (trad. it. *Come raggiungere la Zona*, Sperling & Kupfer, Milano 1999).
Sears B., *Mastering the Zone*, ReganBooks, New York 1997 (trad. it. *La Zona: la nuova alimentazione*, Sperling & Kupfer, Milano 2004).
Sears B., *Zone Food Blocks*, ReganBooks, New York 1998.

Capitolo 6 - L'insulina: il dr Jekyll e Mr Hyde dell'organismo

Duranti F., *Supersalute con la Zona*, Sperling & Kupfer, Milano 2002.
Hollenbeck C. e Reaven G.M., «Variation of insulin stimulated glucose uptake in healthy individuals with normal glucose tolerance», *J Clin Endocrinol and Metab*, 64: 1169-1173 (1987).
Sears B., *The Zone*, HarperCollins, New York 1995 (trad. it. *Come raggiungere la Zona*, Sperling & Kupfer, Milano 1999).
Unger R.H., «Glucagon and the insulin: glucagon ratio in diabetes and other catabolic illnesses», *Diabetes*, 20: 834-838 (1971).
Unger R.H. e Lefebvre P.J., *Glucagon: Molecular Physiology, Clinical and Therapeutic Implications*, Pergamon Press, Oxford 1972.

Capitolo 7 - La scienza della soia

Adlecreutz H. e Mazur W., «Phyto-oestrogens and western diseases», *Ann Med*, 29: 95-120 (1997).

Albertazzi P., Pansini F., Bonaccorsi G., Zamitti L., Forini E. e de Aloysio D., «The effect of dietary soy supplementation on hot flashes», *Obstet Gynecol*, 91: 6-11 (1998).
Altonn H., «Too much tofu induces brain aging», *Honolulu Star Bulletin*, 19 novembre 1999.
Anderson J.J. e Garner S.C., «Phytoestrogens and bone», *Bailliere's Clinical Endocrinology and Metabolism*, 12: 543-557 (1998).
Anderson J.W., Johnstone B.M. e Cook-Newell M.E., «Meta-analysis of the effects of soy protein intake on serum lipids», *N Engl J Med*, 333: 276-82 (1995).
Anthony M.S., Clarkson T.B. e Williams J.K., «Effects of soy isoflavones on atherosclerosis: potential mechanisms», *Am J Clin Nutr*, 68: 1390S-1393S (1998).
Barnes S., «Evolution of the health benefits of soy isoflavones», *Proc Soc Exp Biol Med*, 217: 386-392 (1998).
Cassidy A. e Griffin B., «Phyto-oestrogens: a potential role in the prevention of GHD?», *Proceedings of Nutr Soc*, 58: 193-199 (1999).
Clarkson T.B. e Anthony M.S., «Phytoestrogens and coronary heart disease», *Balliere's Clinical Endocrinology and Metabolism*, 12: 589-604 (1998).
Colborn T., Dumanoski D. e Myers J.P., *Our Stolen Future*, Dutton, New York 1996.
Coronary Drug Project Research Group., «The coronary drug project: Findings leading to discontinuation of the 2.5 mg/day estrogen group», *JAMA*, 214: 1303-1313 (1973).
Divi R.L., Chang H.C. e Doerge D.R., «Anti-thyroid isoflavones from soybean: Isolation, characterization, and mechanisms of action», *Biochem Pharmacol*, 15: 1087-1096 (1997).
Duncan A.M., Merz B.E., Xu X., Nagel T.C., Phipps W.R. e Kurzer M.S., «Soy isoflavones exert modest hormonal effects in premenopausal women», *J Clin Endocrinol Metab*, 84: 192-197 (1999).
Duncan A.M., Underhill K.E.W., Xu X., Lavalleur J., Phipps W.R. e Kurzer M.S., «Modest hormonal effects of soy isoflavones in postmenopausal women», *J Clin Endocrinol Metab*, 84: 3479-3484 (1999).
Forsythe W.A., «Soy protein, thyroid regulation and cholesterol metabolism», *J Nutr*, 125: 619S-623S (1995).
Gambacciani M., Cappagli B., Piaggesi L., Ciaponi M. e Genazzani A.R., «Ipriflavone prevents the loss of bone mass in pharmacological menopause induced by GnRH-agonists», *Calcif Tissue Int*, 611: s15-s18 (1997).
Genmari C., Agnusdei D., Crepaldi G., Issaia G., Mazzuoli G., Ortolandi S., Bufalino L. e Passeri M., «Effect of ipriflavone – a synthetic derivative of natural isoflavones on bone mass loss in the early years after menopause», *Menopause*, 5: 9-15 (1998).
Hargreavaes D.F., Potten C.S., Harding C., Shaw L.E., Morton M.S.,

Roberts S.A., Howell A. e Bundred N.J., «Two-week dietary soy supplementation has a estrogenic effect on normal premenopausal breast», *J Clin Endocrinol and Metab*, 84: 4017-4024 (1999).

Head K.A., «Ipriflavone: An important bone-building isoflavone», *Altern Med Rev*, 4: 10-22 (1999).

Hodgson J.U., Puddely I.B. e Beillin L.J., «Supplementation with isoflavoid phytoestrogens does not alter serum lipid concentrations: A randomized trial in humans», *J Nutr*, 128: 728-732 (1998).

Jabbar M.A., Larrea J. e Shaw R.A., «Abnormal thyroid function tests in infants with congenital hypothyroidism: The influence of soy-based formula», *J Am Coll Nutr*, 16: 280-282 (1997).

Kapiotis S., Hermann M., Held I., Seelos C., Ehringer H. e Gmeiner B.M., «Genistein, the dietary-derived angiogenesis inhibitor, prevents LDL oxidation and protects endothelial cells from damage by atherogenic LDL», *Arterioscler Thromb Vasc* Biol, 17: 2868-2874 (1997).

Kim H., Peterson T.B. e Barnes S., «Mechanisms of action of the soy isoflavone genistein: Emerging role for its effect via transforming growth factor beta signaling pathways», *Am J Clin Nutr*, 68: 1418S-1425S (1998).

Knight D.C. e Eden J.A., «Phytoestrogens – a short review», *Maturitas*, 22: 167-175 (1995).

Krimsky S., *Hormonal Chaos*, Johns Hopkins University Press, Baltimora 2000.

Lakshmanan M.R., Neopkroeff C.M., Ness G.C., Dugan R.E. e Porter J.W., «Stimulation by insulin of the rat liver beta-hydroxy-beta-methylglutaryl coenzyme A reductase and cholesterol synthesizing activities», *Biochem Biophys Res Comm*, 50: 704-710 (1973).

Lichtenstein A.H., «Soy protein, isoflavones and cardiovascular disease risk», *J Nutr*, 128: 1589-1592 (1998).

Morita T., Oh-hashi A., Takei K., Ikai M., Kasaoka S. e Kiriyama S., «Cholesterol-lowering effects of soybean, potato and rice proteins depend on their low methionine contents in rats fed a cholesterol-free purified diet», *J Nutr*, 127: 470-7 (1997).

Moyad M.A., «Soy, disease prevention, and prostate cancer», *Semin Urol Oncol*, 17: 97-102 (1999).

Murkies A.L., Lombard C., Strauss B.J., Wilcox G., Burger H.G. e Morton M.S., «Dietary flour supplementation decreases post-menopausal hot flashes: Effect of soy and wheat», *Maturitas*, 21: 189-195 (1995).

Nepokroeff C.M., Lakshmanan M.R., Ness G.C., Dugan R.E. e Porter J.W., «Regolation of the diurnal rhythm of rat liver beta-hydroxy-beta-methylglutaryl coenzyme A reductase activity by insulin, glucagon, cyclic AMP and hydrocortisone», *Arch Biochem Biophys*, 160: 387-396 (1974).

Ness G.C., Zhao Z. e Wiggins L., «Insulin and glucagon modulate hepatic 3-hydroxy-3-methylglutaryl-coenzyme A reductase activity by affecting immunoreactive protein levels», *J Biol Chem*, 269: 29168-29173 (1994).

Nestel P.J., Yamashita T., Sasahara T., Pomeroy S., Dart A., Komesaroff P., Owen A. e Abbey M., «Soy isoflavone improves systemic arterial compliance but not plasma lipids in menopausal and perimenopausal women», *Arterioscler Thromb Vasc Biol*, 17: 3392-3398 (1997).

Potter S.M., Baum J.A., Teng H., Stillman R.J. e Erdman J.W., «Soy protein and isoflavones exert modest hormonal effects on blood lipids and bone density in postmenopausal women», *Am J Clin Nutr*, 68: 1375S-1379S (1998).

Sanchez A., Hubbard R.W. e Hilton G.F., «Hypocholesterolemic amino acids and the insulin glucagon ratio», in Sugano M. e Beynen A.C. (a cura di), *Dietary Proteins, Cholesterol Metabolism and Atherosclerosis*, Krager, Basilea 1990, vol. 16, pp. 126-138.

Sanchez A., Hubbard R.W. e Hilton G.F., «Dietary protein control of serum cholesterol by insulin and glucagon», in Sugano M. e Beynen A.C. (a cura di), *Dietary Proteins, Cholesterol Metabolism and Atherosclerosis*, Krager, Basilea 1990, vol. 16, pp. 139-147.

Scheiber M.D., «Isoflavones and postmenopausal bone health: A viable alternative to estrogen therapy?», *Menopause*, 6: 233-242 (1998).

Sears B., *The Zone*, HarperCollins, New York 1995 (trad. it. *Come raggiungere la Zona*, Sperling & Kupfer, Milano 1999).

Sears, B., *The Anti-Aging Zone*, ReganBooks, NewYork 1999 (trad. it. *La Zona anti-età*, Sperling & Kupfer, Milano 2002).

Setchell K.D., Zimmer-Nechemias L., Cai J. e Heubi J.E., «Exposure of infants to phyto-oestrogens from soy-based infant formula», *Lancet*, 350: 23-27 (1997).

Setchell K.D. e Cassidy A., «Dietary isoflavones: Biological effects and relevance to human health», *J Nutr*, 129: 758S-767S (1999).

Tham D.M., Gardner C.D. e Haskell W.L., «Potential health benefits of dietary phytoestrogens: A review of the clinical, epidemiological, and mechanistic evidence», *J Clin Endocrinol Metab*, 83: 2223-2235 (1998).

Unger R.H., «Glucagon and the insulin: glucagon ratio in diabetes and other catabolic illnesses», *Diabetes*, 20: 834-838 (1971).

Unger R.H. e Lefebvre P.J., *Glucagon: Molecular Physiology, Clinical and Therapeutic Implications*, Pergamon Press, Oxford 1972.

Washburn S., Burke G.L., Morgan T. e Anthony M., «Effect of soy protein supplementation on serum lipoproteins, blood pressure, and menopausal symptoms in perimenopausal women», *Menopause*, 6: 7-13 (1999).

Whitten P.L., Lewis C., Russell E. e Naftolin F., «Potential adverse effects of phytoestrogens», *J Nutr*, 125: 771S-776S (1995).

Williams J.K. e Clarkson T.B., «Dietary soy isoflavones inhibit in-vivo constrictor responses of coronary arteries to collagen-induced platelet activation», *Biochem Pharmacol*, S4: 759-764 (1998).

Capitolo 8 - Confronto tra la Zona con la soia e la dieta vegetariana classica

Acherio A.C., Hennekens C.H. e Willett W.C., «Trans-fatty acid intake and risk of myocardial infarction», *Circulation*, 89: 94-101 (1994).

Acherio A.C., Rimm E.B., Giovannucci E.L., Spelelman D., Stampfer M. e Willett W.C., «Dietary fat and risk of coronary heart disease in men», *Brit Med J*, 313: 84-90 (1996).

Alpha Tocopherol, Beta Carotene Cancer Prevention Study Group, «The effect of vitamin E and beta carotene on incidences of lung cancer and other cancers in male smokers», *N Engl J Med*, 330: 1029-1035 (1994).

Austin M.A., Breslow J.L., Hennekens C.H., Burning J.E., Willett W.C. e Krauss R.M., «Low-density lipoprotein subclass patterns and risk of myocardial infarction», *JAMA*, 260: 1917-1920 (1988).

Braunwald E., «Cardiovascular medicine at the turn of the millennium: Triumphs, concerns, and applications», *N Engl J Med*, 337: 1360-1369 (1997).

Chatenoud L., La Vecchia C., Francheschi S., Tavani A., Jacobs D.R., Parpinel M.T., Soler M. e Negri E., «Refined-cereal intake and risk of selected cancers in Italy», *Am J Clin Nutr*, 70: 1107-10 (1999).

De Lorgeril M., Salen P., Martin J-L, Monaud I., Delaye J. e Mamelle N., «Mediterranean diet, traditional risk factors, and the rate of cardiovascular complications after myocardial infarction: Final report of the Lyon diet heart study», *Circulation*, 99: 779-785 (1999).

Depres J.-P., Lamarch B., Mauriege P., Cantin B., Dagenais G.R., Moorjani S. e Lupien P.J., «Hyperinsulinemia as an independent risk factor for ischemic heart disease», *N Engl J Med*, 334: 952-957 (1996).

Fuchs C.S., Giovannucci E.L., Colditz G.A., Hunter D.J., Stampfer M.J., Rosner B., Speizer F.E. e Willett W.C., «Dietary fiber and the risk of colorectal cancer and adenoma in women», *N Engl J Med*, 340: 169-176 (1999).

Gaziano J.M., Hennekens C.H., O'Donnell C.J., Breslow J.L. e Burning J.E., «Fasting triglycerides, high-density lipoproteins and risk of myocardial infarction», *Circulation*, 96: 2520-2525 (1997).

Ginsburg G.S., Sarran C. e Pasternak R.C., «Frequency of low serum high-density cholesterol levels in hospitalized patients with 'desirable' total cholesterol levels», *Am J Cardiol*, 15: 187-192 (1991).

Giovannucci E., «Insulin and colon cancer», *Cancer Causes and Control*, 6: 164-179 (1997).

Giovannucci E. e Willett W.C., «Dietary factors and the risk of colon cancer», *Ann Med*, 26: 443-452 (1994).

Golay K.L., Allaz A.F., Morel Y., de Tonnac N., Tankova S. e Reaven G., «Similar weight loss with low- or high-carbohydrate diets», *Am J Clin Nutr*, 63: 174-178 (1996).

Gould K.L., «Very low-fat diets for coronary heart disease: perhaps, but which one?», *JAMA*, 275: 1402-1403 (1996).

Gould K.L., Ornish D., Scherwitz L., Brown S., Eden R.P., Hess M.J., Mullani N., Bolomey L., Dodds F., Armstrong W.T., Merritt T., Ports T., Sparler S. e Billings J., «Changes in myocardial perfusion abnormalities by positron emission tomography after long-term, intense risk factor modification», *JAMA*, 274: 894-901 (1995).

Harris W.S., «n-3 fatty acids and serum lipoproteins: Human studies», *Am J Clin Nutr*, 65: 1645S-1654S (1997).

Holmes M.D., Hunter D.J., Colditz G.A., Stampfer M.J., Hankinson S.E., Speizer F.E., Rosner B. e Willett W.C., «Association of dietary intake of fat and fatty acids with risk of breast cancer», *JAMA*, 281: 914-920 (1999).

Hu F.B., Stampfer M.J., Manson J.E., Rimm E., Colditz G.A., Speizer F.E., Hennekens C.H. e Willett W.C., «Dietary protein and risk of ischemic heart disease in women», *Am J Clin Nutr*, 70: 221-227 (1999).

Katan M.B., Grundy S.M. e Willett W.C., «Beyond low-fat diets», *N Engl J Med*, 337: 563-566 (1997).

Key T.J.A., Thorogood M., Appleby P.N. e Burr M.L., «Dietary habits and mortality in 11,000 vegetarians and health conscious people: Results of a 17 year follow up», *Brit Med J*, 313: 775-779 (1996).

Krumholtz H.M., Seoman T.E., Merrill S.S., Mendes de Leon C.F., Vaccarino V., Silverman D.I., Tsukahara R., Ostfield A.M. e Berkman L.F., «Lack of association between cholesterol and coronary heart disease mortality and morbidity and all-cause mortality in persons older than 70 years», *JAMA*, 272: 1335-1340 (1994).

Kushi L.H., Folsom A.R., Prineas R.J., Misk P.J., Wu Y. e Bostick R.M., «Dietary antioxidant vitamins and death from coronary heart disease in post menopausal women», *N Engl J Med*, 334: 1156-1162 (1996).

Lamarch B., Tchernof A., Mauriege P., Cantin B., Gagenais G.R., Lupien P.J. e Despres J-P., «Fasting insulin and apolipoprotein B levels and low-density particle size as risk factors for ischemic heart disease», *JAMA*, 279: 1955-1961 (1998).

Leaf A., «Dietary prevention of coronary heart disease: The Lyon diet heart study», Circulation, 99: 733-735 (1999).

Ornish D., Scherwitz L.W., Billings J.H., Gould K.L., Merritt T.A., Sparler S., Armstrong W.I., Ports T.A., Kirkeeide R.L., Hogeboom C. e Brand R.J., «Intensive lifestyle changes for reversal of coronary heart disease», *JAMA*, 280: 2001-2007 (1998).

Rosamond W.D., Chambless L.E., Folsom A.R., Cooper L.S., Conwill D.E., Clegg L., Wang C.H. e Heiss G., «Trends in the incidence of myocardial infarction and in mortality due to coronary heart disease, 1987 to 1994», *N Engl J Med*, 339: 861-867 (1998).

Sears B., *The Zone*, HarperCollins, New York 1995 (trad. it. *Come raggiungere la Zona*, Sperling & Kupfer, Milano 1999).

Sears, B., *The Anti-Aging Zone*, ReganBooks, NewYork 1999 (trad. it. *La Zona anti-età*, Sperling & Kupfer, Milano 2002).

Weindruch R., «Caloric restriction and aging», *Sci Am*, 274: 46-52 (1996).

Weindruch R. e Walford R.L., *The Retardation of Aging and Disease by Dietary Restriction*, Charles C. Thomas, Springfield (Illinois) 1989.

Willett W.C., Hunter D.J., Stampfer M.J., Colditz G.A., Manson J.E., Spiegelman D., Rosner B., Hennekens C.H. e Speizer F.E., «Dietary fat and fiber in relation to risk of breast cancer», *JAMA*, 268 2037-2044 (1992).

Capitolo 9 - Domande frequenti

Abelow B.J., Holford T.R. e Inosogna K.L., «Cross-cultural association between dietary animal protein and hip fracture: A hypothesis», *Calcif Tissue Inst*, 50: 14-18 (1992).

Cassidy C.M., «Nutrition and health in agriculturists and hunter-gatherers: A case study of two prehistoric populations», in *Nutritional Anthropology: Contemporary Approaches to Diet and Culture*, Redgrave, Bedford Hills (New York) 1980, pp. 117-146.

Cordain L., Miller J. e Mann N., «Scant evidence of periodic starvation among hunter-gatherers», *Diabetologia*, 42: 383-384 (1999).

Cohen M.N. e Armelagos G.J., «Paleopathology at the origins of agriculture», in Cohen N.M. e Armelagos G.J. (a cura di), *Paleopathology at the Origins of Agriculture*, Academic Press, NewYork 1984, pp. 585-601.

Eaton S.B. e Konner M.J., «Paleolithic nutrition», *N Engl J Med*, 312: 283-289 (1985).

Eaton S.B., Shostalle M. e Konner M., *The Paleolithic Prescription*, HarperCollins, New York 1988.

Folsom A.R., Ma J., McGovern P.G. e Eckfeldt H., «Relation between plasma phospholipid saturated fatty acids and hyperinsulinemia», *Metabolism*, 45: 223-228 (1996).

Fuchs C.S., Giovannucci E.L., Colditz G.A., Hunter D.J., Stampfer M.J., Rosner B., Speizer F.E. e Willett W.C., «Dietary fiber and the risk of colorectal cancer and adenoma in women», *N Engl J Med*, 340: 169-176 (1999).

Giovannucci E., «Insulin and colon cancer», *Cancer Causes and Control*, 6: 164-179 (1997).

Giovannucci E., Rimm E.B., Colditz G.A., Stampfer M.J., Ascherio A., Chute C.C. e Willett W.C., «A prospective study of dietary fat and risk of prostate cancer», *J Natl Cancer Inst*, 85: 1571-1579 (1993).

Holmes M.D., Stampfer M.J., Colditz G.A., Rosner B., Hunter D.J. e Willett W.C., «Dietary factors and the survival of women with breast cancer», *Cancer*, 86: 751-753 (1999).

Jain S.K., Kannan K. e Lim G., «Ketosis (acetoacetate) can generate oxygen radicals and cause increased lipid peroxidation and growth inhibition in human endothelial cells», *Free Radical Biol and M*ed, 25: 1083-1088 (1998).

Jain S.K. e McVie R., «Hyperketonemia can increase lipid peroxidation and lower glutathione levels in human erythrocytes in vitro and in Type 1 diabetic patients», *Diabetes*, 48: 1850-1855 (1999).

Jain S.K., McVie R., Jackson, R., Levine S.N. e Lim G., «Effect of hyperketonemia on plasma lipid peroxidation levels in diabetic patients», *Diabetes Care*, 22: 1171-1175 (1999).

Kern P.A., Ong J.M., Soffan B. e Carty J., «The effects of weight loss on the activity and expression of adipose-tissue lipoprotein lipase in very obese individuals», *N Engl J Med*, 322: 1053-1059 (1990).

Key T.J.A., Thorogood M., Appleby P.N. e Burr M.L., «Dietary habits and mortality in 11,000 vegetarians and health conscious people: Results of a 17 year follow up», *Brit Med J*, 313: 775-779 (1996).

Kritchevsky D., «Protein requirements of the elderly», in Munro H. e Schlierf A. (a cura di), *Nutrition of the Elderly* (Nestle Nutrition Workshop Series, vol. 20, pp. 81-90), Raven Press, New York 1992.

McKeown-Eyssen G., «Epidemiology of colorectal cancer revisited: Are serum triglycerides and/or plasma glucose associated with risk?», *Cancer Epidemiology, Biomarkers and Prevention*, 3: 687-695 (1994).

Messina V. e Messina M., *The Vegetarian Way*, Crown, New York 1996.

Moore F.M., *Diet for a Small Planet*, Ballantine, New York 1971.

Munger R.G., Cerhan J.R. e C.-H. Chiu B., «Prospective study of dietary protein intake and risk of hip fracture in postmenopausal women», *Am J Clin Nutr*, 69: 147-152 (1999).

Schuette S.A., Zemel M.B. e Linkswiler H.M., «Studies on the mechanisms of protein-induced hypercalciuria in older men and women», *J Nutr*, 1 10: 305-315 (1980).

Sears, B., *The Anti-Aging Zone*, ReganBooks, NewYork 1999 (trad. it. *La Zona anti-età*, Sperling & Kupfer, Milano 2002).

Storlien L.H., Jenkins A.B., Chisholm D.J., Pascoe W.S., Khouri S. e Kraegen E.W., «Influence of dietary fat composition on development of insulin resistance in rats. Relationship to muscle triglyceride and omega-3 fatty acids in muscle phospholipid», *Diabetes*, 40: 280-289 (1991).

Storlien L.H., Pan D.A., Kriketos A.D., O'Connor J., Caterson I.D., Cooney G.J., Jenkins A.B. e Baur L.A., «Skeletal muscle membrane lipids and insulin resistance», *Lipids*, 31: S261-265 (1996).

Weindruch R., «Caloric restriction and aging», *Sci Am*, 274: 46-52 (1996).

Weindruch R. e Walford R.L., *The Retardation of Aging and Disease by Dietary Restriction*, Charles C. Thomas, Springfield (IL) 1989.

Young V.R., «Protein and amino acid requirements in humans», *Scand J Nutr*, 36: 47-56 (1992).

Young V.R., Bier D.M. e Pellett P.L., «A theoretical basis for increasing current estimates of the amino acid requirements in adult man, with experimental support», *Am J Clin Nutr*, 50: 80-92 (1989).

Capitolo 10 - L'impatto della Zona con la soia sulla salute nel mondo

Eaton S.B. e Konner M.J., «Paleolithic nutrition», *N Engl J Med*, 312: 283-289 (1985).
Eaton S.B., Shostalle M. e Konner M., *The Paleolithic Prescription*, HarperCollins, New York 1988.
Moore F.M., *Diet for a Small Planet*, Ballantine, New York 1971.
Rifkin J., *Beyond Beef*, Dutton, New York 1993.
Robbins J., *Diet for New America*, Stillpoint, Walpole (NH) 1987.

Appendice C - La soia nella ricerca scientifica

Atkin S.L., *Soy and Diabetes*, Estratto del convegno «Soy & Health 2004», 7-8 ottobre 2004, Bruges (Belgio).
Bennink M.R., Barrett K.G., «Inhibition of colon cancer with soy and other plant products: anticancer constituents», Agrofood Industry Hi-tech, 4, 4-6, 2004.
Bignon Y.-J., *How far is soy preventive for BRCA-linked hereditary breast cancer?*, Estratto del convegno «Soy & Health 2004», 7-8 ottobre 2004, Bruges (Belgio).
Crisafulli A., Marini H., Bitto A., Altavilla D., Squadrito G., Romeo A., Adamo E.B., Marini R., D'Anna R., Corrado F., Bartolone S., Frisina N., Squadrito F., «Effects of genistein on hot flushes in early postmenopausal women: a randomized, double-blind EPT- and placebo-controlled study», *Menopause*, 11(4), 400-404, 2004.
Duffy R., Wiseman H., File S.E., «Improved cognitive function in postmenopausal women after 12 weeks of consumption of a soy extract containing isoflavones», *Pharmacol Biochem Behav*, 75(3), 721-729, 2003.
Duncan A.M., *Soy and Breast Cancer*, Estratto del convegno «Soy & Health 2004», 7-8 ottobre 2004, Bruges (Belgio).
File S.E., Jarrett N., Fluck E., Duffy R., Casey K., Wieseman H., «Eating soy improves human memory», *Psychopharm (Berl)*, 157(4), 430-436, 2001.
Jayagopal V., Albertazzi P., Kilpatick E.S., Howarth E.M., Jenning P.E., Hepburn D.A., Atkin S.L., «Beneficial effects of soy phytoestrogen intake in postmenopausal women type 2 diabetes», *Diabetes Care*, 25 (10), 1709-1714, 2002.
Lavigne C., Marette A., Jacques H., «Cod and soy proteins compared with casein improve glucose tolerance and insulin sensitivity in rats», *Am J Physiol Endocrinol Metab*, 278, E 491-500, 2000.

Lovati M.R., *Effects of soy protein on cholesterol and triglycerides*, Estratto del convegno «Soy & Health 2004», 7-8 ottobre 2004, Bruges (Belgio).

Lydeking-Olsen E., Jensen J-B.E., Setchell K.D.R., Jensen T.H., «Isoflavon-rich soymilk or progesterone for prevention of bone loss. A 2 year study», *Eur J Nutr*, 2004 (in corso di stampa).

Morabito N., Crisafulli A., Vergara C., «Effects of genistein and hormone-replacement therapy on bone loss in early postmenopausal women. A double-blind placebo-controlled study», *J Bone Miner Res*, 17, 1904-1912, 2002.

Nishi T., Hara H., Timita F., «Soy bean beta-conglycinin peptone suppresses food intake and gastric emptying by increasing plasma cholecystokinin level in rats», *J Nutr*, 7, 133-152, 2003.

Rosell M.S., Appleby P.N., Spencer E.A., Key T.J., «Soy intake and blood cholesterol concentration: a cross-sectional study of 1033 pre and post-menopausal women in the Oxford arm of the European Prospective Investigation into Cancer and Nutrition», *Am J Clin Nutr*, 80, 1391-1396, 2004.

Rowland I., *Soy and Prostate Cancer*, Estratto del convegno «Soy & Health 2004», 7-8 ottobre 2004, Bruges (Belgio).

Setchell K.D.R., *Equol: its unique property as a selective oestrogen receptor modulator (SERM) and selective androgen modulator (SAM)*, Estratto del convegno «Soy & Health 2004», 7-8 ottobre 2004, Bruges (Belgio).

Setchell K.D.R., Lydeking-Olsen E., «Dietary phytoestrogens and their effects on bone: evidence from in-vitro and in-vivo, human observational and dietary intervention studies», *Am J Clin Nutr*, 78 (suppl), 593S-609S, 2003.

Shu X.O., Jin F., Dai Q., Wen W., Potter J.D., Kushi L.H., Ruan Z., Gao Y.T., Zheng W., «Soyfood intake during adolescence and subsequent risk of breast cancer among Chinese women», *Cancer Epidemiol Biomarkers Prev*, 10, 483-488, 2001.

Symolon H., Schmelz E.M., Dillehay D.L., Merrill A.H. Jr, «Dietary soy sphingolipids suppress tumorigenesis and gene expression in 1,2-dimethylhydrazine-treated CF1 mice and ApcMin/+ mice», *J Nutr*, 134 (5), 1157-1161, 2004.

Wu A.H., Wan P., Hankin J., Tseng C.C., Yu M.C., Pike M.C., «Adolescent and adult soy intake and risk of breast cancer in Asian-Americans», *Carcinogenesis*, 23, 1491-1496, 2002.

Widhalm K., *Treatment of young patients with familiar hypercholesterolemia with soy*, Estratto del convegno «Soy & Health 2004», 7-8 ottobre 2004, Bruges (Belgio).

Yamori K., Moriguchi E.H., Teramoto T., Miura A., Fukui Y., Honda K.J., Fukui M., Nara Y., Taira K., Moriguchi Y., «Soybean isoflavones reduce postmenopausal bone reabsorption in female Japanese immigrants in Brazil: a ten-week study», *J Am Coll Nutr*, 1 (6), 560-563, 2002.

Indice delle ricette

Finito di stampare nel febbraio 2005
presso la Mondadori Printing S.p.A.
Stabilimento N.S.M. di Cles (TN)
Printed in Italy